한국인의 과학정신

박 성 래

평민사

한국인의 과학정신

초판 1쇄 발행·1993년 11월 18일
초판 7쇄 발행·1998년 9월 30일

지은이·박성래
펴낸이·이정옥
펴낸곳·**평민사**

주소·서울시 서대문구 남가좌2동 370-40
전화·375-8571(영업) 375-8572(편집)
팩시밀리·375-8573
등록번호·제 10-328호

값 7,000원

* 저자와의 협약에 의해 인지는 생략합니다.
* 잘못 만들어진 책은 바꾸어 드립니다.

머 리 말

　책 제목은 좀 딱딱하게 되었지만, 이 책은 내가
그동안 여기 저기에 썼던 한국 과학사에 관한 이야기들을
묶은 것이다. 그런 뜻에서는 이미 나온 나의 다른
책들과 내용상 중복되는 부분도 적지 않다.
돌이켜 보면 그동안 비슷한 내용의 글들을
숱하게 발표해 왔다. 그만큼 내가 하고 싶은 말은
절실한데, 그 뜻은 제대로 전해지지 않는 것 같아
안타까운 탓이기도 하다.
　생각해 보면 나는 내 공부를 일종의 '운동'으로
하고 있다는 생각이 더욱 절실해지는 요즈음이다. 누가 내게
그런 사명감을 주었는지 모르지만, 나는 한국의
과학사를 공부하고 거기서 새로 찾아 낸 내용과 뜻을
더욱 널리 알리는 데 내 삶의 뜻이 있다고 믿고 있다.
그리고 그 내용의 상당 부분은 우리 문화를 제대로
이해하는 데 그리고 한국의 과학기술 문화를
바로 세우기 위해 꼭 필요한 것이라 생각하고 있다.
자연히 나는 내가 공부하다가 발견한 새 사실이나
새 의미를 학계에 발표하기보다는 대중에게 직접
호소하는 글로 나타내곤 해 왔다. 그리고

그런 글이나 강연을 통해 나는 끊임없이 이것을 고치고,
저것은 바꾸자는 주장을 해 왔다.

1643년 일본에 건너가 일본의 대표적 천문학자에게
깊은 영향을 준 조선의 학자 나산(螺山)
박안기(朴安期)에 대한 사실만 해도 그렇다.
내가 이 흥미있는 사실을 발견한 지는 이미 10년이 지났지만,
그동안 나는 이 사실을 논문으로 정리해
발표한 일이 없다. 그대신 일본에서 두 차례,
그리고 한국에서 몇 차례 학술적 모임에서
그 사실을 발표했고, 아마 대중적인 글로는
열 번 이상, 그리고 대중 강연에서는 수십 회도 넘게
이 사실을 주제삼아 말한 일이 있다.
며칠 전인 10월 27일부터 29일까지 미국 샌프란시스코
지역의 3개 대학(캘리포니아大 버클리 캠퍼스,
스탠포드大, 샌프란시스코大)에서 강연할 때 내가
선택한 주제도 바로 이 문제였다.

이 책은 그동안 내가 힘주어 소개했던 우리
과학 기술사의 여러 사실들과 그에 관련된 내 주장들을
담고 있다. 이미 여러 잡지 등에서 소개했던
의견이나 소개를 다시 정리해 본 것이다. 아직
〈과학의 날〉이 내 주장대로 4월 19일로 바뀌지는
않았지만, 금년 4월 KBS-TV에서는 처음으로
30년대 과학 운동에 사용되었던 〈과학의 노래〉가
합창으로 방송되었고, 또 이번 10월에는 그 주역이었던
김용관(金容瓘)을 기념하는 상(賞)이 제정되기도 했다.
이런 작은 변화들을 나는 나름대로 내 '운동'의

결과라고 생각하며 크게 보람을 느끼고 있다.

그 훨씬 전에 이미 실현된 설날의 복권,

몇 가지 과학 문화재의 재평가,

세종 때 경회루 둘레에 설치됐던 천문학 유물들의 복원

계획 등과 함께 내 주장이 받아들여지는 것 같아

여간 흐뭇하지 않다.

　이렇게 눈에 띄는 내 '운동'의 효과들이 나를 더욱

이 길에 집착하게 만들고 있음을 나는 자각한다.

모든 것에 대한 집착을 떨어 내려고 힘쓰는 내가

이에 대한 집착만은 어쩔 수가 없다.

여기에 세상 빛을 보게 된 이 책은 내 운동의

또 한 개의 작은 깃발이다. 흩어진 원고를 정리해 준

아내 李美惠와 그것을 모양을 갖춰 책으로 내 준 출판사 여러

분에게 깊이 감사한다.

계유년 동짓달 초나흗날(1993. 11. 4.)

朴星來 삼가 씀

1. 한국인의 과학 정신을 보여 주는 과학자

갈오격수지법의 창안자 유순도 • 13

조선 초기 천문학자 이순지 • 20

조선 주기설의 창시자 서경덕 • 27

토정비결과 이지함 • 34

일본 최초의 역법, 정향력을 만든 박안기 • 41

성호 이익의 과학적 유산 • 48

지동설을 주장했던 홍대용 • 55

서양 과학 기술의 도입을 주장한 박제가 • 62

'이용감'을 만들자고 주장한 정약용 • 69

과학 기술사의 보고, 〈산고〉의 저자 이규경 • 76

최초로 물리학의 개념을 쓴 최한기 • 83

김정호와 대동여지도 • 89

최초의 근대 농학자 최경석 • 97

천문학과 수학의 대가 남병철 · 남병길 형제 • 105

사상의학 이론의 대가 이제마 • 112

최초의 근대 전기 기술자 상운 • 119

과학 대중화 운동의 기수 김용관 • 126

이 땅에 육종학 씨 뿌린 우장춘 • 134

나비 박사 석주명 • 138

차례

2. 한국인의 과학 정신을 보여 주는 과학유산

우리 과학사의 보물, 첨성대 • 147

한여름에도 얼음을 먹게 해주었던 석빙고 • 152

푸른 비색의 비밀, 고려청자 • 157

세계 최초의 금속활자 • 162

화약 • 166

세계에서 가장 과학적인 문자, 한글 • 170

자동 시보 장치를 갖춘 물시계 • 175

중국도 부러워한 우리 해시계 • 180

천체 운동의 계산법을 밝힌 책 〈칠정산〉 • 184

세계 최초의 우량계, 측우기 • 189

강, 시냇물의 흐름을 쟀던 수표 • 194

조선인의 긍지, 거북선 • 199

가장 한국적인 한의학 〈동의보감〉 • 204

가장 오래 된 추시계, 혼천시계 • 210

하늘의 모양을 돌에 새긴 〈천상열차분야지도〉 • 215

3. 동양과학 전통의 재평가

〈피타고라스의 정리〉에서 〈구고 정리〉로 ● 223
음력으로 보는 세월 ● 226
훌륭한 과학적 전통, 간지 ● 237
중복 이후 20일만의 말복은 '월복' ● 241
자연과의 조화를 추구하는 과학, 풍수지리 ● 244
우리 민족의 정서에 맞는 난방법, 온돌 ● 251
카메라 원리를 이용한 세종의 銅表 ● 256
일본 시계사 속의 조선 ● 260
세계 최초의 접는 부채 ● 264

4. 과학에 얽힌 이야기

'신토불이'에 담긴 민족과학의 정신 ● 271
네 자리 콤마의 숫자세기가 바람직하다 ● 275
독립운동과 과학운동 ● 279
과학 전통으로 지키는 조선의 얼 ● 283
중국과 과학기술사 ● 291
"초신성"의 우리 옛말은 "객성"이다 ● 295

제 1 장

한국인의 과학 정신을 보여 주는 과학자

갈오격수지법의 창안자 유순도
조선초기 천문학자 이순지
조선 주기설의 창시자 서경덕
토정비결과 이지함
일본 최초의 역법, 정향력을 만든 박안기
성호 이익의 과학적 유산
지동설을 주장했던 홍대용
서양 과학 기술의 도입을 주장한 박제가
'이용감'을 만들자고 주장한 정약용
과학기술사의 보고, 〈산고〉의 저자 이규경
최초로 물리학의 개념을 쓴 최한기
김정호와 대동여지도
최초의 근대 농학자 최경석
천문학과 수학의 대가 남병철·남병길 형제
사상의학 이론의 대가 이제마
최초의 근대 전기 기술자 상운
과학 대중화 운동의 기수 김용관
이 땅에 육종학 씨 뿌린 우장춘
나비 박사 석주명

갈오격수지법의 창안자 유순도

얼마전 집 안에 간단한 인공 분수를 하나 만들어 놓았다. 금붕어 몇 마리를 기르는 어항 속에 넣어둔 물을 위로 솟아 올렸다가 둥근 분수가 되어 다시 떨어지게 만들어 놓은 것이다. 이 분수의 물을 끌어 올리는 힘은 물론 물 속에 감춰 놓은 원동기, 즉 모터이다. 그런데 모터같은 것은 상상도 할 수 없던 옛날 우리 조상님들은 물을 위로 끌어 올려 보려는 생각은 전혀 하지도 못했을까?

그렇지 않다. 지금 과학 기술의 시대를 살고 있는 우리들에게는 하찮기 이를 데 없이 시시한 정도로 보이겠지만, 옛 선조들도 그 나름대로 물을 아래에서 위로 끌어 올리려는 생각을 하고 있었고, 또 그런 장치를 만들어 보았던 기록도 보인다. 물론 사람의 힘을 빌리지 않고서 말이다.

세종 때의 유순도(庾順道)가 바로 그런 인물이다. 아직까지도 유순도라는 이름은 거의 역사 인물로 알려져 있지 않다. 그렇지만 그가 활약했던 세종 때가 우리 역사에서 가장 눈부신 전통 문화의 황금기였다는 사실은 이미 잘 알려져 있다.

조선 초 제4대 임금이었던 세종의 재위 기간(1418~1450)은 한국 전통 문화 전반에 걸쳐 특히 과학사에서 그야말로 둘도 없는 황금기라 할 수 있다. 그런데 세종 시대 과학을 연구하던 나는 세종 13년(1431) 5월 그믐날인 임진일(壬辰日)의 기사에 이런 내용이 실려 있는 것을 발견했다.

행사직(行司直) 유순도가 일찍이 옛 사람들이 사용했던 갈오격수지법(渴烏激水之法)을 사용해서 한발에 대처하자고 건의한 바 있다. 임금께서는 선공감(繕工監)에 명하여 유순도의 말에 따라 이를 만들어 시험해보라 하셨다. 유순도는 옛 글을 연구해서 이를 만들어 물을 끌어 올리려 했으나 성공하지 못했고, 연못으로 옮겨서 다시 시험했으나 역시 성공하지 못했다. 이에 유순도가 보고하여 말하기를 "소신이 이미 작은 대나무로 이것을 만들어 시험했는데 입으로 빨아 올리면 몇 자 가량 물이 올라왔습니다. 이제 큰 대나무로 만들고, 옛 글에 써 있는대로 대나무 끝에 불을 지펴 끌어 보았으나 전날 시험 때와는 달랐습니다. 소신이 미처 옛 것과 똑같이 만들지 못한 때문인지 두렵고 심히 부끄럽습니다"라고 했다. 여러 사람들이 이를 웃었다.

이 글만으로는 유순도가 세종 13년(1431)에 만들었던, 물을 끌어 올리는 장치가 정확히 어떤 것이었는지 단정하기는 어렵다. 그러나 그것은 가장 기본적인 장치, 즉 지금 같으면 석유를 다른 그릇에 옮기는 데 사용하는 사이폰(syphon, 吸管)을 가리킨 것만은 분명하다.

갈오(渴烏)란 말은 원래 사이폰을 가리킨다. 그 말을 그대로 옮기면 "목마른 까마귀"란 뜻인데 목마른 까마귀가 마치 물을 빨아 올리듯 아래에 있는 물을 위로 빨아 올린다는 뜻으로 이런 표현을 만든 것임이 분명하다. 이 표현은 중국에서도 마찬가지다. 그러니까 유순도의 '갈오격수지법'이란 바로 사이폰을 이용해서 아래 물을 위로 끌어 올리는 방법이라는 말이된다. 내가 보기로는 우리 나라에서는 이 기록이 갈오 즉 사이폰 현상에 대한 최초의 것이 아닐까 생각된다. 사이폰을 이때에 처음 알게 된 것이란 뜻이 아님은 물론이다. 실제로 사이폰은 이미 사용되고 있었을 것이 분명한데, 대체로 작은 규모에만 쓰여지고 있었을 것이다. 이 기록에 이어 같은 세종 때인 세종 19년(1437)에 만든 운반용 물시계 행루(行漏)에도 갈오가 사용되고 있었던 것이 기록에 남아 있다.

유순도는 옛 기록에 있는 갈오를 사용해서 물을 위로 끌어 올려 가뭄에 시달리는 윗논에 물을 대는 도구를 만들려 했던 모양이다. 그리고 그는 이 방법을 이미 사전 실험으로 증명해 본 것이 분명하다. 아주 과학적 태도라 하겠다. 그러나 그가 개인적으로 실험했을 때는 훌륭하게 성공했던 이 방법이 막상 세종 임금께 보고하고 다시 만든 장치로는 물을 끌어 올릴 수 없었다. 그러면 그가 미리 실험해 본 갈오와 새로 만든 갈오 사이에는 어떤 차이가 있었던 것일까? 먼저 것은 작은 대나무로 만든 것이었지만, 뒤의 것은 큰 대나무로 만들었다고 위의 기록은 전하고 있다. 그가 실험에서 작은 대나무로 만든 갈오로는 이미 몇 자 높이까지 물을 길어 올릴 수 있었다. 그런데 똑같은 갈오를 큰 대나무로 다시 만들었더니 물을 끌어 올릴 수 없게 된 것이다.

지금 생각으로는 이때 무엇이 잘못이었는지 쉽게 상상할 수

있다. 사이폰으로 물을 끌어 올리는 데에는 그 높이에 한계가
있다. 대기압에 상당하는 물의 무게만큼 밖의 물은 위로 올라
가지 않기 때문에 아무리 사이폰을 잘 만들어도 물은 10미터
이상 끌어 올릴 수 없다. 이 사실은 서양에서는 17세기 초에
들어서야 갈릴레오에 의해 처음으로 밝혀졌다. 사이폰이건 펌
프건 어떤 방법으로도 아래에 있는 물을 한꺼번에 10미터 이
상 위로 끌어 올릴 수는 없는 것이다. 유순도가 큰 대나무로
만든 사이폰은 아마 10미터 높이까지는 되지 않았을 가능성이
많지만, 여하튼 실험 때의 것보다는 훨씬 높은 곳에 물을 끌
어 올리려다 실패한 것으로 보인다. 물론 유순도나 세종 임금
도 물을 10미터 이상 끌어 올리지 못한다는 기압의 이치를 이
해하고 있을 때가 아니었다.

유명한 실학자 이익(李瀷, 1681~1763)은 그의 글 가운데
바로 이 문제를 다룬 것이 있다. "죽통(竹筒)으로 물을 끌어
올린다"는 그의 글에는 대나무로 만든 사이폰을 물통 속에 넣
어 통 안의 물을 밖으로 끌어 낼 수 있음을 설명하고 있다.
이 세상에는 아무 것도 없는 빈 곳이란 있을 수 없기 때문에,
사이폰 양쪽의 물 가운데 어느 쪽이 무거운가에 따라 무거운
쪽으로 물이 흐르게 된다고 아주 정확하게 설명하고 있다. 따
라서 낮은 쪽의 물을 높은 쪽으로 끌어 올릴 수는 없다고도
확실하게 그는 말하고 있다. 그러나 이익보다 거의 3백년 전
에 살았던 유순도는 아직 그 이치를 잘 알지 못했던 것같다.

그러면 세종 때의 유순도란 인물에 대해 우리는 무엇을 알
수 있을까? 별로 많은 것을 알 수는 없다. 앞으로 연구를 더
해 가면 자료를 얻을 수 있을지 모르지만, 아직은 그가 언제
어디서 태어났고, 또 언제 어디서 몇 살에 죽었는지 알 수 없

다. 하지만 그의 본관은 무송(茂松)이며, 멀리 고려 때의 태사(太師) 유금필(庾黔弼)을 선조로 하고, 유공예(庾公裔)를 아버지로하여 태어났다는 정도는 알려져 있다. 1396년(태조 5년)에 과거에 급제했고, 이 사이폰 실험은 1413년의 일이니 그의 출생은 1370년 전후로 잡아야 할 것이다.

유순도가 처음으로 조선 초의 실록(實錄)에 등장하는 것은 1407년(태종 7년)의 일이다. 그 해 8월에 태종은 유순도, 이적(李迹), 오상명(吳尙明) 세 사람에게 천문학을 공부하라고 지시했다는 기록이 그것이다. 조선 시대 후기로 가면 천문학이란 제대로 된 양반 집안에서는 전문적으로 배우는 것이 아니었다. 그대신 조선 중기 이래 확립된 중인(中人) 집안 사람들이 이를 전문으로 담당하게 되었다. 하지만 조선 초기에는 상황이 아주 달라서 세종 때만 해도 당시의 많은 천문학자는 모두 당대 최고의 양반 출신이었다. 아마 유순도도 그런 관계로 임금의 명에 따라 천문학에 발을 들여 놓게 되었을 것이다.

하지만 유순도는 천문 관계와는 상관없는 일반 관직 생활도 조금은 경험했던 것이 분명하다. 태종 17년(1417) 여름에는 그가 안성군(安城郡)의 지사(知事)를 맡고 있었는데, 그 지방의 아전 한 사람이 말썽을 일으켜 사헌부(司憲府)의 비판을 받게 된 기록이 〈태종실록〉에 남아 있다. 또 같은 해 12월에는 선공감(繕工監)의 책임자 자리에서 탄핵을 받고 물러난 기록도 보인다. 선공감이라면 아무래도 기술자의 행정 책임이기 때문에 기술 분야에 밝은 사람이 맡는 수가 많았던 것으로 보이는데, 유순도가 이 자리에 있었다는 사실만으로도 그가 기술 분야에 밝았음을 짐작할 수 있다.

다음으로 유순도가 맡았던 중요한 역할로는 중국에 외교관으로 파견되었다는 것을 들 수 있다. 세종 3년(1421) 진하사(進賀使) 일행 가운데 그는 세 번째 자리인 서장관(書狀官)으로 중국엘 다녀 온 것이다. 정사(正使), 부사(副使)에 이은 셋째 자리인 서장관은 실제적으로 수백 명이 함께 가는 중국 사신 가운데 가장 중요한 자리라고도 할 수 있다. 특히 해마다 몇차례씩 중국에 파견되는 조선의 사신 일행 가운데에는 중국으로부터 새로 배워 올 것이 있을 경우 그 전문가를 보내는 수가 많은데, 특히 천문학자와 의사 등은 반드시 파견하기 마련이었다. 세종은 즉위와 함께 조선의 천문학(天文學)과 역산학(曆算學) 발달에 큰 관심을 가지고 있었기 때문에 유순도가 이때 중국 사신으로 뽑힌 것도 중국으로부터 선진 과학 기술을 배워 오라는 뜻에서였을 가능성이 크다.

1425년(세종 7년) 3월 세종은 경연(經筵)에서 당시 대제학(大提學) 변계량(卞季良)을 불러 유순도와 함께 세자의 배필을 고르라고 명령했던 기록이 〈세종실록〉에 적혀 있다. 여기에 덧붙여 실록의 집필자들은 당시 변계량은 성명(星命)에 아주 밝다고 알려져 있었고, 유순도는 유학자지만 음양(陰陽), 술수(術數), 의술(醫術) 때문에 성공한 인물로 알려져 있다고 설명해 놓고 있다. 여기 나오는 성명, 음양, 술수란 모두 운명을 점치는 방법을 가리키는 것으로 모두 천문학과도 연결된 분야였다. 유순도는 세종 당시 이 방면의 대표적인 전문가이며, 천문학자, 의학자였음을 알 수 있다. 그래서 당시 천문 역법의 연구를 담당하고 있던 정초(鄭招)는 역법의 교정관(校正官) 자리를 맡고 있던 유순도가 이미 늙은 것을 유감으로 여겼던 것 같은 기록도 1431년 7월 기록에 남아 있는데, 바로 사이폰 실험이 있기 두 달 전의 일이다. 이때 그의 나이가 60 이상일 것은 분명해 보이고, 어쩌면 그 이상의 나이였을지도 모른다. 그렇다면 유순도의 출생년은 1370년 또는 그 이전으로 올라 가는 것으로도 보인다. 세종 때의 과학자 유순도는 사이폰을 이용해 물을 위로 끌어 올리는 실험을 하다가 성공하지 못했 다. 하지만 우리 역사에서 처음으로 사이폰, 또는 흡관(吸管) 을 이용하려는 노력을 기록에 남긴 점만으로도 그의 이름은 후세에 영원히 남을 것이 분명하다.

조선 초기 천문학자 이순지

지금은 공휴일에서 제외되기는 했지만, 10월이면 우리는 '한글날'을 생각하게 되고, 세종 대왕을 떠올리게 마련이다. 1419년 조선 왕조의 제4대 임금이 된 세종은 1450년까지 임금으로 있는 동안 한글말고도 많은 업적을 남겨 유명하다. 사실 10월은 '한글날'이 아니더라도 '세종의 달'쯤으로 생각해도 괜찮을 때라고 할 수 있다.

세종의 재위 기간 동안 이룩된 수많은 업적 가운데 가장 뛰어난 부분의 하나가 과학 기술 분야이다. 측우기와 자격루는 그 가운데 가장 유명한 것으로 꽤 널리 알려져 있지만, 그 밖에도 수많은 업적을 남긴 것이 세종의 시대였던 것이다. 그리고 그 많은 업적 가운데 특히 당시의 천문학 분야에서 가장 훌륭한 활동을 한 과학자가 이순지(李純之, ?~1465)이다.

아마 세종 때의 과학기술자 가운데 가장 널리 알려져 있는 인물로는 장영실(蔣英實)을 들 수 있을 것이다. 하지만 따지고 보면 장영실보다 결코 못지 않은 인물이 바로 이순지였음을 알 수 있다. 장영실은 자격루(自擊漏)라는, 시각마다 저절로 종이나 징 또는 북이

미곡 사당에 모셔진
이순지의 초상

울리는 자동 물시계를 만든 것으로 유명하다. 그에 비해 이순
지는 주로 책을 통해 여러 가지 연구를 해서 만든 당시의 많
은 천문기구 등에 대해 이론적 연구를 맡았던 것으로 보인다.
한마디로 장영실과 이순지를 비교해 말하자면, 이순지는 세종
때의 대표적 과학자였고, 장영실은 같은 시대의 대표적 기술
자였다고 하겠다.

이순지가 보다 학자적인 인물이었다는 사실은 그의 배경을
보더라도 분명하다. 동래(東萊)의 관노(官奴) 출신이라고 알려
져 있는 장영실이 뚜렷한 교육을 받은 증거가 없는 것과 달리
이순지는 당시의 뚜렷한 집안 출신으로 좋은 교육을 받은 사
람이었음을 알 수 있다. 그는 세종 9년(1427)에 과거의 가장
높은 수준인 문과(文科)에 급제하여 출세의 길에 접어들게 되
었다. 그가 언제 태어났는지는 알 수 없지만 아마 30살쯤은
되어서 합격한 것이 아닐까 생각된다.

여하튼 이때까지는 어쩌면 이순지는 천문학 또는 과학이 전
공은 아니었던 것같다. 과거에 급제한 다음 4년 동안 이순지

는 승문원(承文院)에 배치되어 있었는데, 이 기관은 주로 외교 문서를 담당하는 곳이다. 그 뒤에서야 이순지는 역법(曆法)을 교정하는 일을 맡게 되고, 다시 그 뒤에는 천문관측소에서 일하게 된다. 적어도 과거에 급제하기까지는 과학에 큰 관심이 없었던 이순지가 1430년이나 1431년부터 과학자 또는 천문학자의 길에 들어서게 된 것으로 보인다.

왜 이순지는 적지 않은 나이에 새삼스럽게 천문학에 빠져들게 된 것일까? 〈세조실록(世組實錄)〉에 남아 있는 기록에 의하면 그는 과거에 급제한 다음 언제쯤인지 세종에게 서울의 북극고도(北極高度 또는 北極高)에 대한 질문을 받고 그에 대해 옳게 대답한 것으로 되어 있다. 즉 서울의 북극 고도는 38도 1/4이라고 대답해서 처음에는 세종이 틀린 것으로 알고 있었는데, 뒤에 그 값이 정확한 것을 알게 되었다는 것이다. 이 일화는 바로 이순지가 죽은 날(세조 11년 6월 병술일)의 〈세조실록〉에 남아 있을 정도니까 당시로서는 상당히 중요한 사건이었을 법도 하다.

북극고도란 지평선 위로 북극성이 몇 도나 떠 올라 보이느냐를 가리킨 말이다. 적도 위에서는 그 값이 0도가 될 것이고 북극에서는 90도가 될 것이다. 즉 북극고도란, 사실은 바로 지금 우리가 말하는 북위(北緯)에 해당하는 것임을 알 수 있다. 지금은 서양에서 발달시킨 위도(緯度)개념을 써서 적도로부터 얼마나 떨어져 있는가를 표시하고 있지만, 옛 선조들은 북극성이 지평선에서 몇 도(度)나 떠올라 보이는지를 썼던 것이다. 생각의 실마리는 서로 틀리면서도 그 값은 똑같아지는 것이 당연하다.

그러면 북위 37도 32분 정도라고 되어 있는 서울의 위치를 이순지는 왜 38도 1/4이라고 말했고 그것을 세종도 옳은 줄로 알았던 것일까?

550년 전의 우리 조상들에게는 위도 또는 북극도에 대한 지식이 그 정도밖에 없었던 것인가?

그렇지 않다. 사실 이 두 값은 아주 똑같은 값인데 당시와 지금 사용하는 원둘레를 표시하는 각도의 값이 서로 다르기 때문에 이런 문제가 있을 뿐이다. 이순지와 세종의 시대에는 원둘레가 지금과 달리 365도 1/4이었다. 즉 당시 동양 사람들은 지구 둘레를 태양이 돌기 위해서는 365일과 1/4일이 필요하므로 그것을 기준으로 지구 둘레를 태양이 하루 동안 이동한 각도를 1도(度)라 했던 것이다. 365 1/4도를 지금은 360도(°)기준으로 바꿔 놓았으니까 이순지의 38 1/4도가 지금은 37 1/2도가 될 것은 뻔한 이치이다.

설명이 길어졌지만 이렇게 해서 이순지는 세종으로부터 천문학을 맡도록 지시 받은 것으로 보인다. 그때까지 우리 나라는 천체 운동을 계산하여 모든 천체의 운동을 예측하는 기술이 부족했던 것으로 보인다. 삼국 시대부터 주로 중국의 천문 계산법 즉 역법(曆法)을 빌려다가 쓰고 있었는데 고려 때에는 그것을 개성(開城)기준으로 약간 수정해 사용했고, 서울을 지금의 서울로 옮긴 다음에는 그것을 다시 조금 더 수정했을 뿐 근본적으로 우리 나라 기준의 천체 운동 계산은 하지 못했던 것이다.

세종이 천문학에 유난스런 관심을 가졌던 이유가 바로 여기에 있었다. 천문학에 재능을 보인 이순지는 곧 세종의 눈에 들어 천문 관계 일을 전담하게 되었다. 이순지가 천문 관계 일에 뛰어든 지 3년쯤 뒤에는 궁궐 안에 본격적인 천문대가

만들어졌다. 세종 14년(1432)에 시작하여 2년 뒤에 완성된 간
의대(簡儀臺)는 지금 서울 경복궁의 경회루(慶會樓) 북쪽에 있
었다. 사실 경회루 연못 둘레에는 간의대 말고도 장영실이 만
든 유명한 자격루, 흠경각(欽敬閣), 혼의(渾儀), 혼상(渾象), 동
표(銅表) 등 여러 가지 천문 관계 시설이 세워졌다.

이순지가 정확히 이 가운데 어느 부분을 맡고 있었는지는
분명하지 않다. 어쩌면 천문학사로서의 그에게는 어느 특성
기구만을 담당하도록 하지는 않았을 것이다. 그대신 이 국립
천문대에 해당하는 연구를 도맡고 있었다고 생각된다. 자연히
천문학에 큰 관심을 갖고 있던 세종이 그에 대해 큰 신임을
갖고 있었던 것도 당연한 일이었음을 알 수 있다. 1436년 이
순지는 모친상을 당하여, 당시의 풍습대로 3년상을 치를 때까
지 직장을 쉬게 되었다.

당시의 천문학에서 이순지가 차지하고 있던 위치는 여기서
더욱 뚜렷하게 부각된다. 이순지가 쉬는 동안 일할 사람을 구
하라는 지시를 받고 승정원은 젊고 유능한 천문학자 김담(金
淡, 1416~1464)을 추천하게 되었다. 그때 만 20살밖에 되지
않았던 김담은 그 후 이순지에 버금가는 많은 업적을 남긴 사
람이다.

하지만 세종은 20살의 이 젊은이만으로는 안심을 할 수가
없었다. 세종은 상중의 이순지를 1년만에 다시 불러들여 일을
계속하라고 지시했다. 정4품의 자리에 승진시켜 가면서까지.
그리고 그때부터 이순지가 한 일은 주로 중국의 천문 역산학
을 연구하고 정리하여 그 일부는 우리 실정에 맞게 수정하는
그런 일이었다.

그런 일 가운데 이순지의 이름을 영원히 역사에 남기게 된

업적은 바로 〈칠정산(七政算)〉의 완성이다. '칠정산'이란 '칠
정'의 계산 방법을 가리키는 것으로, 칠정이란 일곱 개의 움
직이는 별, 즉 해, 달, 목성, 화성, 토성, 금성, 수성을 가리킨
다. 〈칠정산〉은 해, 달, 행성의 운동을 계산하는 기술을 완성
해 놓은 책인데 여기에는 내편(內篇)과 외편(外篇) 두 가지가
있다. 내편이 중국의 전통적 계산법을 우리 나라에 맞게 수정
한 것인데 비해, 외편은 아라비아의 천문 계산법을 우리에 맞
게 고쳐 놓은 것이다. 이순지는 특히 외편의 완성자라고 기록
되어 있으나 실제로는 〈칠정산〉 내편·외편 모두에 중요한 몫
을 담당했을 것으로 보인다.

　1442년에 완성된 〈칠정산〉은 우리 역사상 처음으로 서울에
맞는 천체 운동의 계산을 정확히 할 수 있는 길을 열어 준 업
적이라 평가된다. 이순지는 1445년(세종 27년) 〈제가역상집
(諸家曆象集)〉을 완성하기도 했는데, 이 책은 주로 천문(天文),
역법(曆法), 의상(儀象), 구루의 4부에 걸쳐 당시의 지식을 정
리해 놓은 것이다.

　의상이란 천문 기구를 말하고, 구루란 해시계와 물시계를
가리킨다. 세종 때에 수많은 천문 기구와 해시계·물시계가
만들어진 것은 바로 이런 이론적 연구가 뒷받침되었기 때문에
가능했음을 알 수 있다.

　그때나 지금이나 자연 과학의 연구에는 수학이 중요한 몫을
차지했고, 자연히 이순지는 수학에도 전문가가 되어 있었다.
세종은 당시 토지 측량 사업을 크게 벌인 것으로도 유명한데,
바로 여기에도 이순지의 공이 컸음을 알 수 있다. 세종의 말
에 의하면 "최근의 양전(量田) 사업이 만약 이순지와 김담 같
은 인재가 없었더라면 어찌 제대로 해낼 수 있었겠느냐?"는

정도였다. 세종 때에 주로 천문학자·수학자로 활약한 그는 세조 때에는 〈기정도보(奇正圖譜)〉란 책을 쓰기도 했는데, 이 책은 풍수지리에 관한 저술이다. 지금 이 책은 남아 있지 않아서 그 내용을 잘 알 수 없지만, 이순지가 이 방면에도 해박한 학자였다는 것을 짐작하게 해준다.

세종 때에 그에게는 관상감(觀象監)의 판사(判事), 동부승지(同副承旨) 등의 직함이 주어졌고, 문종 때에는 첨지중추원사(僉知中樞院事), 호조참의(戶曹參議) 그리고 단종 때에는 예조참판(禮曹參判), 호조참판(戶曹參判)을 지냈고 세조 때에는 죽기 전까지 한성부윤(漢城府尹), 지중추원사(知中樞院事) 등의 높은 벼슬을 두루 거쳤다.

그의 찬란했던 일생은 세조 11년(1465) 6월 병술일에 끝을 맺게 되는데 그 날자의 〈세조실록〉에 의하면 그에게는 아들이 여섯 명이나 있었고, 정평군(靖平君)이란 시호가 내렸음을 알 수 있다. 또 이 기록에 의하면 세조 때의 일대 추문으로 유명한 사방지(舍方知) 사건에 연루되었던 여자는 다름아닌 이순지의 딸이었음을 알 수 있다.

경기도 남양주군에 있는 그의 묘소에서는 해마다 양성(陽城) 이씨의 후손들이 모여 그의 일생을 추모하고 있다. 미곡 사당에는 최근에 상상해 그린 그의 초상이 모셔져 있기도 하다.

조선 주기설의 창시자 서경덕

'**개**성의 세 가지 명물'이란 무엇일까? 지금으로부터 거의 5백년 전 송도(松都)의 명기로 이름을 날렸던 황진이(黃眞伊)는 개성(開城)을 대표하는 세 명물로 박연폭포, 황진이 그리고 서화담(徐花潭)을 꼽았다. 이것이 소위 '송도삼절(松都三絶)'이다. 자기 스스로를 명물이라 했다니 과연 명물은 명물이었던 모양이다.

황진이라면 역사에 남은 명기로서 미모와 재능을 겸비한 그야말로 당대의 명물이었다. 그녀의 매력 앞에 30년 벽만 보고 수도했다는 지족선사(知足禪士)는 파계하고 말았건만, 서화담은 그녀의 온갖 노력에도 불구하고 유혹당하지 않았다. 아마 이 일화가 서화담을 가장 유명하게 만든 이야기일 것이다.

서화담은 이름을 서경덕(徐敬德)이라 했던 조선 초기의 대표적 학자였다. 그의 학문은 일정한 스승 없이 자습해서 이룩한 것으로 알려져 있는데, 그의 학문 내용이 오늘 우리의 기준으로 보면 순수 과학 특히 이론 물리학에 가깝다. 물론 그렇다고 그의 학문이 정말로 오늘 우리들에게 친근한 그런 물리학적 내용을 보여준다는 뜻은 아니다. 다만 그의 학문적 관심이 바로 오늘의 물리학과 통한다고 할 수 있다. 바람이 부는 이치와 온천이 뜨거운 까닭을 이론적으로 설명하려는 것이 물리학에 가까운 것 아니고 무엇인가?

서경덕의 유명한 일화 가운데에는 이런 것도 있다. 이 또한 그의 학문 세계가 물리학에 가까웠음을 보여 준다. 어려서 집안이 몹시 가난했던 그는 자주 들에 나가 나물을 뜯다가 끼니를 잇는 데 도움을 줘야했다. 이같은 그의 가난은 어려서만이 아니라 자란 뒤에도 늙을 때까지 줄기차게 계속되었다. 한 번은 종일 들에 나갔다 돌아온 어린 서경덕이 나물을 조금밖에 뜯어 오지 않았다. 그것도 그 날 하루만 그랬던 것이 아니라 며칠째 똑같았다. 이상하게 여긴 어머니가 그 까닭을 묻자 그는 이렇게 대답했다. "나물을 뜯다가 새 새끼가 날아 오르는 것을 보게 되었습니다. 첫날에는 땅에서 한 치밖에 날지 못했고, 다음 날에는 두 치, 또 다음 날에는 세 치, 이처럼 점점 높이 날아 오르는 것이었습니다. 곰곰히 그 까닭을 생각해 보았지만 그 이치를 알 수가 없어서 생각하느라 나물은 얼마 뜯지 못했습니다."

그의 공부하는 태도는 이처럼 혼자서 깊이 생각에 빠지는 방법을 통해 이룩된 것이었다. 이렇다할 스승을 갖지 못했던 그는 다만 책을 통해서 그의 생각을 다듬어 갈 수밖에 없었다. 그가 이런 학문 태도를 갖게 된 것도 따지고 보면 그의 가족 환경과 무관하지 않다. 지금의 개성 화정리(禾井里)에서 1489년 2월 17일 아버지 서호번(徐好蕃)과 어머니 한씨(韓氏) 사이에 태어난 그는 양반 집안이었으나 이미 몇대째 이렇다할 벼슬 자리에 나간 선조가 없었던 가난한 집안이었다. 그의 집안은 양반이면서도 남의 땅을 빌어 소작을 할 정도로 퇴락했다. 기록에 의하면 그는 43세에 이르러서야 어머니의 간곡한 권유를 뿌리치지 못해서 생원시(生員試)에 합격했다고 한다. 하지만 그는 이어서 응시해야 할 진짜 과거랄 수 있는 대과(大科, 또는 文科)에는 응시하지도 않았다. 혹시 집안의 퇴락과 그의 과거 기피증과도 무슨 관련이 있었을지도 모른다.

서경덕은 특히 그의 만년에 개성 근교의 화담에 살았기 때문에 화담(花潭)이란 호를 얻게 되었는데, 자를 가구(可久) 또는 복재(復齋)라 했다. 18세 되던 1506년 서경덕은 〈대학(大學)〉을 읽고 스스로 그 책에 써 있는대로 격물(格物)을 해보기로 결심했다. 이를 위해 그는 공부하려는 주제를 큼직하게 써서 벽에 붙여 놓고 그야말로 불철주야(不徹晝夜) 글자만 쳐다보면서 그 의미를 깊게 생각했다. 그 의미를 스스로 깨우쳤다고 자신이 선 다음에서야 그는 다른 제목으로 바꿔서 써붙이고는 같은 명상을 반복했다. 그는 스물한 살 때에는 빈 방에 홀로 앉아 잠을 이루지 못하는, 지금으로 치면 신경쇠약증에 걸린 일도 있다고 하는데 아마 이런 공부 태도 때문이었을 것이다.

〈대학〉이란 작은 책은 특히 성리학이 강조한 소위 사서(四書)의 하나로 지도자가 되기 위한 학문 수련의 과정에 대해 설명하고 있다. 지도자가 되기 위해서는 우선 격물(格物)을 통해 지식을 넓히고(致知), 뜻을 정성되이 하며(誠意), 마음을 바르게 가져(正心), 그 다음에 자신의 몸을 다듬고(修身) 집안을 다스려(齊家) 드디어 나라를 다스리고(治國) 천하를 평정(平天下)할 수 있게 된다는 것이다. 즉 "치국평천하"의 이상을 위해서는 모름지기 격물을 제대로 해야 함을 말한다. 그런데 격물이란 다름 아닌 사물의 이치를 연구한다는 뜻이다. 18세의 독학 철학자 서경덕은 바로 격물을 위해 '하늘(天)'이란 글을 벽에 써 붙이고 그 뜻을 깨달으려고 노력했다. 다음에는 아마 '땅(地)'을 써 놓고 명상에 잠겼을지도 모른다.

이런 연구 과정을 통해 그가 얻은 결론은 이 세상에서 가장 근본되는 것은 바로 우주를 가득 채우고 있는 기(氣)라는 사실이었다. 조선 시대에 크게 성했던 성리학에서는 이(理)와 기(氣)를 기본으로 말했지만, 기야말로 가장 중심적임을 상조한 학자는 이 땅에서는 서화담이 처음이었다. 말하자면 그는 조선의 주기설(主氣說)의 창시자였던 셈이다. 그 후의 우리 나라 유학계는 퇴계 이황(退溪 李滉)이 지배적이었고 따라서 주리설(主理說)이 더 성했다고 보이지만, 서화담의 주기적(主氣的) 태도는 율곡 이이(栗谷 李珥)를 거쳐 실학파의 여러 학자들, 특히 홍대용(洪大容)과 최한기(崔漢綺)에 이르러 강하게 표출되었다.

그의 주기설에 따르면 인간의 삶과 죽음, 그 자체가 기가 모이고 흩어지는 과정에 지나지 않는다. 앞에 소개한 새가 매일 조금씩 높이 날아 오르는 이치도 기의 영향으로 본 것이다. 그는 또 온천이 있는 이치도 기를 가지고 설명하고 있다. 원래 불은 뜨겁고 물은 찬 법이다. 그러나 불 가운데는 찬 불은 없는데 어떻게 물 가운데는 뜨거운 물, 즉 온천이 있을 수 있는가? 서화담의 주장으로는 원래 땅은 음(陰)이 주가 되지만 그 가운데에는 빈 틈이 있고, 그 사이에 양(陽)이 흐른다. 이 까닭에 땅 속에는 때때로 기가 모이기 마련이다. 그런데 기는 흩어지면 차가워지지만 모이면 더워진다. 그것은 마치 풀을 쌓아 놓으면 저절로 열이 나서 뜨거워지는 이치와 마찬가지다. 이렇게 서화담은 온천의 물이 뜨거운 이치를 설명하고 있다.

우주는 텅 비어 있다고 생각되기 쉽다. 하지만 원래부터 우주란 빈 곳이 아니라 기로 충만되어 있다. "끝없는 것이 태허(太虛)이고, 시작 없는 것이 기(氣)이다. 허(虛)란 다름 아닌 바로 기(氣) 그것이다. 허가 본래 무한하니 기도 또한 무한하다." 그의 글 '이기설(理氣說)'에 나오는 말이다. 그의 이와 같은 주기론은 중국 송(宋) 나라 때에 크게 발달한 성리학의 영향을 받아 나온 것임에 분명한데, 그는 특히 송의 사상가 장재(張載, 1020~1077)의 사상을 받아들였다. 장재가 주기론이었던 데 비해 그의 후배인 주희(朱熹 즉 朱子, 1130~1200)는 이기를 함께 말하는 입장을 보였다. 우리 역사에서는 중국의 장재와 주희에 해당하는 인물이 바로 서경덕과 이황으로 나타났다.

또한 서경덕은 장재와 똑같은 시기 송 나라의 철학자 소옹(邵雍, 1011~1077)의 영향도 강하게 받았다. 소옹은 소요부(邵堯夫) 또는 소강절(邵康節)으로도 널리 알려져 있는데, 소위 중국 전통적인 상수학(象數學)을 크게 발전시킨 사상가였다. 중국의 전설 시대에 비롯한 하도낙서(河圖洛書)는 황하와 낙수에서 나온 말과 거북의 등에 그려져 있었다는 무늬를 근거로 그 의미를 해석하는 과정에서 발달한 것으로 알려져 있다. 원래는 1에서 9까지의 숫자가 가로 셋, 세로 셋의 배열로 놓였을 때 그 합이 어느 방향으로나 15가 되는 모양을 기본으로 한 무늬에 지나지 않는다. 그러나 이 교묘한 숫자의 배열로부터 사람들은 우주의 수학적 질서에 대해 깊은 신념을 가지기 시작했고, 바로 이런 신념이 〈주역(周易)〉의 세계에 깊은 관심을 모으게 했다. 또 일 년을 만드는 열두 달과 한 달을 만드는 30일, 그리고 그것을 합쳐 나오는 360일이라는 숫자에 모두 큰 의미를 부여했다.

서경덕은 소옹이 이미 발전시켜 놓은 이런 문제를 이 땅에 도입해서 조선의 상수학에 기초를 마련했다. 그에 의하면 해, 달, 별들의 운동을 기본으로 이 세상에서 네 가지의 기본 시간 단위가 인정되었다. 원, 회, 운, 세가 그것인데 그 길이는 1元=12會, 1會=30運, 1運=12世이다. 이것을 보면 1년은 12개월이고, 한 달은 30일, 그리고 1일은 12시라는 사실을 보다 긴 우주적 시간 개념으로 바꿔 놓은 것을 알 수 있다. 그런데 여기서 1세(世)를 30년으로 잡는다면, 1원(元)은 12×30×12×30년 즉 129,600년이 된다. 이것이 이 세상이 한 번 생겼다가 없어지는 한 과정에 걸리는 시간이라는 것이다.

우리가 오늘 사용하는 단어 가운데 세대(世代)란 말과 기원(紀元)이란 표현은 모두 바로 이런 생각에서 비롯한 것이라 할 수 있다. 즉 지금도 한 세대는 30년이라고 말하면서 흔히들 젊은이와의 세대차를 말하는데 그것은 서경덕의 상수학이 말하는 1세=30년의 뜻이 이어진 것이고, 신기원(新紀元)이니 기원이니 하는 표현도 바로 서경덕이 말한 원(元)이란 시간·단위가 발달된 개념일 뿐이다. 1원은 12만 9천년이고, 이 시간은 바로 천지가 한 번 개벽하고 다시 개벽하는 단위였던 것이다. 말하자면 우리가 지금 신기원을 말할 때 그것은 새로 천지가 개벽하는 것을 의미한다 할 수 있다.

어떻게 보면 서경덕의 과학이란 지금 우리가 말하는 과학이기보다는 자연 철학이라 하는 편이 옳다. 실험은커녕 구체적인 증거로 뒷받침한 자연에 대한 생각이 아니라, 그저 사변적인 철학적 범위에 머물렀던 생각이었기 때문이다. 여하튼 그

는 이 땅에 주기론적 자연관을 심어 주어 이율곡을 통해 실학
자들에 영향을 주었고, 또 상수학을 도입해 이지함(李之菡)으
로 하여금 토정비결(土亭秘訣)을 지을 정신적 터를 마련해 놓
은 것이다.

토정비결과 이지함

해마다 새해가 되면 생각나는 과학자 중에 이지함(李之菡, 1517~1578)이 있다. 이지함은 그의 이름보다 오히려 그의 호 토정(土亭)으로 더 유명하다. 특히 그의 호를 따 붙인 유명한 책 〈토정비결〉이 있기 때문이다. 특히 최근에 크게 성공한 소설 책들 가운데 바로 이 제목의 것도 있기 때문에 그의 이름과 이 책은 더 유명해졌다.

이지함은 어떤 의미에서 과학자라 할 수 있는 것일까? 〈토정비결〉이야 아무리 잘 보아도 인간 운명을 미리 알아보려는 일종의 미신 행위로나 볼 것이지 어디 과학이랄 수는 없지 않느냐고 반문할 사람도 있을 법하다. 그러나 잘 살펴 보면 〈토정비결〉 속에도 수학적 질서를 찾아내려던 이지함의 집념은 감춰져 있었다. 144가지의 괘(卦)를 배치해 놓은 규칙성도 그러하지만, 그 내용을 다시 좋은 예언과 나쁜 예언으로 나눠 알맞게 배치함으로써 사람들이 그럴싸하게 여기도록 유도한 방법 역시 대단히 '과학적'이었다.

사실상 이지함은 우리 역사상 서경덕과 함께 상수학(象數學)의 가장 대표적인 대가였다. 아직 상수학에 대

토정비결

해서는 그 상세한 내용도, 그리고 그 역사적 의미도 밝혀져 있지 않지만, 서경덕(徐敬德, 1489~1546)이 바로 그의 스승 이었다. 화담(花潭) 서경덕이 남긴 글들을 모아 놓은 〈화담 집〉에 보면 우주의 시작과 변화의 주기를 비롯하여 온갖 것들 에 대한 수학적 질서를 밝혀 보려는 그의 의지가 잘 나타나 있다.

우주가 어떤 수학적 질서 속에 성립되고, 또 움직인다는 생 각은 서양이나 동양에서나 마찬가지로 강하게 고대 과학과 수 학을 꿰뚫고 있었다. 서양에서는 그리스의 피타고라스 학파가 바로 그런 수학적 신비주의를 대표한다. 이런 신유학의 전통 은 조선 초에 우리 나라에 들어왔고 서경덕은 바로 이런 사상 에 깊이 빠져 들었던 것이다.

왜 1년은 365일이며, 한 해는 12달인가? 또 목성은 왜 하필

12년에 한 번씩 하늘을 한 바퀴 돌고 있는 걸까? 역사는 어떤 주기로 흥망을 거듭하는 것인가? 맹자(孟子)는 이미 500년 마다 새로운 왕조가 생겨나는 듯한 표현을 남긴 일이 있는데, 정말 하나의 왕조는 500년을 계속하면 쇠퇴하여 새로운 왕조를 낳게 되는 걸까? 또 세상은 개벽(開闢)과 쇠망을 거듭하는 것으로 보이는데 그 기간은 몇만 년, 혹은 몇십만 년, 몇백만 년을 주기로 하는 것인가?

　말하자면 상수학이 관심을 가진 가장 중요한 부분은 이런 것들이었다. 서경덕은 바로 이런 문제를 관심 있게 연구한 자연 철학자였고. 이지함은 그의 밑에서 상수학에 심취했던 학자였다. 그러나 이지함은 그의 문집 〈토정집〉에 그리 많은 상수학의 유작을 남겨 놓지는 않았다. 어느 의미에서는 바로 〈토정비결〉이 그대로 그의 상수학에 대한 관심의 표명이라 할 만한 것이다.

　율곡(栗谷) 이이(李珥, 1536~1584)의 친구였던 이지함은 당시의 유명한 가문에서 태어났다. 고려 말의 유명한 학자 목은(牧隱) 이색(李穡)의 6대손이라는 이지함은 한산(韓山)이 본관이다. 아버지를 일찍 여의고 형인 이지번(李之蕃)의 집에서 자랐다. 아버지 겸 스승 노릇을 해준 셈인 그의 형에게는 당대 유명한 아들 둘이 있었는데, 영의정(領議政)까지 지낸 이산해(李山海)와 이조판서(吏曹判書)까지 지낸 이산보(李山甫)가 그들이다. 유명한 조카 둘을 갖고 있었던 것에 비해 이지함 자신에게는 자식 복이 없었던 것으로 보인다. 자식을 일찍 잃은 그에게는 관운 또한 없어서, 기껏 말년인 1573년부터 얼마 동안 6품 벼슬인 포천(抱川) 현감(縣監)과 아산(牙山) 현감을 지낸 것이 전부였다. 그러나 죽은 다음 그의 명성은 널리 인정되어 이조판서로 추증되었고, 아산과 보령의 서원에 그의 위패가 모셔지게 된다.

이지함에게는 다른 어느 인물의 경우보다도 괴상한 숨은 이야기가 많다. 때로는 믿기 어려운 일화들이 전해지는 것으로 보더라도 그가 당대의 기인(奇人)이었음을 족히 짐작할 수 있다. 우선 그의 호는 대개 잘 알려져 있는 것처럼 '토정(土亭)'인데 '흙으로 지은 정자'란 뜻이 된다. 그는 마포에 실제로 흙으로 굴을 파고 그 안에서 살았다고 기록되어 있다.

토정이 마포 강가에 흙집을 짓고 산 데에는 또 그럴만한 사연이 있었다. 그는 자그만 배의 네 귀퉁이에 커다란 바가지를 달고 세 번이나 제주도를 다녀왔고, 또 여행을 많이 했는데, 이런 가운데 상업의 중요성에 눈을 떴다. 다 아는 일이지만 조선 양반 사회에서는 양반이 상업에 종사하는 일은 있을 수 없었다. 그렇지만 이지함은 실제로 수만 석의 곡식을 운반해다가 마포에 쌓아 두기도 했는데, 그 곡식은 그가 무인도를 개간해서 박을 심어 그것으로 바가지를 수만 개 만들어 팔아서 바꿔 온 것이라고도 전한다. 그는 박 농사를 대규모로 짓고 그렇게 얻은 바가지를 곡식과 바꿔 서울로 운반해 왔다는 것이다. 그리고 몇년인가 이런 장사를 하고는 홀연히 그 곡식을 가난한 사람들에게 나눠주고 사라졌다는 것이다. 그가 마포의 흙집에서 산 것은 바로 이 시절의 이야기이다.

그가 포천 현감으로 있을 때에는 포천의 가난한 사람들을 모아서 무인도에 들어가 그 곳에 이상 사회를 건설하려는 꿈을 갖고 있기도 했다. 이지함은 또 소금 장수도 그리고 생선 장수도 한 것으로 전해지는데 아마 마포에서 쌀 장수하던 일과 비슷한 경우였던 것으로 보인다. 그는 문벌을 따지지 않고

사람을 사귀어 그가 가장 사랑하던 제자는 노비 출신들이었
다. 충남 보령에서 한 말 밥을 먹고 이틀을 걸어 서울에 도착
했다는 그는 대단히 강인한 체력의 소유자이기도 했는데, 아
무리 더워도 물도 마시지 않고, 또 추위에 아무데서나 잠을
잘 수 있었으며, 엄동에도 홋겹으로 지냈고, 열흘쯤 굶고도 끄
떡하지 않았다고 전한다. 또 길을 가다 졸리면 지팡이에 의지
한 채 코를 골며 잠들기도 했다고 한다.

율곡과는 아주 가까워서 평생 자주 교제했는데, 특히 천문
학 등에 관해서는 율곡이 토정의 의견을 묻곤했다. 한번은 서
울에 요성(妖星)이 나타난 일이 있었는데, 이에 대해 율곡이
그의 의견을 묻자 토정은 이렇게 대답했다. "내 생각으로는
그것은 요성이 아니라 서성(瑞星)이요." 놀란 율곡이 그 까닭
을 캐물었다. 토정의 대답은 "그때 마침 세상 인심은 흉흉하
고 도덕이 땅에 떨어져 있었는데, 요성이 나타나는 바람에 위
와 아래가 모두 마음을 다시 가다듬고 조심하여 별일 없이 지
낼 수가 있었으니 이 어찌 상서로운 별이라 아니하겠소?"

요성이란 대개 혜성이나 신성, 또는 그 비슷한 별을 가리키
는 것으로 옛 사람들은 그런 별이 나타나는 것을 아주 불길한
조짐이라 여겼다. 하지만 당시의 천문 사상에 통달하고 있던
이지함은 이 요성의 나타남을 그 나름대로 새롭게 해석하여
흉조가 아닌 길조라 설명하고 있었던 것이다. "꿈 보다 해몽"
이란 옛말이 있는 것처럼 우리는 누구나 지나치게 어떤 틀에
만 얽매인다면 창조적 활동이란 기대할 수 없는 법이다. 토정
이지함은 바로 그런 뜻을 가지고 그의 불후의 명작 〈토정비
결〉을 완성했던 것은 아닐까?

"동풍에 얼음이 녹으니 고목에 봄이 오도다"(東風解永 枯木

逢春)로 시작하여 "수와 복을 함께 갖추니 이름을 세상에 떨치도다."(壽福兼全 名振四海)로 끝나는 〈토정비결〉에는 이런 글귀가 7,056개나 들어 있다. 여기에는 모두 144개의 괘(卦)가 들어 있으니, 한 괘마다 이런 글귀가 49개 씩 들어 있다는 것을 뜻한다. 〈토정비결〉로 그 해의 신수를 보려는 사람은 자기 생년, 생월, 생일을 가지고 상괘(上卦), 중괘(中卦), 하괘(下卦)를 계산해서 이 3괘를 합해 자기 괘를 얻는다. 누구나 바로 이 144괘 가운데 어느 한 괘에 해당하게 되는 것이다. 각 괘에는 1년 동안을 통틀어 예언한 개괄적 예언이 위와 같은 글귀 12개로 되어 있고, 이에 덧붙여 달마다 세 개의 글귀로 된 예언이 있다. 한 괘는 48개의 글귀로 구성되었음을 뜻한다.

　그런데 아주 흥미있는 사실은 〈토정비결〉을 보는 사람들은 요즘처럼 과학을 믿고 이런 예언은 미신이라 여기는 사람들까지도 때로는 솔깃해 하거나 '지나간 예언은 다 맞는다'거나 하는 수가 많다고 한다. 10여 년 전의 여론 조사에 의하면 한국 사람 64%가 〈토정비결〉을 본 일이 있다는 결론이 나오기도 했다. 그 가장 중요한 원인은 이 예언서가 아주 많은 사람들의 요구에 딱 맞게 구성되어 있기 때문이다. 예언은 모두가 알맞게 모호해서 반드시 틀릴 가능성은 없다. 그러면서 3분의 2는 행운을 약속해주는 예언으로 되어 있다. 아니 꼭 행운은 아니더라도 적어도 불행을 예언하지 않는 그런 내용이 거의 4분의 3을 차지한다.

　전체 6912개의 글귀를 분석해 보면 길운(吉運)을 예언하는 내용이 3,318개, 나쁘지도 좋지도 않은 예언이 1,587개, 그리고 나쁜 예언이 2,017개로 되어 있다. 거의 7천 개 가운데 2천 개만이 나쁜 예언이라니 얼마나 편파적인 예언서인가를 알 수 있다. 그러나 예언서를 보아 자기 신수를 알려는 사람이 책 전부를 비판적 안목으로 살펴 이런 것을 알아낼 까닭이 없다. 따라서 〈토정비결〉을 본 사람은 거의가 자기의 한 해 운수가 대체로 좋다는 인상을 받고 기분이 좋아지게 마련인 것이다. 이지함은 이런 통계적 수단을 동원해서 '아주 잘 맞는 예언서'를 만들어 낸 것이라 할 수 있다.

물론 사람의 한 해 동안의 신수를 144가지로만 분류하고 있는 만큼 따지고 보면 우스운 일이 한두 가지가 아니다. 한국인 전체의 신수가 144가지로만 나눠진다면 거의 40만 명은 한 해 동안 내내 똑같은 운명을 지니고 살게 된다는 말이 아닌가? 이것을 전세계 인구에 적용시킨다면 또 얼마나 많은 사람들이 똑같은 운명을 갖게 될 것인가?

전하는 말로는 이지함은 그의 죽음을 앞두고 부인이 "앞으로 누가 당신 대신 사람들의 신수를 점쳐 주겠소?"라고 묻자 이렇게 대답했다고 전한다. "내가 어찌 사람들의 운수를 미리 알겠소? 내가 아는 척하지 않으면 어차피 아무 데나 가서 알아 볼 것이니 그저 아는 체 했을 뿐이라오."

토정 이지함은 인간 세상의 수학적 질서에 관심이 많았던 자연 철학자임에는 틀림이 없다. 하지만 정말로 〈토정비결〉이 세상에 널리 퍼진 것은 1세기 남짓 밖에 되지 않고, 19세기 초까지도 그것이 예언서로 쓰여진 증거는 보이지 않는다. 그러나 혹시 〈토정비결〉이 그의 작품이 아니라해도 이 예언서가 그의 정신을 담은 그런 것인 것만은 아무도 부정하기 어려울 것같다.

일본 최초의 역법, 정향력을 만든 박안기

십년 전의 일이다. 세종 때의 천문학 발달에 대해 연구를
하던 나는 갑자기 일본 과학사와 천문학사에 빛나는
우리 나라 학자 한 사람을 발견하게 되었다. 그의 이름
은 박안기(朴安期)라고 하며, 1684년 사용되기 시작했
던 일본 최초의 역법 정향력(貞享曆)은 바로 박안기의
영향 아래 만들어졌던 것임을 처음으로 알게 되었다.

내가 그의 이름을 처음 발견한 책은 아마 일본의 대
표적 과학사 책의 하나인 길전(吉田光邦)의 〈일본과학
사(日本科學史)〉였을 것이다. 이 책의 215쪽에는 다음
과 같은 내용이 담겨 있다.

관영(寬永) 20년에는 조선의 용나산(容螺山)이 내
조(來朝)했는데, 경도(京都) 사람 강야정현정(岡野井
玄貞)은 그로부터 수시력법(授時曆法)을 공부했다. 수
시력은 원(元)의 곽수경(郭守敬) 등이 세조(世組)의
명을 받아 편찬한 것인데, 1281년부터 87년 동안 시
행된 것으로 실제 관측을 중시하여 관측 결과를 충분
히 활용함으로써 1 태양년을 365.245일(日)로 정할
수 있게 된 아주 우수한 역(曆)이었다. 이 수시력을

연구하여 이에 바탕을 둔 새 역법을 만든 사람이 삽천춘해 (澁川春海)였다. 그는 강야정현정으로부터 수시력법을 배운 후 1659년에는 이를 근거로 각지의 위도를 측정했다.

이 책은 우리말로 번역되어 나온 일이 있는데, 번역된 책에 도 조선의 용나산이란 인물이 일본 천문학자에게 역법을 가르 쳤고, 그의 제자인 삽전춘해가 일본 전문학사에 빛나는 역법 ―정향력―을 만들었음이 그대로 옮겨져 있다.

용나산(容螺山)이라니 참 괴상한 이름도 다 있다고 생각하 며, 나는 다른 책을 살펴 보았다. 마침 가지고 있던 책 가운데 중산무(中山茂) 교수의 〈일본의 천문학〉에도 같은 내용이 있 음을 발견하게 되었다. 48쪽에 적혀있는 내용은 다음과 같다.

1643년 조선의 손님 나산(螺山)이란 인물이 강호(江戶)에 와서 역학에 관해 강야정현정과 토론했다는 말이 〈춘해선생 실기(春海先生實記)〉에 보인다. 춘해는 바로 이 현정으로부 터 역학을 공부했던 것이다. 나산이 어떤 내용을 전해준 것 인지는 알 수 없지만 조선에는 15세기 천문학의 최성기에 〈칠정산(七政算)〉 내편(內編)을 낸 바 있는데 이는 수시력 연구의 뛰어난 텍스트로 꼽히고 있다. 명말(明末)에는 중국 의 역산학 전통이 어느 정도 쇠퇴한 다음이었으므로 당시 조선에서 역산학을 배우려던 태도는 올바른 선택이었다고 보인다.

앞에 인용한 길전 교수의 〈일본과학사〉와 뒤에 인용한 중 산 교수의 〈일본의 천문학〉은 모두 일본 과학사 학계의 쟁쟁한 분들에 의해 쓰여진 책인데, 같은 내용을 담고 있으면서도 아주 중요한 점에 차이가 있음을 알 수 있다. 앞의 책에는 "조선의 용나산"이라고 되어 있는데 뒤의 책에는 같은 인물을 "조선의 손님 나산"이라 밝혀 놓았다는 점이다.

나는 금방 그 잘못의 원인을 찾아낼 수 있었다. 즉 길전 교수의 책에는 그 이름을 용나산이라 했는데 그것은 원래 일본의 다른 자료에 써 있는 것을 누군가 잘못해서 "조선의 손님(客) 나산"이란 일본어 표현을 "조선의 용(容) 나산"으로 바꿔 놓았고 그것이 길전 교수의 책에 적히게 되었을 것이라는 점이었다. 지난 해 일본에 있는 동안 나는 여러 가지 일본 역사 자료를 뒤져서 그것이 사실임을 확인할 수 있었다. 1643년 일본에 갔던 조선의 학자는 용나산이 아니라 나산이었던 것이다. 그것이 일본인들은 띄어 쓰기를 하지 않기 때문에 누군가 '조선의 객 나산'을 "조선의 용나산"으로 한 글자 잘못 읽었고, 그것이 여러 책에 잘못되어 있었던 것이다. "객(客)"자는 "용(容)"자와 흡사한데다가 한국 사람은 대개 세 자 이름을 갖고 있다는 사실 때문에 누군가가 처음 이런 실수를 범한 것이 분명하다.

그렇다면 일본 천문학사에 그 이름을 영원히 남긴 조선의 나산이란 누구였던가? 그래서 나는 바로 1643년 일본에 갔던 우리 나라 사신들의 기록을 찾아보았다. 나산이라면 분명히 조선 시대 어느 사람의 호(號)일테니까 그 이름을 알아내려는 것이었다. 조선 시대에는 일본에 대규모 사절단을 파견하곤 했었다. 임진왜란으로 잠깐 중단되었던 이 중요한 행사는 전쟁이 끝나자 바로 일본측의 간곡한 요청으로 다시 시작되어 1607년부터 1811년까지 모두 12회의 조선통신사가 거의 5백

명씩의 대규모 사절단을 거느리고 일본을 방문했었다. 그 가운데 일부 기록이 〈해행총재(海行摠載)〉란 것으로 남아 있고 이 책은 한글로 번역판도 나와 있다.

이 기록으로부터 나는 1643년 일본에 파견되었던 사신 일행 가운데 나산이란 호를 가진 인물이 있었고, 그의 이름은 박안기(朴安期)임을 알아 낼 수 있었다. 하지만 그의 이름은 몇 번 이 여행기에 등장할 뿐 그가 어떤 사람이고, 얼마나 훌륭한 과학자 또는 천문학자인지 알 길은 전혀 없었다. 그밖의 어느 한국사 책에서도 박안기라는 이름이 나오는 일은 없다. 그런데 일본의 과학사나 천문학사 책에는 모두 그의 이름이 등장하는 것이다. 원체 삽천춘해의 〈정향력〉은 일본 역사에서는 "일본인에 의해 만들어진 일본 최초의 역법"이기 때문에 아주 중요하고, 이 역법을 말하다가 자연히 삽천춘해의 스승에게 무엇인가를 가르쳐 준 조선의 손님 나산은 나오기 마련인 것이다.

일본 책에 그의 이름이 자주 등장하지만, 그것은 언제나 나산이지 그의 이름 박안기는 아니다. 나는 일본 과학사 학자들에게 그의 이름을 찾아 알려주는 정도로 만족하고 말았다. 앞으로 일본의 과학사 책에서도 그의 호 나산 대신 그의 이름 박안기가 사용되기를 바라면서…… 그러나 1991년 봄부터 1년 동안 일본에 살게 되면서 나는 박안기에 대한 관심을 다시 불태워 몇 가지 새로운 사실을 알아낼 수 있게 되었다. 우선 그는 1643년(인조 21년) 일본에 파견되었던 조선통신사 일행 462명 가운데 네 번째로 높은 독축관(讀祝官) 자리를 차지하고 있던 고위층 외교관이었다는 사실이다. 외교관이라지만 당시의 직책이 그랬다는 뜻일 뿐 당시에는 아직 전문 외교관이 있을 시절도 아니어서 박안기는 고위층 학자였다고 할 수 있다.

이 시대 조선에서 일본에 파견한 조선통신사에 대해서는 최근에 두 나라 사이에 관심이 높아져 우리 정부는 금년 여름에 〈현대판 조선 통신사〉를 일본에 문화 사절단으로 파견한 일도 있었다. 당시의 조선 통신사들이 늘 그랬듯이 박안기 일행도 서울을 떠나 대마도와 구주 지방을 거쳐 일본의 큰 섬들 사이에 있는 바다를 항해하여 대판에 상륙했다가 다시 강물을 거슬러 경도로 가고, 거기서부터는 육로를 따라 강호, 즉 지금의 동경으로 여행했다. 이 긴 여행 기간동안 조선 통신사 일행은 그야말로 일본인들의 극진한 대접을 받으며 그림이나 글씨도 써주고, 시와 글을 고쳐주며, 또 학문적 질문에 대답도 해주었고, 많은 선물 교환도 했다. 극히 폐쇄적으로 살고 있던 당시 일본 지식인들에게는 밖으로 향한 유일한 창문인 조선 선비들과의 교류가 일생 일대의 영광이며 좋은 공부의 기회라 여겨졌기 때문이다.

일본에 있는 동안 나는 박안기가 지나간 발자취를 여러 가지 발견해 낼 수 있었다. 동경과 명고옥(名古屋) 사이에 있는 정강현(靜岡縣)의 청수시(淸水市)에 있는 청견사(淸見寺)에는 그의 시가 걸려 있는데 그가 돌아가는 길에 다시 이 절에 들려 그 절경을 노래한 글이다.

청견사는 해동(海東)의 경승지,
다시 찾으니 정은 더욱 깊어지네.
이미 속세를 뛰어 넘었으니,
어찌 한 조각 티끌인들 침입할 수 있을까.

깊은 계곡물은 흘러 폭포 이루고,
기화요초 우거져 숲을 이루네.
여행하는 수레 문 밖에 세운 채,
해가 이미 서산에 진 줄도 모르네.

이 절에 들려 보니 뒷 뜰에는 아마 박안기가 보았을 그때를 연상케 해주는 아름다운 숲이 우거져 있었지만, 절 앞에는 기찻길이 나고 바다가 툭 터진 살벌한 현대판 해안이 전봇대로 더럽혀져 있을 뿐이었다. 하지만 절의 안마당에 서 있는 2층짜리 종루(鍾樓)에는 위층 추녀 아래 '경요세계(瓊搖世界)'라는 잘 쓰여진 현판이 걸렸는데 이것이 바로 그때 박안기가 적어 놓고 간 것이다. 낙원 또는 이상향이란 뜻의 한자 표현이다.

이것 말고도 박안기의 자취가 몇 가지는 더 있음을 알 수 있었다. 예를 들면 강산현(岡山縣) 우창(牛窓)에 있는 본련사(本蓮寺)라는 절에는 그가 쓴 글씨로 만든 족자가 남아 있다는데 가보지는 못했다. 그런데 내가 일본에서 귀국한 몇 달 뒤에 일본인 학자가 나의 연구에 관심을 갖고 그가 발견한 자료를 보내 주었다. 일본의 대표적 유학자 임나산(林羅山, 1583~1657)이 박안기와 만나 나눈 대화 내용이 그의 문집에 남아 있는 것을 복사해 보내 준 것이다.

이 대화 기록에서 알 수 있는 중요한 사실 하나는 1643년 7월 그의 나이는 36세였다는 것이다. 임나산은 그때 자기 나이는 61살이라 했으니 박안기는 1608년생임을 알 수 있다. 임나산은 박안기가 약관에 과거에 급제한 진사(進士)라고 밝히고 있는데, 조선의 여러 사신과 친했던 이 일본 학자는 그 해에는 특히 박안기와 가까워져 그에게 편지 5통과 시 14수를 보냈다는 사실도 일본 학자의 연구에서 알아낼 수 있게 되었다. 박안기는 그 당시 일본의 궁정화가 수야탐유(狩野探幽)에게서 자신의 초상화를 그려 받고, 거기에 임나산의 글을 얹어 받아 기뻐했다고 한다.

하지만 이런 모든 정보에도 불구하고 박안기가 얼마나 당시의 과학 또는 천문학에 능통한 과학자였던가를 밝힐 수는 없었다. 1643년 조선 통신사의 일행으로 일본에 갔던 박안기는 당시 일본의 최고 수준 천문학자에게 무엇인가를 가르쳐 주었고 그것을 바탕으로 일본의 학자 삽천춘해는 일본인이 만든 일본에 맞는 최초의 역법이라는 〈정향력〉을 만들고 그것이 1684년에 채택되기에 이른다. 아직 박안기에 대해서는 이 정도밖에 밝혀져 있지 않지만, 앞으로 더 그의 활약상이 알려지게 되는 날 우리는 그가 일본인이 풀지 못하고 있던 역법 계산의 어떤 부분을 그들에게 깨우쳐 주었던지를 알 수 있게 될지도 모른다.

여하튼 1608년에 태어난 조선의 진사 나산(螺山) 박안기는 일본인에게 천문역산학 한 수를 가르쳐 준 우리 과학사에 길이 이름을 남긴 과학자임이 분명하다. 그런데 그에 대한 연구보다 먼저 일본의 큼직한 책 모두에 잘못 기록된 그의 이름부터 바로 잡는 일이 중요하다. 〈일본인명대사전〉〈일본역사대사전〉〈국사대사전〉 등 일본의 큰 사전류에는 모두 그의 이름이 '용나산'이라 되어 있으니 말이다.

성호 이익의 과학적 유산

우리 역사에서 17세기 이후 새로운 학풍을 보여 준 학자들을 실학자(實學者)라고 부르는 것은 잘 알려진 일이다. 그런데 잘 살펴 보면 이들 실학자들은 거의 당시의 새로운 학문이었다고 할 수 있는 서양 과학 기술에 큰 관심을 보였음을 알 수 있다. 요즘 우리가 말하는 뜻에서의 과학자가 없었던 당시로서는 바로 이 학자들이 과학자였다고 해도 좋을 것이다. 이수광, 유형원에서 정약용, 최한기에 이르는 모든 실학자가 과학자라고 하기는 어려울지 몰라도 대개는 과학에 큰 관심을 보인 것은 사실이었다.

그 가운데 백과전서같은 글을 〈성호사설(星湖僿說)〉이란 책으로 남기고 간 이익(李瀷, 1681~1763)은 대표적인 실학자로서의 과학자라 할만하다. 그의 대표작 〈성호사설〉에는 많은 자연 현상에 대한 그의 의견이 나타나 있고, 특히 당시 알려지고 있던 서양 과학의 지식이 많이 소개되어 있다. 18세기 전반을 대표하는 학자 이익은 당시의 어느 누구보다 서양 과학에 대한 많은 지식을 〈성호사설〉 속에 남기고 있는 것이다.

당파 싸움에서 완전히 밀려난 남인(南人) 양반 집안

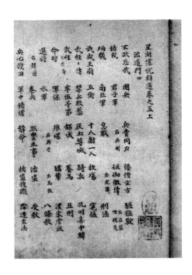

이익이 지은 성호사설

출신이었던 이익은 아버지 이하진(李夏鎭)의 유배지인 평안도 운산(雲山)에서 태어났다. 그는 이듬해 아버지가 유배지에서 작고하자 고향인 경기도 안산(安山)의 첨성촌(瞻星村)으로 돌아와 거의 평생을 여기서 살았다. 스물다섯 살 때 한 번 과거에 응시한 적도 있지만, 이름을 격식에 맞지 않게 써서 낙방, 이듬해에는 이미 과거에 합격했던 둘째 형이 상소문을 올렸다가 형벌로 매를 맞다 죽은 사건이 일어나자 그 후 과거를 단념했던 것같다.

그런 가운데 이익은 평생 글을 읽고, 쓰고, 또 제자들을 길렀다. 〈성호사설〉은 바로 그의 이러한 학문 생활에서 남게 된 것이었다. 경제적으로 궁색하지 않았고 또 집 안에 책이 많았던 이익은 중국을 방문한 일이 없으면서도 당시 중국에 소개되고 있던 많은 서양 과학 기술에 대한 책과 기독교에 대한 소개를 다 얻어 볼 정도로 많은 책을 구해 읽었다.

마테오리치가 쓴 〈천주실의(天主實義)〉와 〈기하원본(幾何原本)〉을 시작으로 수많은 서양 책을 읽고 그로부터 많은 새로운 지식을 얻었다.

특히 당시 서양 과학 가운데 동양 사람들에게 가장 흥미를 불러 일으켰던 분야는 천문학(天文學)과 역산학(曆算學)이었다. 천문과 역산은 모두 별을 관찰하는 가운데 발달한 학문이라 하겠는데 예로부터 동양인들에게는 땅 위에서 일어나는 모든 일은 바로 하늘의 뜻이 나타나는 것이라고 여겨 하늘의 변화를 열심히 관찰했다. 천체의 운동으로부터 어떤 예측을 하는 일을 천문(天文)이라 했고, 천체의 운동으로부터 시간을 관측하는 기술을 역산(曆算)이라 불렀다. 따라서 옛날의 천문학이란 지금의 천문학도 포함하지만, 상당히 점성술(占星術)적인 부분을 가지고 있는 것이었고, 역산학이란 지금의 천체 위치 계산이나 달력의 계산 등이 포함된 것이라 할 수 있다.

이익도 당연히 서양 과학 가운데 천문역산학에 가장 주목했다. 그는 서양의 이 분야야말로 공자가 다시 살아 나온다면 중국의 그것이 아니라 서양의 역산학을 따를 것이라고 단언할 정도였다. 이익이 활약하기 거의 1세기 전 중국에 정착한 서양 선교사들은 서양식 천문 계산법을 활용하여 중국의 전통적 방법보다도 훨씬 정확하게 천체의 운동을 예측할 수 있었다. 즉 일식의 계산, 예보에서 서양 방법이 언제나 동양 방법보다 정확했던 것이다. 이 때문에 중국에서는 그 후 줄곧 서양 선교사들이 천문 관측의 책임을 맡고 있었다. 이익은 바로 이런 사정을 잘 알고 서양 천문역산학을 예찬했던 것이다.

이 서양 천문 지식에서 얻은 가장 중요한 정보 하나는 인간이 살고 있는 땅이 평평한 것이 아니라 둥글게 생겼다는 것이었다. 지구설(地球說)은 당시 조선의 지식층에게는 적지 않은 충격을 주었음에 틀림없다. 땅이 둥글다는 학설은 옛날 동양에도 없지 않았지만, 일반적으로 땅은 평평하다고 여겨졌을 뿐 둥글다는 학설이 강조되지는 않았다. 그러나 서양 과학이 들어오면서 사람들은 땅덩이가 확실히 둥글다는 사실을 확신하게 되었다. 그리고 당시의 조선 지식인들에게는 땅이 둥글다는 사실은 아주 흥미있는 결론을 얻을 수 있는 계기가 되기도 했다.

그동안 줄곧 세계의 중심은 중국(中國)이라 여겨 왔지만, 땅이 둥글다면 세상 어디건 중심일 수 있다는 생각이 그것이다. 실제로 이익은 '중국이란 둥근 땅덩이의 한 조각에 불과하다'고 쓰고 있다. 땅이 평평하다면 가운데가 있을 수 있지만, 공모양의 땅 위에서는 어디건 똑같이 중앙일 수도 있고 변두리일 수도 있기 때문이다.

당시 조선 학자들이 강하게 갖고 있던 모화(慕華)사상을 벗어 던지는데 '지구설'은 큰 몫을 한 것으로 보인다. 모든 것을 중국 중심으로 이해하던 시대가 가고 자기 중심적인 사고가 자라고 있었다. 실학자들 사이에 국학(國學)에 대한 관심이 높아지고 있었던 것은 이런 연관에서 이해될 수 있다. 둥근 땅 위에서는 어디서나 사람이 살고 있다는 새 사실이 당시 사람들에게는 이해되기 어려웠다. 이익도 지구의 위아래에 모두 사람이 살고 있고, 아래에 사는 사람도 밑으로 떨어지지 않는다는 사실이 신기했던 모양이다. 다른 학자들이 그것을 개미가 벽에서 떨어지지 않고 기어 다닐 수 있는 것에 비유한 것을 이익은 비판하기도 한다. 그는 개미가 붙어 다니는 경우와 달리 지구 둘레로부터는 모든 것을 지구 중심으로 쏠리게 해

주는 힘이 있기 때문에 위아래에 모두 사람이 살 수 있는 것
이라고 생각했다. '모두를 중심으로 쏠리게 하는 힘'이 지금
우리가 생각하는 중력 비슷한 것인지는 확실치 않고, 또 이런
생각을 이익이 어디서 얻게 된 것인지도 확인할 수는 없다.

어쨌든 지구의 중력 비슷한 것까지 말한 이익이지만 아직
지구가 하루 한 번씩 자전한다는 생각에는 찬성하지 않았다.
지구가 운동하지 않는다고 단언하기는 어렵다는 점을 인성하
면서도, 이익은 역시 지구는 정지하고 있다고 보는 편이 합리
적이라는 것이다. 그 이유로 이익은 다른 사람 아닌 공자(孔
子)의 권위에 기대고 있다. 공자가 찬술한 〈주역(周易)〉의 글
가운데 "하늘은 끊임없이 움직인다(天行健)"는 표현이 있는
것으로 보아 운동하는 것은 땅이 아니라 하늘이라는 주장이
다.

이익은 서양의 수학에도 관심을 보이고 있다. 그의 글에 의
하면 당시 조선의 선비들 가운데는 중국을 다녀오면서 서양화
를 들여와 벽에 걸어 놓는 수가 많았다. 그런데 이 서양화는
원근(遠近)과 장단(長短)이 분명하게 드러나 그림이 아니라 진
짜처럼 보여서 사람들의 감탄을 자아냈다고 그는 쓰고 있다.
지금으로 말하자면 원근법과 명암 처리가 뛰어나서 서양 그림
이 더욱 사실적으로 보였다는 점을 지적한 것이다. 그리고 그
까닭은 바로 마테오리치도 이미 소개한 '기하원본'같은 서양
의 기하학에 바탕하고 있음을 지적했다.

또 안경이나 렌즈에 대한 지식도 조금 소개되고 있는데 그
가운데 이탈리아의 큰 거울에 대한 이야기가 흥미롭다. 이탈
리아(意大里國)에서 만든 이 큰 거울(巨鏡)은 햇빛을 비추어
적선 수백 척을 한꺼번에 불태울 수도 있다는 것이다. 이 일

화는 중국에서 서양 선교사들이 써낸 서양 지리 역사서에서 얻은 정보에 의한 것이 분명하다. 〈직방외기(職方外紀)〉 등에서 읽은 것을 간단히 이렇게 소개한 것으로 보인다. 이 일화는 기원전 212년쯤 아르키메데스에 대한 것인데 오목 거울의 원리를 설명해 주는 좋은 이야기이기는 하지만, 실제로 적선을 그렇게 간단히 태울 수 있었을지는 의문이다.

지금은 누구나 알고 있는 것이 전기(電氣)지만 그것에 대해 처음 기록한 사람도 이익이었다. 그는 비단 옷을 비비거나 고양이 털을 마찰하면 어둠 속에서 번쩍번쩍 불꽃이 일어나는 현상을 기록하고 있다. 지금 우리가 알고 있는 정전기 현상을 기록한 셈이다. 그러나 아직 그는 그것이 무엇인지를 설명할 형편은 아니었다. 이익이 이 글을 쓸 때쯤에 서양에서는 막 전기에 대한 과학적 지식이 생기기 시작하고 있었다. 이익은 불에도 타지 않는 신기한 직물 '화완포(火浣布)'에 대해서도 기록하고 있다. 지금의 석면(石綿)을 가리킨다.

생각해 보면 이익이 2백 50년 전에 기록한 과학에 대한 생각들이란 지금의 우리들에게는 유치하기 짝이 없는 것들이다. 또 그의 글 가운데 이런 과학에 대한 부분은 극히 조금밖에 되지 않는다. 〈성호사설〉에는 모두 3천 57건의 기사가 들어 있는데 이 가운데 서양 과학에 관한 것은 50건 정도밖에 되지 않고, 전통적인 동양 과학 관련 기사를 모두 조사한대도 수백 이상은 되지 않을 것이다.

하지만 과학이 전혀 중요하지 않게 여겨졌던 당시에 이만큼 과학에 대한 관심을 보였다는 사실만으로도 우리는 이익에게 우리 과학사의 높은 자리를 마련해 줄 수밖에 없다. 최근 그의 〈성호사설〉은 한글 번역판이 나왔지만, 아직 학문적인 연구는 잘 되지 못한 상태이다. 또 그의 재미있는 생각들을 일 반 독자들이 쉽게 접할 수 있는 그런 책도 전혀 출판된 일이 없다. 안타까운 일이 아닐 수 없다.

지동설을 주장했던 홍대용

지구가 하루 한 번씩 자전하여 낮과 밤이 생긴다는 생각을 동양에서 처음 주장한 사람은 우리 나라의 홍대용(洪大容, 1731~1783)이다. 그의 지동설(地動說)이 기록되어 남아 있는 책으로는 우선 홍대용의 대표작인 〈의산문답(醫山問答)〉을 들 수 있다. 그런데 우리는 지금 지동설이라면 지구의 자전과 공전을 함께 생각하기 쉬운데, 홍대용이 여기서 주장한 것은 공전은 말고 자전뿐이다. 즉 홍대용은 지구가 하루 한 번씩 자전해서 낮과 밤이 생기는 것만을 말했을 뿐이지 지구의 공전으로 계절이 바뀌는 이치는 생각하지 못하고 있었던 셈이다.

얼핏 생각하면 홍대용의 지동설은 그리 대단한 것으로 보이지 않을지도 모른다. 이미 그보다 훨씬 전인 1543년 폴란드의 천문학자 코페르니쿠스는 지구의 자전과 공전을 함께 주장하여 서양 사회에 혁명을 불러일으킨 적이 있는 유명한 일이어서, 그것과 비교하여 근세의 우리 역사를 말하기는 곤란한 일이다. 그보다는 홍대용의 공헌은 나름대로 우리 동양의 범위 안에서 평가되어 마땅할 것이다. 그런 점에서 홍대용의 지동설

청나라 선비 엄성이 그린
홍대용의 초상화

은 아주 중요한 자리를 차지하게 된다.

　1760년대라면 일본에서는 한참 서양에 대한 공부가 일어나고 있어서 많은 서양 지식이 번역되어 들어오고 있었고, 중국 또한 마찬가지였다. 중국에는 서양 선교사들이 들어와 활약하고 있었고, 일본 사람들은 선교사의 출입은 금지하면서도 특히 나가사키에 설치한 무역 센터를 통해 화란 사람들과 접촉하고 있었다. 하지만 서양 문물이 한참 들어 오고 있던 중국과 일본에서는 이때까지 지동설을 주장하는 학자가 없었다. 중국과 일본에 와 있던 서양 사람들은 교황청에서 이단으로 규정하여 금지하고 있는 지동설을 동양 사람들에게 가르치려하지 않았기 때문이다. 홍대용의 지동설은 거의 서양과의 접촉이 없던 우리 나라에서 중국과 일본보다 먼저 나온 생각이라는 점에서만도 아주 특이한 일이라 하지 않을 수 없다.

　그러면 홍대용이 지구가 하루 한 번씩 돌아서 낮과 밤이 생

긴다고 주장한 것은 그때 이미 서양 사람들이 알고 있던 지동
설을 전혀 모른 채 내놓은 독창적 주장이었을까? 꼭 그런 것
은 아니었다. 중국에서 활약하고 있던 서양 선교사들은 서양
과학과 기술을 선교의 수단으로 썼기 때문에 적지 않은 서양
과학기술에 대한 책들을 북경에서 번역하고 또 저술해 냈다.
그 가운데에는 옛날 서양에서는 지구가 하루 한 번 자전해서
낮과 밤이 생긴다는 주장을 한 사람도 있었다는 설명을 해놓
은 부분도 있었다. 게다가 선교사들은 바닷가를 조용히 움직
이는 배를 타고 있으면 마치 배가 정지해 있고 해안이 움직이
는 듯한 느낌을 받게 된다고도 지적했다.

이 경우 정말 배가 움직이는지 해안이 움직이는지 확실하게
증명하기란 어려운 일이지만, 우리는 여러 다른 증거로 보아
배가 움직이는 것을 알 수 있다. 마찬가지로 우리는 태양을
비롯한 여러 별들이 지구를 돌고 있고 지구는 정지하고 있음
을 알 수 있다는 설명이었다. 바로 이런 설명을 읽고 홍대용
은 선교사들의 결론이 틀리고, 지구가 하루 한 번씩 자전하여
낮과 밤이 생긴다고 보는 것이 더 합리적이라고 주장하고 나
선 것이었다. 동양의 다른 나라 사람들도 무심코 받아들인 생
각을 비판하고 새로운 주장을 내세운 점에서 홍대용의 독창적
사고 방식은 높이 평가되어 마땅할 것이다.

홍대용의 이런 독창성은 그저 우연히 나온 것이 아님을 우
리는 그의 다른 생각들을 살펴보면 알 수 있다. 아주 흥미있
는 그의 주장 한 가지는 우주가 무한하다는 생각이다. 그의
주장에 의하면 태양은 다른 행성들을 이끌고 지구를 돌고 있
다. 달과 해만이 지구를 돌고 있는 셈이다. 그렇다고 지구가
우주의 중심이 되지도 못할 것은 분명하다. 그에 의하면 우주

란 유한한 곳이 아니라 무한하기 때문이다.

더욱 흥미있는 생각으로는 그는 아마 동양에서는 처음으로 우주인(宇宙人)의 존재를 분명하게 예측하고 있었던 점을 들 수 있을 것이다. 그에 의하면 우리는 이 땅 위에서 공기를 마시며 살고 있지만, 가령 달에서는 물 속에서 사는 인간, 그리고 화성같으면 불 속에서 사는 인간 비슷한 존재가 있을 것이라고 생각했다. 조건에 따라 다른 생명체가 발달된다는 그의 생각은 말하자면 조건에 따라 생명의 진화가 달리 나타났음을 예언하는 듯도 하다. 그는 말하자면 '이티(ET)'를 예상하고 있었다고 할 수 있다.

자연계에서 인간을 가장 절대적 존재로 보지 않으려는 그의 태도는 인간 사회에 대한 생각에도 그대로 나타난다. 다른 천체에도 인간 비슷한 지적(知的) 존재가 있을 수 있다고 주장한 그는 우리는 우리가 바르게 살고 있고 지구 반대편 사람들은 거꾸로 지구에 매달려 살고 있다고 생각하지만 그것은 사실이 아니라고 말한다. 인간은 어디서나 자기 사는 곳이 정계(正界)라는 것이다. 같은 논리를 확장해서 그는 중국 사람들은 자기들만이 세계의 중심에서 산다해서 '중국(中國)'이란 말을 쓰고 있지만, 사람들 모두 자기 사는 곳이 바로 세계의 중심이라는 것이다. 따라서 만약 공자(孔子)가 중국이 아니라 한국에서 태어났더라면 우리 역사를 바탕으로 〈춘추(春秋)〉를 썼을 것이라는 주장도 했다.

그가 살던 18세기는 아직 중국 중심적인 사고에서 `조선의 지식층이 한발짝도 벗어나지 못하고 있던 때였다. 홍대용은 그의 우주관 등의 과학 사상을 바탕으로 중화(中華) 사상에서 탈피하고 있음을 알 수 있다. 그런 그가 다른 분야에서도 자

유롭게 상상의 날개를 편 것은 당연한 일이었을 것이다.

다 아는 것처럼 우리 동양 사람들은 예로부터 물질 세계의 근본되는 것으로는 다섯 가지가 있다고 생각하고, 그것을 5행(五行)이라 불러왔다. 홍대용은 이러한 일종의 5원소설을 부정하고 있다. 그러나 그가 그 대신 무슨 다른 원소설을 분명하게 가지고 있었던지 확실하지 않다. 대체로 기(氣), 화(火), 수(水), 토(土)의 넷을 근본이라 생각했음을 그의 글 가운데서 발견할 수는 있다. 하지만 그것이 4원소설인지 아니면 원소설 같은 생각은 필요 없다고 느꼈던 것인지는 확실하지 않다.

홍대용은 생명체를 초목, 금수, 인간의 셋으로 나누고 그것이 각각 도생(倒生), 횡생(橫生), 정립(正立)하고 있음을 지적하고 있다. 이것은 또 이들 생명체가 갖고 있는 능력에 차이가 있기 때문이라면서, 그는 초목은 지(知)만을 갖고 있으나, 금수는 그에 덧붙여 각(覺)을 갖고 있고, 인간은 그 위에 혜(慧)를 더 가지고 있다고 지적한다.

그의 여러 가지 과학적인 생각들을 다 소개할 수는 없지만 이상만으로도 그가 1760년대의 조선에서는 아주 탁월한 과학자였음을 우리는 알 수 있을 것이다. 이처럼 홍대용이 당시로서는 아주 탁월한 과학 사상을 가질 수 있었던 까닭은 당시 조선에 전파되어 온 서양 과학에서 찾을 수 있다. 중국이나 일본처럼 서양 선교사들이 직접 들어와 책을 만들거나 가르쳐주는 일이 없기는 했지만, 해마다 중국에 파견되는 연행사(燕行使)에는 반드시 여러 학자들이 따라가기 마련이었고 이들 가운데에는 새로운 서양 지식에 관심을 갖고 책을 구하거나 선교사들을 찾아가 잠깐이나마 그들에게 직접 무엇인가를 얻으려 애쓰는 일도 많았다.

홍대용은 1766년 초에 60일동안 북경을 방문한 일이 있다. 사절단을 따라서 중국에 간 그는 두 달 가운데 4일을 서양 선교사들을 찾는 데 썼을 정도로 이 부문에 관심을 보였다. 그 때 북경의 천문대는 서양 선교사들이 장악하고 있었는데 그가 할러쉬타인 천문대장과 고가이슬 부대장을 만나 여러 가지 서양의 과학과 문물에 대해 견학을 한 사실이 그의 기행문 〈담헌연기(湛軒燕記)〉에 상세히 남아 있다.

그 전말에 대해서는 상당히 자세하게 기록이 남아 있지만, 카톨릭 선교사들에게 왜 결혼하지 않느냐고 묻는 등 문답 내용은 깊이 있는 것은 아니었다. 왜냐하면 서양 선교사들은 중국어는 잘 했고, 그들 출신국인 독일어도 알았겠지만, 홍대용이 독일말을 모른 것은 물론이고 중국어도 몰랐기 때문이다. 결국 그들은 한문을 종이에 써서 대화를 나누는 필담(筆談)을 할 수밖에 없었다. 깊이 있는 대화는 어려웠지만 그는 이 기회에 많은 것을 직접 눈으로 확인할 수 있었다. 서양의 여러 천문 기구 등을 직접 구경하고 풍금을 쳐보았고, 망원경으로 태양을 관찰할 수도 있었다.

홍대용은 당시로서는 탁월한 안목에서 서양 과학의 정수를 평가하기도 했다. 서양 과학은 수학을 근본으로 하고 관찰 기구로 증거를 얻어 발달한 것이라고 옳게 판단하고 있는 것이다.

서산 군수를 지낸 홍낙(洪礫)의 아들로 태어난 그는 당대의 학자 김원행(金元行, 1702~1772)에게서 공부하고 과거에는 별로 뜻을 두지 않은 채 몇 가지 지방 벼슬을 거쳤고, 그 앞서는 세손(世孫)이던 정조(正祖)의 선생이 된 일이 잠깐 있을 뿐이었다. 지금은 아무 것도 남아 있지 않지만 그가 살았던 충남 천원군 수신면 장산리 옛 집에 당시에는 집 앞에 호수를 만들고 작은 전각을 짓고 그 안에 여러 천문 기구와 시계 등을 장치했다.

천안 삼거리 공원에는 1983년 세워진 홍대용의 기념비가 서 있다. 다른 돌비와 달리 여기에는 간단히 홍대용의 초상이 그려져 있는데, 그가 극진하게 사귀었던 중국의 선비가 그려 보냈던 것을 복사한 것이다. 또 여기서 별로 떨어지지 않은 곳에 그의 묘소가 남아 있고 옛 집터도 있다. 그렇지만 지금 홍대용을 기억하는 한국인은 그리 많지가 않다.

서양 과학 기술의 도입을 주장한 박제가

"**대**저 재물이란 샘물과도 같은 것이다. 퍼내면 다시 차게 되지만 쓰지 않고 버려 두면 말라 없어지는 것이다." 재물을 샘물에 비유해서 자꾸 써야만 다시 생긴다고 말하는 사람을 지금은 별로 존경하지 않는다. 지금은 무엇이든 아껴 써야 하고, 그래야만 지구상의 자원이 절약되고 쓰레기도 덜 생긴다고 생각하기 때문이다. 재물은 모름지기 아껴 써야 하는 것이다.

하지만 앞에 인용한 것은 지금의 말이 아니라 2백년 전에 박제가(朴齊家, 1750~1805)가 남긴 말이다. 그의 주장에 의하면 사람들이 지나치게 검소해 비단 옷을 입지 않는다면 비단 짜는 사람은 사라지게 되고 그만큼 직조 기술은 퇴보하기 마련이다. 마찬가지로 그는 모든 기술은 수요가 있을 때 발달하는 것이며, 기술 발전을 위해 중국으로부터 많은 것을 배워야 한다고 역설했다. 평생에 네 번이나 중국을 다녀온 그는 중국의 여러 가지 앞선 기술을 〈북학의(北學議)〉를 써서 소개하고는 이를 배우기 위해 과학자, 기술자를 파견하자고 주장했다. 또 중국에 파견된 과학기술자가 어떤 기술을 배워 들여와 국내에 성공적으로 보급했을 때는 충분하

박제가가 지은
북학의

게 상을 줄 것을 제안했다.

　박제가는 또 중국의 기술만을 수용하자고 주장한 것이 아니라 중국에 와 있는 서양 선교사들을 초빙해 서양 기술도 배우자고 주장했다. 천주교의 선교 활동을 위해 중국에는 16세기 이래 서양 선교사들이 계속해 들어와 활동하고 있었다. 1601년 이탈리아 출신의 마테오리치가 북경에 자리 잡은 뒤부터는 북경에서도 서양 선교사들이 크게 활동하고 있어서, 서양의 많은 과학 기술이 전파되고 있었다. 때마침 서양에서는 과학 기술이 동양을 앞지르는 발전을 시작하고 있었기 때문에 선교사들이 전해 주는 내용은 중국인들의 상상력을 자극하기 십상이었다. 해마다 북경을 방문하게 되었던 당시의 조선 학자들 역시 이를 잘 알게 되고, 또 여러 조선 학자들은 일부러 서양 선교사를 찾아가 서양 문물을 얻어 오기도 하고, 또 필담(筆談)을 통해 서양 선교사들과 대화를 나누기도 했다.

　바로 이들 서양 선교사를 조선에 초빙해다가 그들이 갖고 있는 과학과 기술에 대한 지식, 요즘의 표현으로라면 '노하우(know-how)'를 배우자고 박제가는 주장했던 것이다. 그가 이런 주장을 내놓았던 1786년은 지금부터 2백년 전의 일이고, 당시 서양 선교사들이 중국에 와서 서양의 과학 기술을 변역도 하고 소개도 하던 것은 사실은 기독교 선교를 위한 부차적일이었을 뿐이지 자체가 목적이 아니었다. 그리고 그때는 이미 조선의 지배 계층에서는 기독교 전파를 점차 심각한 위협으로 느끼기 시작할 때였다. 이미 국내에는 천주교가 크게 번지기 시작했고, 그 교리에 대한 유교석 관섬에서의 비판이 높아가는 때였다. 불과 15년 뒤인 1801년 기독교도들이 무참하게 살해당하고 탄압당한 신유사옥(辛酉邪獄)이 시작된 것으로보더라도 당시의 상황을 짐작할 수 있다. 그러나 박제가는 이런 기독교의 위협에 대해서는 별로 걱정하지도 않았던 것으로보인다. 그들을 초빙해다가 기독교 전파는 못하게 하고, 그들로부터 과학 기술만 배우자고 주장했던 것이다.

이 시점에서 이런 주장을 했다는 것은 박제가가 조금 현실성을 잃고 있었다는 느낌을 주는 것도 사실이다. 어떻게 서양 선교사들을 초빙해다가 그들이 기독교 선교하는 것은 막은 채 그들로부터 과학 기술을 배워 들일 수 있었을까? 너무 순진한발상이면서도 당시 그가 얼마나 서양 과학 기술의 참신함과 중요성을 남보다 먼저 간파하고 있었느냐를 보여주는 일화라하겠다. 그는 이렇게 처음으로 서양 과학 기술의 도입을 제대로 주장하고 나선 선각자로 우리 역사에 남게 되었다. 특히 서양 선교사까지 초빙해서 배우자는 주장은 그 후에도 다시나온 일이 없는 아주 적극적 주장이라 할 수 있다. 몇십 년이지난 뒤에 정약용(丁若鏞)도 중국과 서양의 과학 기술을 배워들이기 위해 이용감(利用監)이란 정부 기관을 세우자고 주장한 일은 있지만, 서양 선교사까지 끌어 들일 생각은 하지 않았다.

〈북학의〉는 1778년 9월에 쓴 것으로 그 머리말에 밝혀져
있다. 머리말에서 밝힌 것처럼 그 해 여름 박제가는 이덕무
(李德懋) 등과 함께 청 나라에 가는 사신을 따라 북경을 다녀
온 일이 있다. 그는 중국에서 보고 들은 것 가운데 우리 나라
에서도 실시해서 도움될만한 것들을 적고 여기에 〈맹자(孟
子)〉에 나오는 '북학(北學)'이란 표현을 따다 제목을 붙였다는
것이다. 중국의 고사를 인용하여 당시 조선의 사대부들이 오
랑캐라고 깔보려고만 하는 만주족이 지배하는 중국으로부터
배울만한 것은 배우자는 뜻에서 '북학'을 말한 것이다. 박제가
와 비슷한 시대에 비슷한 주장을 한 홍대용(洪大容), 박지원
(朴趾源) 등이 모두 북학파(北學派)란 이름으로 실학파 학자들
가운데 한 줄기를 이루는 것으로 평가되는 것은 바로 이런 태
도와 주장 때문이었다. 북학파 학자들이 특히 청 나라로부터
배우자고 주장한 것은 과학 기술이었다.

박제가가 서양 선교사까지 초빙하자고 주장했대서 그가 중
국에 들어와 있던 서양 기술만을 도입하자고 주장했던 것은
아니었다. 〈북학의〉에는 그가 중국에서 본 여러 가지 기술과
과학 이야기가 들어 있는데 그 가운데에는 중국에서 발달한
기술이 상당히 많다. 〈북학의〉는 내편과 외편으로 되어 있는
데 내편의 첫머리에 자세하게 소개되는 것은 수레와 배에 대
한 것이다. 중국에는 수레가 여러 가지 발달해서 북경에서는
지금으로 치면 택시까지 얼마든지 달리고 있다고 그는 소개한
다. 수레가 발달하면 길도 발달하고, 따라서 말도 편해져 상하
는 일이 적다. 수레가 발달해서 전국의 교통이 편해져야만 상
업도 발달한다는 것이다. 예를 들어 원산의 장사꾼은 미역과

마른 생선을 말에 싣고 서울로 올라와 3일 만에 돌아가야만
이익이 남지, 10일 이상 걸려서는 오히려 손해를 본다. 그런데
수레의 발달과 길의 편리함 없이 이는 불가능하다. 따라서 교
통의 발달이 중요한 것이다.

그는 특히 중국의 배가 우리보다 얼마나 발달했는지 소개한
다음 토정비결(土亭秘訣)의 주인공 이지함(李之菡)의 해외 통
상 주장을 지지하고 나섰다. 이지함은 일찍이 외국과의 무역
을 장려해야만 특히 전라도가 부유해 질 것이라고 주장했던
일이 있다. 상업 행위를 바람직한 일로 보지 않던 유교 사회
조선에서 상업과 해외 무역의 중요성을 강조한 이지함의 해외
통상은 아주 새로운 것임이 분명하다. 박제가는 바로 이 주장
을 지지하고 나선 것이다.

"우리 나라 사람들은 중국의 거리에 상점이 발달해 있는 것
을 보고 그들이 근본을 따르지 않고 말리(末利)에 급급하다고
비난한다. 하지만 이는 하나만 알고 둘은 모르는 까닭이다. 상
인은 사농공상(士農工商)의 사민(四民)의 하나로서 나머지 셋
을 서로 통하게 해주는 사람이니 마땅히 인구의 10분의 3은
되어야 한다." 이런 말까지 하고 있는 박제가는 확실이 당시
로서는 파격적인 경제사상을 가지고 있었다 할만하다. 그가
과학 기술의 중요성에 크게 눈 뜬 것도 사실은 이런 경제 사
상을 갖고 있었기 때문이었다.

그는 상업이 발달하고 여러 곳의 물자가 서로 잘 교환되어
야만 사람이 잘 살게 되고, 또 그렇게 되려면 각 지방에서의
농업과 공업의 생산 활동이 활발해야 한다고 생각했다. 기술
이 필요한 것은 바로 이 대목에서이다. 그리고 이런 생산을
활성화하기 위해서는 덮어놓고 절약하기만 하는 것이 좋다고

할 수 없다고 생각했다. 그래서 처음 인용한 것처럼 그는 재물이란 샘물과도 같아서 자꾸 퍼서 쓸 때 더 샘 솟는 것이라 주장했던 것이다.

교통의 중요성을 말한 박제가는 〈북학의〉 내편에서 여러 가지 건축 기술에 대해 소개하고 있다. 성(城), 벽돌, 기와, 자기, 궁실, 창틀, 다리 등이 주제로 다뤄져 있다. 소, 말, 나귀 등의 목축이 다음 주제이고, 은, 쇠, 재목, 복장, 약, 간장, 도장, 종이, 활 등 그밖의 제목들이 많이 눈에 띈다. 외편은 처음에 농업 기술에 대한 것으로 시작하지만, 과거, 재정, 관(官), 장례 등에 대한 글도 실려 있다.

서양 사람들은 벽돌로 집을 짓기 때문에 오래 가지만 우리 나라에서는 그렇지 못하다고도 쓰고 있다. 또 서양에서 발달한 건축 자재로서 시멘트에 대해 소개하고 있기도 하다. 한 번 굳으면 쇠처럼 단단해진다고 시멘트의 장점을 소개한 박제가의 이 대목은 우리 나라에 처음으로 시멘트를 소개한 것으로 보인다. 그는 일본의 당시 상황에 대해서도 상당한 지식을 가지고 있었음을 알 수 있다. 특히 한 대목에서는 그는 일본에서는 궁궐을 짓거나 일반 가옥을 건축할 때 모두 꼭 같은 크기의 창문을 쓰고 있기 때문에 창문 한 개가 부서지면 같은 크기의 것을 시장에서 사다가 끼우면 그만이라고 지적하고 있다. 즉 공업 제품을 일정 규격으로 통일해서 만드는 것이 얼마나 중요한가를 잘 보여 주고 있다. 공업 표준화의 문제는 우리에게는 최근에야 자리잡게 된 현대의 문제인줄로 알기 쉽다. 하지만 이미 2세기 전에 박제가는 바로 그런 걱정을 하고 있었다는 사실을 알 수 있다. 그때부터 공업 표준화를 시작했더라면 지금 우리는 세계 최고의 수준에 이르고 공업 발달에도 크게 도움이 되었을 것 아닌가?

앞에서 이미 4민(四民) 가운데 상인의 중요성을 말했다고 소개했지만, 그는 상인의 육성 방책까지를 제시하고 있다. 나라에서는 놀고 있는 양반에게 돈을 꿔주고 상업을 시켜야 한다는 것이다. 돈만 꿔 줄 것이 아니라 상점도 지어 주어 장사를 시켜 성적 좋은 사람은 벼슬 자리를 주어도 좋겠다는 것이다. 사농공상의 신분적 차별을 없애야 한다고 그는 생각했음이 분명하다.

사실 박제가는 당시 사회에서 천대받았다고 할 수 있는 서얼 출신이었다. 아버지 박평(朴坪)의 서자였던 것이다. 우부승지(右副承旨)까지 지낸 아버지의 서자로 서울에서 태어난 그는 누이 셋과 함께 서울 남산 밑 동네에서 가난하게 살았다. 열한 살 때 아버지가 죽었기 때문에 그의 고생은 더 했을 수밖에 없었다. 시를 잘 쓰는 덕택에 그는 열다섯 살 때까지는 이미 이름이 알려지기 시작했고. 이덕무, 유득공, 이서구와 함께 점차 당대의 대표적 문필가로 알려져 사가(四家)라 불리기도 했다. 이들 사가의 공동시집은 당시 중국에까지 전해졌던 것으로 알려져 있다. 그리고 모두 서얼 출신이었던 이들에게는 정조(正祖)로부터 규장각의 검서관이란 직책이 내려진 일도 있다.

앞선 과학 기술의 도입을 주장하고, 특히 서양 선교사를 초빙해서라도 과학 기술을 배우자고 파격적인 주장을 할 수 있었던 박제가의 배경에는 서얼 출신으로서의 사회에 대한 강한 불만과 사회 개혁에의 열망이 담겨져 있었다고 생각된다. 중국과의 국교로 다시 북경을 마음대로 드나들 수 있게 된 오늘 우리는 중국으로부터 무엇을 배워올 수 있을까? 잘 생각해가며 새 시대를 살아 가야 할 것 같다.

'이용감'을 만들자고 주장한 정약용

우리 역사에서 가장 뛰어난 학자 열명만 뽑는다면 반드시 꼽아야 할 이름의 하나가 정약용(丁若鏞, 1762~1836)이다. 특히 그는 실학(實學)으로 대표되는 시대에 그야말로 누구보다 빼어난 실학자였다. 하지만 사람들은 그가 과학자로도 꼽힐만한 학자라는 걸 알지 못한다. 많은 사람들에게 그는 정치 지도자 또는 관리가 지켜야 할 길을 가르친 〈목민심서(牧民心書)〉, 이상적인 정부 구조를 논한 〈경세유표(經世遺表)〉로 더 유명하다.

다산(茶山)이란 호로도 널리 알려진 그는, 그러나 우리 역사상 뚜렷한 과학자의 하나로도 손꼽힌다. 그는 우선 우리 나라에 처음으로 우두를 들여 온 것으로 보이고, 한강에 배다리를 놓을 때와 수원성(水原城)을 쌓을 때 기중기를 처음 만들어 사용했다고 밝혀져 있다. 그가 쓴 수많은 글 가운데에는 의학에 관한 것을 빼고는 뚜렷하게 과학 기술을 주제로 다룬 책은 거의 없는 편이다. 하지만 여기저기 나타나는 짧은 글, 그리고 책의 일부분에 과학에 대한 그의 선구적인 생각들이 감춰져 있다.

실학자 정약용의 동상

평생을 학자로 많은 책을 남겼지만, 그의 일생에도 풍파는 없지 않았고, 귀양살이 생활도 오래 계속되었다. 그 까닭은 부분적으로는 그가 남인(南人) 집안이었다는 사실도 있었지만, 더욱이나 그의 가족이 천주교에 깊이 관여했던 때문이었다. 그의 형 한 사람은 바로 1800년의 신유박해때 천주교도였기 때문에 목숨을 잃었다. 그의 아버지 이름은 정재원(丁載遠), 지금의 경기도 광주(廣州) 마재(馬峴)에서 1762년 넷째 아들로 태어났다.

그는 열여섯 살 때쯤부터 실학의 영향을 받게 된 것으로 보이는데, 집안과도 관련이 있는 몇몇 실학자들의 영향을 받아 실학의 대가 이익(利瀷)의 글들을 탐독한 결과였다. 당연히 그는 실학에 심취하게 되면서 또한 서학(西學)에 깊은 관심을 갖게 되었을 뿐만 아니라 천주교에도 상당히 기울게 되었던 것같다. 그러나 그가 그의 형처럼 실제로 천주교도라고 스스로 생각했는지 어쩐지는 아직 확실하지 않다. 이런 지적(知的) 편력 때문에 그는 실학자들의 관심을 끌었던 서양의 과학 기술에 관심을 갖게 된 것이었다. 그의 글에 나오는 것처럼 그가 젊었던 18세기 말에 우리 나라의 젊은 학자들 사이에는 '서양 책을 읽는 일이 일대 유행'이었다는 것이다. 물론 그가 말하는 서양 책이란 중국에서 나온 서양에 관한 책들을 말한다.

그러면 정약용은 서양 과학 기술이나 전통적인 과학 기술에 대해 어떤 글들을 남기고 있는 걸까?

역시 제도 개혁에 관심을 갖고 있던 그답게 정약용은 과학 기술을 배워 오기 위해 국가적인 기관을 두기를 주장한 점이 특이하다. 말하자면 기술 도입을 위한 전문 국가 기관이 필요하다는 주장이었다. 이런 생각을 구체적으로 내놓은 사람은 우리 역사상 정약용이 처음이었다. 말하자면 오늘날의 과학기술처를 만들자고 나선 셈이다. 국가의 과학 기술 문제를 담당할 기관의 이름은 "이용감(利用監)"이라고 작명까지 해주었다. 우리 나라에 필요한 과학과 기술을 외국에서 배워다가 국내에 보급시켜 이용후생(利用厚生)에 도움되게 하자는 뜻이다.

이용감은 공조(工曹) 소속으로 행정 관리와 함께 네 명의 연구원을 둔다. 연구원이란 과학 기술자가 두 명, 중국어 능통자 두 명으로 그들을 북경에 보내 외국의 과학 기술을 연구하고 돌아오게 한다는 구상이다. 돈을 많이 갖고 가서 필요하면 뇌물을 주고라도 앞선 기술을 얻어 오게 하자는 표현도 있다. 지금으로 치면 산업 스파이를 보낸다는 뜻인데, 그 시절에는 그런 말을 학자가 공개적으로 해도 괜찮은 좋은 때였던 셈이다. 이 글을 쓰고 있는 1992년 4월 30일 새벽 TV 뉴스에는 미국이 우리 나라 등 몇 나라를 지적소유권에 관한 보호가 철저하지 않다고 해서 "우선 감시 대상국"으로 지정했다는 소식이 보도되고 있었다. 정약용이 그러한 주장을 할 수 있었던

때는 상표의 보호, 특허 제도, 기술의 비밀도 없던 옛날의 이
야기라 할 것이다. 여하튼 그는 이 계획에 참가하여 좋은 성
과를 거두고 돌아와 국내에 기술 보급을 잘 해낸 사람은 중인
(中人)이라도 양반과 같은 좋은 버슬 자리를 주게 하자는 파
격적인 주장도 내놓았다. 다 알다시피 조선 시대는 엄격한 신
분 사회로 굳어져서 과학자에 해당하는 사람들은 기껏해야 중
인밖에 되지 못해 양반들이 독섬하는 고급 버슬 자리는 차례
가 오지 않았던 시절이다. 그는 과학 기술의 개발을 신분 제
도 타파라는 사회 개혁의 문제와 연결짓고 있었음을 알 수 있
다.

　이런 생각이 그때 바로 채택되었더라면 우리 나라의 과학
기술 근대화는 아주 일찍부터 시작되었고, 지금은 이미 과학
기술의 선진국이 되어 있을 가능성이 크다. 하지만 이런 주장
을 했을 때 정약용은 이미 전라도 강진(康津)에서의 18년에
걸친 유배 생활에 들어가 있을 때였다. 1800년의 신유 천주교
박해 사건과 함께 경상도의 장기란 곳에 유배되었던 그는 곧
강진으로 옮겨져 1801년부터 18년이란 긴 세월을 여기서 살았
고, 그의 학문이 영근 곳은 다름 아닌 바로 강진에서였다. 그
의 대부분의 책은 여기서 완성되었던 것이다.

　정약용이 남긴 글들 가운데 아주 짤막한 것으로 "완부청설
(碗浮靑說)"과 "칠실관화설"(漆室觀畵說)이란 것이 있다. 각각
"대야 가운데의 푸른 표지가 떠 오르는 데 대하여", "깜깜한
방에서 그림을 보는 데 대하여"라는 뜻이다. 대야의 한가운데
푸른 표지를 그린 다음 그것이 보이지 않을 만큼 뒤로 물러
선다. 그 다음 다른 사람을 시켜 대야에 물을 부으면 그 푸른
점이 떠 올라 보이게 된다는 것이다. 또 대낮에 깜깜하게 만

든 방에 앉아서 창문에 작은 구멍 하나만 뚫어 주면, 그 반대편 벽에 바깥 경치가 거꾸로 서 나타나게 된다는 것이다. 앞의 경우는 광선의 굴절 현상을 설명한 것으로, 정약용은 실제로 지평선 아래 있는 달이 대기의 굴절로 미리 떠 보인다고도 설명하고 있다. 뒤의 경우는 바로 〈바늘 구멍 사진기 원리〉라는 것으로 사진기의 이치가 바로 이것이며, 중학교 과학 시간에 나오는 광학(光學)의 기초적 현상이다.

정약용은 특히 광학에 대해 관심이 있어, 렌즈나 안경의 이치에 대해서도 글을 남기고 있다. 또 그는 물질의 근본이 무엇인가에 대해서도 서양의 원소 개념을 알고 이에 동조하는 태도를 보여 주고 있다. 그의 셋째 형 정약전(丁若銓)의 묘지에 쓴 그의 글에 의하면 그의 형은 과거 시험에 오행에 대한 문제가 나자 그 대답으로 서양의 4원소설(四元素說)을 가지고 논문을 썼다. 게다가 이 논문으로 그는 과거에 장원급제했는데 그때의 시험관이 바로 실학자 이가환(李家煥)이었다. 정약용이 말한 것처럼 그 시대에는 서양에 대한 글을 읽는 일이 크게 유행했다는 사실을 알 수 있다.

오행(五行)이라면 물론 동양에서는 벼라별 현상을 모두 설명하는 틀로 써 왔던 이론으로 세상의 모든 것은 금, 목, 수, 화, 토(金木水火土)의 다섯으로 되어 있다는 사상이다. 이와는 달리 서양에서는 그리스 시대 이후 줄곧 물질 세계는 4원소로 되어 있다는 원소설이 공인되었는데, 화, 기, 수, 토(火氣水土)가 그것이다. 얼핏 비슷한 점이 있는 듯이 느껴지지만 사실은 매우 다른 방향으로 전개되어 왔던 이론들이어서 정약전이 어떤 논문을 썼는지 한 번 알고 싶을 지경이다. 여하튼 정약용이 그의 묘지의 글에 이 사건을 강조해 써 넣었다는 사실로부터 우리는 정약용 자신도 바로 4원소설을 옳다고 본 것은 아닐까하는 생각을 하게 된다.

그가 오행설을 배척했대도 놀랄 일은 전혀 아니라 할 수 있다. 정약용은 그밖에도 여러 가지 전통적인 과학 사상을 배격하고 있으니까 말이다. 별이나 해와 달의 움직임이 인간사에 영향을 준다는 생각을 그는 분명하게 부정했다. 도선(道詵)이나 그밖의 다른 사람들에 의해 '비기'(秘記)로 정착하여 많은 사람들이 따르고 있던 풍수지리 사상도 완전히 배격했다. 공자나 맹자가 이를 따르지 않았는 데도 지난 2천년 동안 유학자들이 이를 따른 것부터가 잘못이라고 말한다. 더구나 그는 〈주역(周易)〉을 많이 공부한 학자임에도 불구하고 가장 널리 쓰여지고 있는 분야인 점치는 일만은 절대 반대하고 나섰다. 하물며 사주(四柱) 따위 간지(干支)를 이용해 점을 친다는 것은 말도 안된다고 신랄하게 비판하고 있다. 매일매일의 날짜에 간지를 붙이기 시작한 것은 한(漢)의 무제(武帝) 때부터 라고 한다. 그러니까 그 전의 날자에 붙이는 간지는 한 나라 이후에 거꾸로 계산해 붙여 준 것임을 알 수 있다. 게다가 시대에 따라 달력 만드는 방법은 바뀌었고, 어느 방법을 쓰느냐에 따라 한 달의 길이도 30일과 29일이 바뀌는 법이다. 따라서 어느 역법(曆法)이냐에 따라 공자(孔子)도 항우(項羽)도 사주가 이랬다 저랬다 할 판이다. 이 따위를 어찌 믿을까보냐고 정약용은 비판하고 있다.

이렇게 비판 의식이 투철했던 그는 주어진 전통 사상을 비판하고 새로운 생각을 받아들이는 데 민감했다. 확실한 증거는 없지만, 정약용은 우리 나라에서 우두를 처음 실시한 사람이라고 나는 생각한다. 19세기 말에 지석영(池錫永)에 의해 우두는 다시 공식적으로 들어와 전국에 퍼졌지만, 이보다 훨씬 전에 그는 〈마과회통(麻科會通)〉이란 그의 책에 서양식 우두 안내를 기록하고 있다. 1828년 북경에서 서양 선교사 피어슨이 한문으로 쓴 우두 안내서를 정약용이 소개한 것은 그저 소개에만 그친 것으로는 보이지 않는다. 특히 그에게는 6남 3녀의 자식이 있었는데, 그 가운데 4남 2녀가 일찍 죽은 것으로 되어 있다. 혹시 정약용은 이 가운데 몇이 천연두로 요절하는 바람에 더욱 우두에 관심을 보인 것이 아닐까?

한때 정조 임금의 선생 노릇도 했던 그는 1789년 겨울에는 한강에 배다리를 놓는 데, 그리고 1792년에는 수원성을 쌓는 데 기중기를 만들어 사용했다는 기록이 있다. 도르래를 이용한 것은 그가 처음도 아니고, 그 전에도 기중기 비슷한 것은 사용되었음이 분명하다. 하지만 정약용은 이때 재래식 방법에다가 서양식 기술까지 가미해서 좀 새로운 것을 만들었던 것 같다. 그 장치는 서양 선교사 테렌스가 중국에서 써낸 〈기기도설(奇器圖說)〉이란 책을 참고해서 만들었다.

정약용에 대한 연구는 활발하지만, 그의 과학 기술에 대한 강조는 거의 외면되고 있는 학계의 현실이 안타깝다. 또 중학교 과학 시간에 정약용이 설명한 "깜깜한 방에서 그림 구경하기"같은 일화를 함께 가르치면 교육 효과가 높아질 것이 분명한데, 그것도 실현되지 않고 있어 유감이다.

과학 기술사의 보고, 〈산고〉의 저자 이규경

흔히 우리 나라는 최근세의 지도자들이 잘못해서 불행한 과거를 경험하게 되었다고 생각하는 사람들이 많다. 특히 대원군이나 고종 그리고 민비 등이 정치에 실패하고, 그밖의 정치가들은 당파 싸움이나 일삼아 나라를 일본의 식민지로까지 타락시켰다는 것이다. 물론 그런 측면이 없지 않다. 하지만 과학 기술의 역사를 살펴보자면 이들의 허물을 따질 19세기 후반 훨씬 이전에 이미 우리의 과학 기술 수준은 일본과 중국에 비해 훨씬 뒤지고 있었음을 알 수 있다. 과학 기술 수준이 그렇게 떨어지고서야 아무리 훌륭한 정치가와 지도자가 있다한들 별 수 없었을 것이다.

지금부터 160년 또는 170년 전쯤을 돌이켜 보면 알 수 있다. 1820년에서 1830년대에 걸쳐 이미 일본 사람들은 근대의 과학 기술을 대강 소화하고 있었고, 중국에도 상당한 수준의 서양 과학 기술이 들어와 있기는 했다. 일본인들이 외래 문화를 쉽게 흡수하던 버릇대로 열심히 서양 것을 배워 들이는 것과 달리 중국인들은 자신들의 문명이 세계 제일이라는 자만심 때문에 제대로 서양 과학 기술을 배우고 있지 않았다는 차이는 있

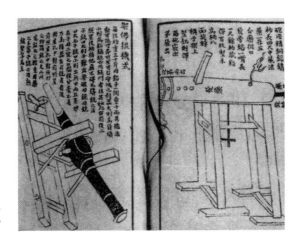

이규경이
지은 책
〈오주연문
장전산고〉

었지만……. 그러나 일본이나 중국과 달리 당시의 조선에는
서양 선교사들이 들어와 서양의 과학 기술을 가르치고 책으로
써 낸 일이 전혀 없었다. 해마다 한 번씩 중국에 파견했던 사
신 일행 가운데 호기심 많은 학자들이 가끔 서양 선교사들을
찾아가는 일이 있었고, 서양의 과학 기술 서적을 구해 돌아올
뿐이었다.

　이규경(李圭景, 1788~?)은 바로 이런 시대에 활약한 과학
자였다. 그는 천문학, 역산학, 수학, 의학, 음양오행, 동물과
식물 등 과학의 모든 분야와 함께 교통, 교량, 금속, 무기 등
의 기술 분야에 이르기까지 과학 기술에 대한 많은 정보를 모
아 아주 두꺼운 책을 써서 남겼는데, 〈오주연문장전산고(五洲
衍文長箋散稿)〉가 바로 그 책이다. 오주란 그의 호(號)였고,
“연문”이니 “장전”이니 “산고”니 하는 표현은 자기 글을 낮
춰 부른 말이다. 이규경을 과학자라 불렀지만 그가 무슨 구체
적인 과학상의 업적을 남겼다고는 말하기 어렵다. 다만 그는

1840년 이전에 대개 완성된 것으로 보이는 이 책을 통해 당시의 과학 기술에 대단한 관심을 보였던 것을 확인할 수 있다.

그는 아직 우리 나라에 근대적 과학 기술 지식이 전혀 없던 시절에 그런대로 서양의 과학 기술을 흡수하려던 선각자로서의 노력을 잘 보여 준다. 〈오주연문장전산고〉에는 모두 1,400개가 넘는 기사가 들어 있다. 각 기사는 몇 줄 안 되는 짧은 깃에서부터 수백 행을 넘는 긴 기사까지 모두 섞여 있는데, 모두 150만 자가 넘는 엄청나게 많은 분량이다. 물론 모두 한자로 씌여 있는데, 일부가 번역되어 나오기 시작했다. 마치 새로운 지식에 굶주린 사람처럼 그는 과학 기술만이 아나라 모든 새로운 지식에 대해 글을 썼고, 여러 분야의 문제들에 대해 나름대로의 정보를 수집해서 정리하고, 또 판단을 내려 글로 남겼다.

이와 같은 이규경의 뛰어난 노력을 통해 우리는 지금 역설적으로 19세기 초의 우리 나라 과학 기술 수준이 일본에 얼마나 뒤지기 시작하고 있었던가를 확인하게도 된다. 예를 들면 그의 기사 1400여 개 가운데 하나로 "뇌법기변증설(雷法器辨證說)"이란 글이 있다. 그의 기사는 모두 "…… 변증설"이란 제목으로 되어 있으니 이 기사는 뇌법기에 대해 변증하는 글이란 말이 된다. 뇌법기란 무엇일까? 내용을 읽어 보면 바로 정전기(靜電氣) 발생 장치를 가리키고 있음을 알 수 있다.

우리 나라 최초의 발전기(發電機)에 대한 기록이라 할 수 있다. 이에 의하면 뇌법기는 서울의 강이중(姜彝中)의 집에 있는데 둥근 유리공 모양을 하고 있고, 이것을 돌려 주면 불꽃이 별이 흐르듯 나온다고 적고 있다. 그는 또 이 불을 서양에서는 질병의 치료에도 쓰고 있다고 소개하고, 수십명이 손에

손을 잡고 이 장치를 만지면 사람들이 "소변을 참는 듯한" 자
극을 받는다고도 기록하고 있다. 이 정전기 발생 기구는 부산
의 초량(草梁)에 있던 왜관(倭館)에서 1800년 전후 언젠가 우
리 나라 사람에게 전해져 서울까지 올라왔던 것으로 적혀 있
다. 조선 초부터 초량에는 왜관이 있어서 일본 사람들이 살고
있었고, 이들은 주로 대마도에서 와서 일본으로 쌀을 비롯한
식량을 수입해 갔고, 또 우리의 문화를 배워 가기도 했다. 그
러나 시대가 바뀌고 서양 과학 기술에 먼저 눈 뜨게 된 일본
은 바로 이 경로를 통해 우리 나라에 거꾸로 서양 문물을 전
해주기 시작했던 것이다.

　일본에서 처음으로 이런 전기 발생 장치가 만들어진 경우는
평하원내(平賀源內, 1723～1779)라는 사람에 의해 1768년에
만들어진 "에레키테루"란 것을 들 수 있다. 그 후 일본에서는
많은 사람들이 이 정전기 발생장치에 관심을 갖고 많은 장치
가 만들어졌고, 19세기 초에 이미 대판(大坂)과 경도(京都) 일
대에서는 광고를 내고 이것을 팔고 있었음을 알 수 있다. 아
마 이런 것들 가운데 하나가 부산의 왜관을 거쳐 서울까지 전
해졌을 것이다.

　이 사실 하나만 보더라도 전기에 대한 조선 시대의 지식은
일본의 그것에 훨씬 미치지 못하고 있었다는 것을 알 수 있
다. 19세기 초에 이미 일본은 과학 기술 수준에서 조선을 크
게 앞서기 시작하고 있었던 것이다. 여기 소개한 이규경의 글
은 1830년쯤에 쓰여졌을 것으로 보이는데, 그보다 반 세기도
더 전에 이미 일본에서는 이런 발전기를 만들었고, 그것을 판
매하여 의료용으로 또는 호기심 많은 사람들의 장난감으로 사
용하고 있었다는 뜻이다. 전기에 대해 서양에서 근대적인 과

학지식이 생기기 시작한 것은 일본에서 정전기 발생 장치를 만들기 불과 몇 년 전밖에 되지 않는다. 주로 화란(和蘭) 상인 들을 장기(長崎) 앞 섬에 살게 하면서 일본과의 무역을 허락 했던 일본에서는 바로 이들 서양인들을 상대로 하는 가운데 화란 말을 배워 화란 학문을 배워 들이는 소위 난학자(蘭學者)들이 생겨났고, 이들을 통해 서양의 과학 기술이 즉시 일본 에 전달되고 있었다. 서양에시 처음 이린 발전 장치를 만들어 낸 사람은 독일의 게리케로 일본보다 1세기 앞선 일이었다. 그후 서양에서는 전기에 대한 지식이 천천히 발전을 거듭해서 미국의 유명한 벤자민 프랭클린의 연 실험과 피뢰침 보급은 1750년 전후의 일이었다. 이때 쯤에는 전기를 의료용으로 이 용하는 일도 많았고, 또 프랑스의 왕 앞에서는 호위병 180명 이 손에 손을 잡고 발전된 전기의 양 끝을 손대게 해서 전기 쇼크를 받고 펄쩍 뛰는 모습을 보고 즐겨하는 실험도 행해졌 다. 이규경이 전하는 이야기의 한 대목은 바로 이 실험을 가 리킨다.

이 땅에 일본제 발전기를 들여다 준 부산 초량의 왜관은 이 미 이보다 훨씬 앞서 기계식 시계를 우리 나라에 전해 준 곳 이기도 하다. 1650년대에 밀양 사람 유흥발(劉興發)은 일본인 에게서 얻은 자명종(自鳴鍾)을 스스로 연구해서 그 이치를 터 득했다는 기록이 우리 옛 글에 보이는데, 그가 밀양 사람인 것을 보더라도 그가 서양식 기계를 얻은 것은 바로 초량의 일 본인이었을 것으로 보인다. 당시 조선 사람이 일본인을 만날 수 있는 곳은 초량의 왜관밖에 없었기 때문이다. 유흥발이 얻 은 자명종이란 지금과 같이 일정 시각에 때르릉 때르릉하고 울려 주는 시계가 아니라 종이 달린 일체의 시계를 가리킨 말이다. 지금의 괘종시계란 뜻이 더 가까운 것이다. 그리고 이보다 거의 1세기 뒤인 19세기 말에는 지석영(池錫永)이 우두를 일본인에게서 처음으로 배워 국내에 보급하기 시작한 것은 유명한 사실이다. 역시 초량의 일본인 거류지인 왜관을 통해 가능했던 일이다.

이규경의 책을 읽노라면 우리는 우리의 전통 과학이 중국의 영향을 상당히 받았음을 확인할 수 있을 뿐 아니라 근대 과학 기술의 지식이 우리가 아는 역사와는 달리 심한 쇄국(鎖國)의 시대에도 이 땅에 조금씩 흘러들어 오고 있었다는 사실을 알게 된다. 특히 19세기 초에 일본으로부터 서양 근대 과학 기술의 지식이 조금씩 들어오고 있었다는 사실은 지금까지의 역사에 잘 알려져 있지 않은 일이다. 그때 이미 일본은 과학 기술이 우리보다 훨씬 앞서 발달돼 있었고, 우리는 서양과의 직접 접촉 기회조차 없은 채 조금씩 근대 과학 기술의 열매를 구경이나 하기 시작했다는 사실을 알게 된다.

〈오주연문장전산고〉에 실려 있는 수많은 기사들을 여기서 대강이나마 소개할 길은 없다. 그러나 19세기 전반의 어둡던 시절에 나라 안에 이렇게 뛰어난 근대 과학 기술 소개를 하고 있던 과학 기술의 선각자 이규경에 대해서는 별로 알려진 사실이 없다. 역시 실학자로 잘 알려진 이덕무(李德懋)의 손자였던 그는 전주 이씨였는데, 그의 박학(博學)은 할아버지 이래의 전통이었을 것으로 보인다. 당시의 국립도서관 겸 연구소라 할 수 있는 규장각(奎章閣)의 검서(檢書)였던 할아버지에 이어 아버지 이광규(李光葵)도 같은 직책을 맡았다. 이규경은 그 덕택으로 평생을 책 속에서 살았다고 할 수 있다.

호를 오주라 했던 그는 〈오주연문장전산고〉 밖에도 〈오주

서종박물고변(五洲書種博物攷辨)〉, 〈백운필(白雲筆)〉 등을 남겼으나 〈산고〉 같은 방대한 것은 못된다. 그의 〈산고〉는 아직 인쇄된 책으로 나온 일은 없고, 필사한 것을 복사해서 책으로 나온 것이 원본으로 퍼져 있다. 그러나 이 책은 원래의 것을 복사한 것이 아니라 원본을 베껴낸 것을 복사한 것이다. 일제 때 언젠가 엿장수에게 파지로 넘어간 것을 구해내게 되었다는 일화를 안고 있는 이 책은 순한문의 초서체여서 아무나 읽을 수가 없게 된 것이었다. 이것을 한문 잘하는 사람들이 읽어 옮겨 적게 한 뒤 그것을 복사해 책으로 낸 것이다. 보통 사람이 읽기 어려울 것은 뻔한 이치다. 특히 한문에 밝지 않은 사람에게는 읽기가 더욱 힘들다. 하지만 이것이 전부 번역되어 나오는 날 우리는 우리 과학 기술사의 연구에 중요한 자료를 손쉽게 접하게 될 것이다. 이 책에는 수많은 과학사, 기술사의 내용이 담겨 있다. 이미 예로 든 몇 가지만도 다른 사료(史料)에서는 찾기 어려운 내용이다. 다른 곳에서 찾을 수 없는 내용이 얼마든지 감춰져 있는 과학 기술사의 보고(寶庫)를 남겨 준 것만으로도 이규경은 우리 과학사 연구에 영원히 기억될 것이 분명하다.

최초로 물리학의 개념을 쓴 최한기

지금부터 150년쯤 전에 활약한 인물 가운데 가장 많은 책을 써서 남긴 사람은 아마 최한기(崔漢綺, 1803~1877)가 아닐까? 그는 1천 권 이상의 책을 써서 남겼다고 전해진다. 그 가운데 지금 남아 있는 것은 겨우 120여 권 정도라는데, 바로 그 남아 있는 저술을 모아 사진판으로 찍어낸 것이 〈명남루총서〉〈명남루전집〉 등이다. 그의 문집에 "명남루"(明南樓)란 이름이 붙은 것은 그의 당호(堂號)가 명남루였기 때문인데, 말하자면 그는 자기 서재에 그런 이름을 썼다는 뜻이 된다. 하지만 그는 흔히 혜강(惠崗)이란 호로 알려져 있기도 하다.

그보다 거의 반세기 전에 활약했던 다산(茶山) 정약용(丁若鏞, 1762~1836) 역시 많은 저술을 남긴 것은 잘 알려져 있다. 하지만 정약용의 일생이 비교적 잘 알려져 있는 것과는 달리 최한기의 일생에 대해서는 거의 알려진 것이 없다. 최한기가 어떤 집안에서 누구의 아들로 태어났는지, 또 그가 정말 1877년에 죽은 것인지조차 확실하지가 않다. 그가 그렇게도 많은 글을 남겼으면서도 당시 그와 사귀었던 인물로는 〈대동여지

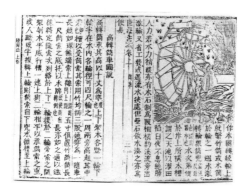

**1834년 최한기가 지은
육해법의 한 부분**

도〉 등의 지도를 만들어 유명한 김정호(金正浩), 〈오주연문장
전산고〉라는 귀중한 책을 우리에게 남기고 간 이규경(李圭景)
정도만이 그를 알고 지냈던 것으로 밝혀져 있을 따름이다.

　사실인즉 바로 이들 모두가 수수께끼에 쌓여 있는 인물들인
것이다. 아마 이들 세 사람을 '19세기 중반 한국 실학의 3대
수수께끼'라 불러도 좋을지 모를 지경이다. 이들 일생에 대해
서는 어느 쪽도 확실한 것이 밝혀져 있지 않다. 게다가 바로
이규경의 글에는 당시 최한기에게는 서양 과학 기술에 관한
많은 책이 있었다고 적혀 있는데, 당시 어떻게 최한기가 서양
의 책들을 수집해 가지고 있었던지 알 길이 없다.

　하지만 최한기가 그렇게 많은 책을 쓸 수 있었던 까닭이 바
로 그의 집에 모아져 있었다는 이들 서양의 책 덕택이었음은
물론이다. 실제로 최한기는 그의 책 가운데 이런저런 서양 과
학 기술의 책들에 힘입었음을 적어 놓고 있을 뿐 아니라 어떤
것은 서양 책들을 요약하고 정리한 것임을 밝혀 놓고 있기도
하다. 물론 그가 참고한 서양 책이란 모두 중국에서 번역되어
나온 서양 과학 기술 서적을 가리킨다.

　이렇게 생각해 볼 때 최한기는 1830년대부터 1860년대까지에 걸쳐 이 땅에 서양 과학 기술을 받아들이는 데 가장 열심히 일한 학자였다는 것을 알 수 있다. 그의 저술 대부분은 바로 이런 목표를 위해 쓰여졌을 것이다.

　그의 책으로는 먼저 1836년에 쓴 〈추측록(推測錄)〉과 〈신기통(神氣通)〉을 꼽을 수 있다. 이 두 책은 곧 〈기측체의(氣測體義)〉란 제목으로 함께 묶여지기도 했는데 한국 철학사에서 그의 경험철학은 가장 훌륭한 명작으로 평가되기도 한다.

　하지만 과학사의 입장에서 보자면 이 책은 우리 나라에 서양의 근대적인 물리학을 소개한 가장 초기의 글들이 아닐까 하는 생각을 가지게 된다. 빛, 소리, 온도와 습도에 대한 근대 과학의 지식을 소개하고 있는 것이 바로 물리학이 아니고 무엇인가?

　그는 이 세상은 기(氣)로 가득 차 있다고 생각하고 있었고 바로 그 기의 작용이 지금 우리가 말하는 여러 가지 물리적 현상을 일으킨다고 설명하고 있다. 즉 빛과 소리, 열 등을 모두 기(氣)의 작용이라 보았다. 얼핏 보기에 그는 서양의 근대 물리학 지식을 소개하면서 전통적인 동양의 기(氣) 사상을 해석하고 있는 듯하지만 그것이 어느 정도나 그 자신의 독창적 생각이었는지 아니면 다른 사람들의 생각을 옮긴 것인지는 더 연구해 볼 가치가 있는 문제라고 생각된다.

　최한기는 소리가 퍼져 나가는 것을 우리 둘레에 가득 차 있는 기(氣)가 훈(暈)을 이루기 때문이라고 설명하고, 소리 뿐만 아니라 빛과 냄새, 열 등도 모두 훈(暈)을 이루어 퍼져 나간다고 설명하고 있다. 여기서 그가 말하는 훈(暈)이란 물론 지금 우리들이 물리 시간에 배우는 파동(波動)의 옛 표현임을

최한기가 만든 것으로
추측되고 있는 지구의.
지름 24cm 높이 28.7cm이다.

알 수 있다. 즉, 지금 우리들이 말하는 일체의 에너지를 파동의 전파 현상이라 파악하고 있었던 것이다. 특히 그에게 특이한 것은 이런 물리 현상 뿐만 아니라 인간의 생각도 바로 훈(暈)에 의해 전달되고 퍼져 간다고 주장하고 있다는 점이다.

이런 관점에서 최한기는 당연히 볼록 렌즈와 오목 렌즈에 대한 것도 소개하고 설명하고 있으며, 망원경도 나오고 온도계와 습도계도 설명해 놓고 있다. 그런데 그 당시에는 아직 지금과 같은 용어를 쓰기 전이어서 중국에서 초기에 소개된 용어가 그대로 사용되고 있음이 눈에 띈다. 지금의 온도계를 냉열기(冷熱器), 그리고 지금의 습도계를 음청의(陰晴儀)라 한 것 등이 그것이다. 특히 그의 책에서 그가 설명한 온도계는 마치 물(水)을 넣고 만든 것처럼 되어 있는데 아마 '수은'(水銀)이라 썼던 것이 어떻게 하다보니 한 자가 빠져 '수'(水)라고 적혀 있게 된 것이 아닐까 추측된다.

세상이 기(氣)로 되어 있다고 주장한 최한기는 그 기가 작용하는 데에는 반드시 그 이치(理)가 있게 마련이고, 그 이치는 반드시 어떤 모양(象)으로 드러나며, 그 모양 속에는 수학적 질서(數)가 엿보이기 마련이라고 주장했다. 그가 자연 현상의 관찰에 동원되는 이런 기구들에 관심을 가진 것도 아마 이런 연유 때문이 아닐까 생각된다. 자연 속에 내재하는 수학적 질서에 대한 그의 관심이 나타난 것이 그의 수학 책이라 할 수 있다. 1839년 그가 쓴 〈의상이수(儀象理數)〉는 수학과 천문학에 관한 것이고, 1850년의 〈습산진벌(習算津筏)〉은 수학 책이다.

최한기의 저서가 대부분 자연 과학에 관한 것이라면 이 시기에 지은 그의 대작 〈인정(仁政)〉은 오히려 사회 과학 책이라 할 수 있다. 이 책에서 그는 인재를 등용하는 데 수학을 이용하기를 주장하고 있다. 그는 또 지능 발달을 위해서는 일찍부터 수학 교육을 시켜야 한다는 주장을 펴는가 하면, 수학을 공부하면 사람의 판단력을 기를 수 있어 선과 악(善惡), 허와 실(虛實)을 구별할 줄 아는 능력을 키워주어 다툼 없는 밝은 세상을 만드는 데 도움될 것이라고 주장하고 있다.

1857년에 그가 지은 〈지구전요(地球典要)〉는 또 다른 의미에서 아주 중요한 우리 과학사의 자료가 된다. 그 자신이 분명하게 밝혀 놓은 것처럼 이 책은 그의 독창적인 것이 아니라 중국에 소개된 서양 천문학, 지리학과 서양 사정 등을 거의 그대로 베껴 놓은 것으로 보인다. 하지만 이 책에서 한국인들에게는 처음으로 지구의 자전과 공전에 대한 내용이 분명히 소개되었고, 세계 각국의 사정이 비교적 상세하게 알려지기 시작했다고 보인다.

지구가 하루 한 번씩 자전해서 낮과 밤이 생긴다는 이치는 이미 1760년쯤부터 홍대용(洪大容)이 상당히 독창적으로 밝혀

낸 일이 있다. 하지만 지구의 공전에 대해서는 지금까지 밝혀진 것으로는 이 책에 처음 확실하게 소개된 것으로 보인다. 또 중국에 소개된 정보를 바탕으로 그는 세계 각국의 지리, 역사, 정치, 경제, 사회, 문화에 이르기까지 비교적 상세하게 소개해 놓고 있기도 하다. 특히 이런 소개의 가운데 그는 영어의 알파벳을 그대로 베껴 놓고 있기도 한데, 영어에 대해 이만큼 기초적인 것을 소개한 책도 이것이 처음인 깃으로 보인다. 지금 우리가 보기에는 우스꽝스럽게 알파벳을 그려 놓은 최한기는 이들 글자 가운데 독자적으로 의미를 가진 글자는 셋뿐이라면서, A는 하나(一)를 나타내고, I는 나(我)라는 의미이며, O는 감탄사(感歎詞)라고 적고 있다.

후기의 그의 작품으로는 1866년의 〈신기천험(身機踐驗)〉과 1867년의 〈성기운화(星氣運化)〉를 꼽을 수 있다. 앞의 책은 중국에서 당시 활약하며 많은 서양 의학책을 내고 있던 영국 선교 의사 벤자민 홉슨(B. Hobson)의 책들을 옮겨 놓은 것인데, 지금으로 치면 소아과, 산부인과, 내과, 외과 등의 구별을 하여 서양 의학의 대강을 소개한 것이다. 역시 한국 의학사에 서양 의학이 들어 오는 데 중요한 몫을 담당한 책이라 할 수 있다.

〈성기운화〉란 그 제목이 가리키는 것처럼 천체도 별의 기(氣)가 변해서 만들어져 나온다는 생각을 바탕으로 하고 있는 것으로 보인다. 최한기의 일관된 기(氣) 철학의 단면을 다시 보는 것같다. 하지만 이 책 자체는 독창적인 것이 아니라 역시 당시 중국에서 번역되어 나왔던 영국 윌리엄 허셸(1738~1822)의 천문학을 국내에 소개한 것이었다.

김정호와 대동여지도

대동여지도(大東輿地圖)를 모르는 한국인은 없다. 그리고 그 지도를 만든 김정호(金正浩)를 모르는 사람도 없다. 한국인 가운데 김정호와 그의 지도를 모를 사람이 왜 없을까마는 그래도 웬만큼 교육 받은 사람 가운데는 '없다'고 단언해도 좋을 정도로 그와 이 지도는 유명한 것이다. 김정호는 불과 130년쯤 전에 죽은 인물로 알려져 있으니 상당히 최근의 인물인 것을 알 수 있다. 그러나 이렇게 유명한 인물이건만 우리는 그에 대해 아는 것이 거의 없다.

아마 그는 1864년 직후 언제까지는 살아 있었던 것이 분명하지만, 정확히 언제 죽었는지 알 길이 없다. 그가 태어난 해도 알 수가 없다. 다만 황해도 어디에서 1800년 쯤에 출생했을 것으로 짐작이 갈 따름이다. 그가 평소에 친하게 지냈고 세계 지도도 함께 만들었던 것으로 보이는 실학자 최한기(崔漢綺, 1803~1877)와 태어난 해가 비슷했을 것으로 보이고, 어쩌면 죽은 시기도 비슷했을지 모르겠다.

그렇게나 유명한 인물이 되었고, 비교적 근대의 인물이면서 김정호처럼 개인적인 배경이 안개 속에 가려져

김정호가 27년동안 전국을
답사한 후 제작한(1861년)
대동여지도.

있는 인물도 없을 정도로, 그는 우리 역사에서 그야말로 신비
속의 인물이다. 당연히 그의 부모나 자식에 대한 것도 전혀
알려져 있지 않고, 집안이 양반이었는지 아니면 종의 자식이
었는지조차 확연하게 밝혀져 있지 않다. 흔히 그는 지도를 만
들어 나라의 비밀 정보를 해외에 알려준 죄목으로 대원군의
쇄국 정책 시대에 붙잡혀 옥사한 것으로 알려져 있기도 하지
만, 그런 짐작은 전혀 근거가 없는 상상에 지나지 않는다.

그래도 그의 호가 고산자(古山子)인 것은 그의 지도에 나타
나 알 수가 있고, 또 그의 이름이 다른 한자로 정호(正浩 : 白
皐)라고도 했다는 것도 알 수 있다. 또 그에게는 백원(伯元),
백온(伯溫), 백지(伯之) 등의 자(字)가 있었다는 사실도 밝혀
져 있으며 본관은 청도였다.

김정호의 초상화

　지금 전해지는 김정호의 첫 지도는 그가 1834년에 만든 〈청구도(靑丘圖)〉였다. 그의 지도 가운데 가장 이름을 떨치게 된 지도는 1861년(철종 12년)에 만든 〈대동여지도〉였다. 또 그는 1864년에는 〈대동지지(大東地誌)〉라는 지리지도 썼는데, 이것은 그의 마지막 업적으로 들어야 할 것이다. 그의 아버지 가 군인이었고, 김정호 역시 처음에는 초급 장교 정도의 군인 생활을 했다고도 전해지는 것을 보면 그는 평민 출신이었던 것 같기도 하다. 또 그는 서울에 올라온 다음에는 만리재(萬 里峴)에 살았다고도 전하고, 또는 공덕리(孔德里)에 살았다고 도 전한다. 어느 쪽이거나 지금으로 치면 마포 쪽에 살았다고 할 수 있다.

　김정호라는 인물에 대한 상세한 내용은 알 수 없지만, 그가 남긴 대표적 지도 〈대동여지도〉를 통해 우리는 그의 사람됨을 짐작할 수 있다. 특히 그의 뛰어난 과학 정신을 느낄 수 있는 것이다. 우리 역사에서 〈대동여지도〉란 어떤 중요한 자리를 차지하는 것인가? 우선 〈대동여지도〉는 그 지도 제작의 방법이 전통적인 방법에 의존한 것으로 우리의 전통 지도 가운데 가장 정확하다. 우리 나라 전체 모양을 그린 지도의 윤곽을 비교해 보면 〈대동여지도〉의 정확성을 당장 알 수 있다. 오늘 우리가 쓰고 있는 우리 나라 지도와 비교해 보면 거의 윤곽이 비슷해서 금방은 어디가 잘못되어 있는지 가늠하기가 어려울 정도이다.

물론 잘 살펴보거나 현대 지도와 윤곽선을 겹쳐 놓아 보면 〈대동여지도〉의 오점은 잘 드러난다. 우선 백두산 쪽이 북쪽으로 약간 솟아 있고, 함경도가 동쪽으로 불거져 나갔는가 하면, 제주도도 약간 북쪽으로 본토에 접근해 있다. 〈대동여지도〉는 또한 우리 나라 최초의 16만분의 1지도이기도 하다. 더 정확하게 말하자면 〈대동여지도〉보다 조금 앞서 〈청구도〉가 이미 같은 축척의 지도였지만, 〈청구도〉는 바로 김정호가 만든 것이고, 〈대동여지도〉를 만들기 전 중간 단계로 만든 것이라 할 수 있으니까 김정호의 지도가 최초의 16만분의 1지도였다고 할 수 있는 것이다.

우리 지도의 역사를 살펴보면 우리 나라를 상당히 사실적으로 나타낸 첫 지도로 지금까지 전해지는 것은 정상기(鄭尙驥, 1678~1752)의 〈동국지도(東國地圖)〉를 그 시작으로 잡을 수 있다. 이 지도는 약 40만분의 1지도라 할 수 있다. 1세기 남짓 지난 후에 김정호에 의해 우리 나라 지도는 40만분의 1지도에서 16만분의 1지도로 그 정확도를 높였다고 해도 좋을 것 같다. 그리고 김정호의 〈대동여지도〉 이후에는 전통적인 방식에 의한 정확한 지도는 다시 만들어지지 못한 채 조선 왕조는 멸망하고 말았다. 그런 뜻에서 〈대동여지도〉는 조선 시대의 마지막 지도라고 할 수 있다. 조선 시대 말기에 근대 서양식 측량 기술을 활용한 지도 작성이 계획되기는 했으나 실행되지 못한 채 나라가 망했고, 그 일은 결국 일본 식민지 시대에 완성되어 5만분의 1지도가 현대식으로 처음 만들어졌고, 해방 후에는 우리의 국립지리원에서 항공 사진까지 동원하여 가장 정확한 지도를 만들게 되었다.

〈대동여지도〉는 원래 22첩으로 되어 있는데, 각 장은 가로 20m, 세로 30m로 되어 있어서 이들을 모두 이어 놓으면 우리 나라의 전국이 드러나게 되어 있다. 이 22장을 모두 붙여 놓으면 가로가 3미터, 세로가 7미터나 되는 대단히 큰 지도가 되어 웬만한 건물 벽에는 걸어 놓을 도리가 없다. 지금 〈대동여지도〉는 영인되어 널리 보급되어 있고 벽에 걸어 놓은 곳이 많은데, 이것은 이렇게 큰 원래의 것이 아니라 김정호가 뒤에 한장으로 보다 편리하게 볼 수 있게 다시 만든 한 장짜리 〈대동여지도〉로서 90만분의 1지도이다. 후손이 있었는지 없었는지도 알려진 것이 없지만, 〈대동여지도〉 22첩은 목판 70장 이상에 하나씩 새겨 인쇄하게 되어 있는데, 그 목판을 새길 때 그의 딸이 도왔다는 전설도 남아 있다. 또 그 딸은 결혼도 하지 않고 기름 장수로 아버지의 지도 제작을 도왔다고도 하지만 물론 확실한 이야기는 아니다.

이 지도에는 산맥이 까만 줄로 굵고 가늘게 묘사되었고, 산들이 그려져 있는데 모두 2800개 정도나 된다. 또 하천이 그려져 있음은 물론이고, 고을이 표시되고 길이 잘 나타나 있는데, 특히 길에는 10리마다 점을 찍어 금방 거리를 알아 보게 만들었다. 그밖에도 왕릉, 봉수대, 역참(驛站), 창고, 성 등등의 여러 가지 중요한 정보가 가득 표시되었는데, 그것을 표시하는 부호도 아주 세련되어 있다.

김정호는 〈대동여지도〉를 만들기 훨씬 전인 1834년에 이미 〈청구도〉를 만들었는데, 이것은 또 〈청구선표도(靑邱線表圖)〉라고도 알려져 있다. 〈청구도〉는 이미 〈대동여지도〉의 훌륭한 부분을 대체로 나타내고 있고 그 정확도도 별로 떨어지지 않고 그 정보량도 결코 모자라지 않는다. 다만 원래 〈청구도〉는 〈대동여지도〉와 거의 같은 크기의 지도에 너무 많은 정보를 집어 넣었기 때문에 지도의 빈 공간에 각 지역의 역사는 물론이고, 물산 등까지 모두 설명해 넣었기 때문에 그냥 지도라기보다는 지리지(地理誌)의 성격을 아울러 가지게 만든 것이라 할 수 있다.

거의 30년이 지난 1861년에 그가 〈대동여지도〉를 새로 완성한 것은 바로 이런 복잡한 지도를 조금 더 간편한 지도로 만들려는 데에도 그 목적이 있었던 것으로 보인다. 이렇게 지도로서 〈대동여지도〉를 만든 김정호는 3년 뒤인 1864년에는 〈대동여지도〉를 재판 인쇄해 냈고, 아울러 같은 해에 〈대동지지(大東地誌)〉를 완성하여 자그마치 32권 15책이나 되는 대규모의 책 속에 우리 나라의 지리지를 정리해 낸 것이다.

김정호의 이 지리지는 조선 초의 대표적 지리지인 〈동국여지승람(東國與地勝覽)과는 체제가 달라서, 각 지역의 고사, 고전, 시문, 인물에 대한 기록은 생략되어 있다. 그러나 우리 역사에 대한 의식은 아주 철저해서 각 지역의 고적에 대한 고증도 열심히 하고 있다. 또 이 책을 쓰기 위해 김정호는 중국측 자료 22종과 우리 나라 자료 43종을 참고한 것으로 밝혀져 있다.

가난한 평민 학자이며 지리학자였던 것으로 보이는 김정호는 어떻게 그렇게 많은 책을 참고할 수가 있었을까? 그러나 이런 의문은 그의 생애에서 그나마 알려져 있는 사실 한 가지에서 그 해답의 실마리를 찾을 수 있을 것도 같다. 그는 당대의 유명한 실학자 최한기의 친구였는데, 바로 그 최한기가 당대에 온갖 책을 많이 소장하고 있었다는 것이 밝혀져 있기 때문이다. 혹시 김정호는 정말 형편없이 가난한 학자였을지도 모르지만, 그는 친구 최한기로부터 얼마든지 많은 책을 얻어 볼 수도 있었을 것으로 보이기 때문이다. 최한기는 바로 그가 그렇게나 많이 가지고 있던 당시 중국으로부터 수입해 온 책을 참고해서 수많은 책을 지어 지금까지 전하고 있다.

김정호는 바로 최한기와 함께 1834년에는 지구의를 만들었던 것으로 전해진다. 지금 서울 숭실대 박물관에 남아 있는 놋쇠 지구의도 바로 최한기가 만든 것으로 알려져 있는데, 이것을 만드는 데에도 김정호와 협조한 것이 아닐까 생각한다. 김정호와 최한기가 이때 만들었던 지구의란 그의 〈대동여지도〉와는 달리 당시 중국에 들어왔던 서양 지리학의 지식을 바탕으로 한 것이었다. 1840년 전후에 쓴 것으로 보이는 당대의 실학자 이규경(李圭景)의 〈오주연문장전산고(五洲衍文長箋散稿)〉에 의하면 최한기가 중국에서 나온 세계 지도를 구하고, 이를 바탕으로 김정호가 대추나무에 이를 새겼다고도 전해진다.

정말 김정호는 〈대동여지도〉를 준비하면서 얼마나 많이 나라 안 방방곡곡을 뒤지고 다녔을까? 그는 백두산을 네 번이나 오르내렸다는 기록이 있는가 하면 어떤 글에는 아예 10여 회 오르내렸다고 적어 놓고 있기도 하다. 물론 아무도 김정호가 얼마나 국토를 실제로 답사하고 실측해서 이 지도를 만든 것인지 장담할 수는 없다. 하지만 사실은 지금 남아 있는 것보다는 훨씬 많은 우리 나라 지도가 옛날에 있었고, 또 그 가운데에는 이름조차 알려지지 못한 채 역사의 뒤안길로 사라져 버린 지도가 아주 많았을 것이라는 사실이다. 김정호의 업적은 지금은 그 흔적조차 잃어버린 많은 지도들이 바탕이 되어 태어난 것이었다고 생각된다.

그의 〈청구도〉, 〈대동여지도〉, 〈대동지지〉 등은 모두 영인되어 도서관에 널리 보급되어 있고, 많은 사람들이 쉽게 이용할 수 있게 되어 있어 다행이다.

최초의 근대 농학자 최경석

우루과이 라운드 협상이 이 땅의 농민들을 울리고 있다. 앞으로 거세가기만 할 농산물 수입 압력 앞에 우리 농산물의 위상이 크게 위협받고 있기 때문이다. 생각해 보면 우리 농업이 지금 어려움을 당하게 된 것은 과학 기술상의 문제만은 아니다. 아마 농업 기술에 있어서는 선진국 못지 않은 실력을 가지고 있는 것이 우리 현실이지만, 다만 협소한 땅과 농업 구조상의 차이 때문에 특히 미국산 농산물의 공세를 이길 수가 없다는 데 문제가 있다.

서양의 과학 기술이 이 땅에 처음 들어 오기 시작했을 때 가장 먼저 우리 선조들의 관심 대상이 된 분야는 다름 아닌 농업 기술이었다. 전통적으로 농업을 중심 산업으로 하고 있던 조선 말기의 한국인들에게는 지극히 당연한 일이었을 것이다. 그리고 이런 서양 근대 농법에 대한 관심을 처음 불러 일으켰던 결정적 계기는 바로 미국과의 관계에서 비롯한다. 1883년 처음으로 미국에 파견되었던 조선의 사신 일행은 미국 시찰에서 미국의 선진국 농업 기술에 크게 감명을 받고 그것을 하루 속히 배우기로 결심했던 것이다. 미국의 근대 농업 기술을 배워 시작된 우리의 근대 농업이 이제 바로 같은 미국의 농산물 때문에 크게 위협 받게 된 꼴이라 하겠다.

이 미국 근대 농업 기술의 도입에 전력을 기울이다가 일생을 바친 선각자가 그 일행의 한 사람이었던 최경석(崔景錫, ?~1886)이다. 말하자면 최경석은 우리 나라 최초의 근대 농학자였던 것이나. 그는 근대 농업 시험장 〈농무목축시험장(農務牧畜試驗場)〉을 만들어 처음으로 서양의 농작물을 상당한 규모로 재배하는 데 성공했다. 요즘 슈퍼에도 나오고 샐러드로 많이 사용되는 샐러리를 길러 궁궐과 서양 사람들에게 공급한 사람이 바로 최경석이었다. 지금부터 109년 전인 1884년 봄에 이미 서양식 농산물 재배에 성공했던 최경석은 그 기세를 몰아 미국에서 가축을 수입해서 치즈와 버터도 만들 계획이었다.

그런데 최초로 서양의 근대 농업 기술을 도입하고 있던 최경석의 노력은 1886년 봄 그의 갑작스런 병사(病死)로 중단되고 말았다. 그가 어떤 병에 걸려 갑자기 죽었는지 또 왜 한 지도자의 죽음이 근대 농업 기술의 도입 그 자체를 중단시키게 된 것인지도 분명히 알려져 있지는 않다. 정상적으로는 그 한 사람이 죽었다해도 〈농무목축시험장〉은 그대로 살아 남고, 농작물의 재배 역시 계속될 수 있었을 것이다.

도대체 지금부터 1세기 남짓 전에 활약했던 최경석은 우리 역사에 어떤 자리를 차지하고 있다고 할 수 있을까? 그의 일생에 대해 우리는 아는 것이 얼마나 있는가? 한번 돌이켜 볼 일이다.

우선 최경석이란 사람의 개인에 대해 우리는 아직 거의 아

는 것이 없다. 우선 그가 언제 어디서 누구의 아들로 태어났
는지가 밝혀져 있지 않다. 다만 그는 미국 사절단에 끼어 미
국에 가기 전에 몇 가지 별로 높지 않은 무관(武官)으로서의
관직을 맡았던 것으로 밝혀져 있다. 그러다가 일단 관직을 떠
나 있었던 것으로 보이는 최경석은 1883년(고종 20년) 5월 훈
련원 주부(注簿)로 복직하고, 뒤이어 6월에는 보빙사(報聘使)
민영익(閔泳翊)의 종사관에 임명되어 미국 사신 일행에 끼게
된다.

1882년 처음으로 미국과 수호조약을 맺은 조선 왕조는
1883년 늦은 봄 첫 주한미국 사절로 후트 공사가 부임해 오자
이에 대한 답례로 미국에 사절단을 보내게 된 것이다. 여기
전권대신으로 선발된 사람이 당시 정권을 잡고 있던 민비(閔
妃)의 조카로 촉망받던 24세 청년 민영익이며, 부대신으로는
역시 젊은 28세의 홍영식(洪英植), 그리고 셋째로 높은 종사관
자리에는 25세의 서광범(徐光範)이 선발되었다. 이들을 수행하
는 일행으로 최경석은 선발되었던 것이다. 역시 함께 선발된
일행에는 28세의 유길준(兪吉濬), 23세의 변수((邊燧)가 포함
되었고, 고영철(高永喆), 현흥택(玄興擇) 등이 들어 있었다.

한국인 8명을 일행으로 한 최초의 미국 사절단은 모두 30세
가 안된 젊은이들로만 구성되어 있었다고 생각된다. 그렇다면
최경석의 출생 연도가 밝혀져 있지는 않지만 그의 나이 역시
20대가 아니었을까 생각된다. 그렇다면 1886년 봄에 그가 병
사했을 때 그의 나이는 30을 넘기지도 못했을 정도의 젊은이
가 아니었을까?

청년 최경석이 미국의 농업 기술에 특히 관심을 갖게 된 것
은 미국 시찰 도중에 드러난다. 1883년 9월 2일 샌프란시스코

에 도착한 보빙사 일행은 기차로 갈아타고 9월 15일 워싱턴에 도착했다. 9월 18일 이들은 체스터 아더 미국 대통령을 만나 국서를 전달함으로써 공식적인 절차를 마쳤다. 물론 근대적 서양식 외교 행위도 조선의 양반 관리들에게는 새로운 일이었지만, 그들에게 크게 감동을 준 것은 미국 사회의 발달한 근대 문명과 그 밑을 받쳐주고 있는 과학 기술이었다. 이후 계속된 시찰을 통해 조선의 지식인들은 특히 농업 기술에 대해 큰 관심을 보였다고 미국의 신문들은 보도하고 있다.

9월 19일 보스톤에 도착한 일행은 20일 호텔 주인 월코트 (Wolcott) 대령의 초대로 그의 농장을 구경하게 된다. 당시 그 지역 신문의 보도에 의하면 한국인 일행은 온실 재배에 큰 관심을 보였을 뿐 아니라 가축 사료를 만들어 높은 저장탑에 보관하는 것에도 감명을 받았다. 여러 가지 농기구와 농작물 그리고 가축 가운데에는 신기하고 새로운 것들이 너무도 많았다. 특히 한국인 일행 가운데에서도 "육군 대령이며 식물학자인 수행원"이 농사 기술에 관심을 크게 나타냈다고 당시 미국 언론에는 보도되어 있다. 바로 그 사람이 최경석인 것으로 보인다.

최경석만이 농업 기술에 열성을 보인 것은 아니었다. 대표였던 민영익 역시 농업 기술에 관심을 보여 미국 국무장관에게 미국인 농업 기술자의 파견을 요청했고, 미국측은 이에 대해 긍정적 답변을 했다고 밝혀져 있다. 마침 그때 보스톤에서는 박람회가 열리고 있었는데, 사절단 일행도 그 박람회를 구경하고 크게 감명을 받아 민영익은 이듬해 가을에는 서울에서 박람회를 열겠다고 공언한 일까지도 있었다고 전해진다. 물론 그의 약속대로 서울에서 세계 박람회가 열리지는 못했다.

1993년 대전에서 열린 〈엑스포 '93〉 세계 박람회는 바로 그때 그 정신의 실현이라고 할 수 있다. 사실 이들의 박람회에 대한 관심 때문에 그보다 10년 뒤인 1893년에 미국 시카고에서 열렸던 세계 박람회에 조선은 최초로 출품한 일도 있다. 지금부터 꼭 100년 전의 일이다.

보빙사 일행은 두 패로 나뉘어 귀국하게 되었는데, 민영익 등이 유럽을 돌아 늦게 돌아 온 것과 달리 홍영식 등은 바로 태평양을 건넜다. 최경석은 홍영식 일행을 따라 일찍 귀국했고, 12월에 귀국하자마자 홍영식과 최경석 등은 임금에게 보고하는 가운데 근대식 농장의 필요성을 역설하여 임금으로부터 나라의 땅을 하사받아 이듬해에 이미 〈농무목축시험장〉을 시작할 수 있게 되었다. 그리고 그 책임자로는 최경석이 임명되었다. 한국 최초의 근대식 농장 겸 목장이었던, 또 근대식 농업연구소였던 〈농무목축시험장〉이 정확하게 어디에 설치되었던지는 분명하게 알 수가 없다.

최경석의 〈농무목축시험장〉에 가장 먼저 관심을 갖고 연구한 이광린(李光麟) 교수의 연구에 따르면 먼저 서울의 망우리 일대에 시험장이 세워졌을 것이라고 판단되었고, 또 보기에 따라서는 조선 시대 적전(籍田) 자리인 지금 동대문 밖의 전농동 일대였으리라는 추측도 가능하다. 적전의 가장 대표적 표지인 선농단(先農壇)은 전에 서울대학교 사범 대학이 있던 위치이고, 그를 기념하는 간단한 돌 표지가 세워져 있다. 임금이 손수 농사의 모범을 보인다는 뜻의 농토 일부를 최경석의 농업 시험장으로 하사했다는 것도 있을 수 있는 일이기 때문이다. 그러나 〈한성주보〉 1886년 2월 15일자에 의하면 그 농장은 "남대문 밖"이었다고 적혀 있다.

최경석의 농장이 어디에 있었던지는 아직 확실하게 말하기 어렵다. 그러나 그 위치가 어디였거나 간에 그들 일행이 미국에서 주문해 두었던 미국 농산물 씨앗은 1884년 초에는 이미 도착하기 시작했다. 그런데 당시 개화 사상을 갖고 있던 청년 지도자 윤치호(尹致昊)가 남긴 일기에는 1884년 1월 26일 오후에 자기는 로웰(P. Lowell), 최미산(崔薇山) 그리고 이름은 밝혀져 있시 않은 다른 세 명과 함께 기생 네 명을 데리고 화계사에 놀러 갔다가 다음날 돌아왔다는 기록이 남아 있다. 여기 나오는 '미산'이란 최경석의 호(號)인데, 다른 곳에는 '微山'이라고 한자가 좀 다르게 씌여 있기도 하다. 여하튼 최경석이 윤치호와도 교문이 꽤 있었던 것으로 보인다. 또 여기 이름이 나오는 로웰이란 바로 최경석과 함께 미국을 여행하고 막 돌아온 미국인 청년으로 보빙사에서 통역을 담당하였다. 1855년 생으로 미국 하버드 대학을 졸업하고 일본에 와 있던 로웰은 갑자기 조선인 보빙사의 통역으로 발탁되어 중국인, 일본인 보조 통역과 함께 미국을 여행하게 되었고, 여행이 끝나고는 홍영식, 최경석 일행과 함께 한국으로 돌아왔던 것이다.

보스톤의 명문 집안 출신이었던 로웰은 그 해 겨울을 서울에서 지낸 다음 일본에 돌아가 10년을 머물고 미국으로 귀국했으며, 당시의 경험을 책으로 남겼으니, 그것이 〈조용한 아침의 나라-조선(Choson, the Land of Morning Calm, 1888〉이다. 미국에 돌아간 다음 그는 자기 재산을 충분히 활용해서 콜로라도에 대규모 천문대를 세워 천문학 연구에 몰두하여 미국의 대표적 천문학자로서 역사에 이름을 남겼다.

최경석과 로웰이 윤치호 등과 함께 1884년 1월 26일(양력으로는 2월 22일) 놀러 갔다는 사실은 최경석의 시험장이 아직 미국인 로웰의 도움을 필요로 하고 있었다는 것으로 보인다. 여하튼 1884년 초의 〈농무목축시험장〉은 아주 활기있게 봄 농사를 시작할 수 있었던 것이 분명하다. 미국에서 미리 주문해 두었던 농기구와 씨앗은 18꾸러미로 도착했는데 저울, 보습, 쇠스랑에다가 심고, 떨고, 베는 기계까지 온갖 것들이 들어 있었다. 운임과 보험료를 포함해서 값은 751달러 33센트 …… 지금의 환율로는 불과 60만원도 되지 않는 작은 액수이지만 당시로서는 상당한 돈이었을 것이다.

정말 놀라운 일은 최경석이 이 농장에서 첫해에 이미 344종의 농산물을 직접 생산해 내었다는 사실이다. 물론 이 가운데에는 옥수수나 콩 등의 한 가지에 여러 가지 품종이 들어 있는 경우도 많았지만, 대단한 결과라 하지 않을 수 없다. 게다가 이 가운데 상당 부분은 처음 길러 보는 서양 작물이었음이 확실하다. 캐비지와 샐러리의 경우는 아예 알맞은 우리 말을 몰라 한글로 표기하고 있을 정도였다. 캐비지를 '양배추'로 표기한 것이 언제부터인지 모르지만, 이들 작물은 바로 1884년에 처음 이 땅에서 재배되기 시작했음을 알 수 있다.

이렇게 수확한 농산물을 최경석은 전국 305개 지역에 종자로 공급했고, 생산물은 서울의 경우 궁궐과 외국인들에게 공급되었다. 이듬해에도 농사는 대성공이었다. 또 첫해에는 돼지가 64마리 뿐이던 목장에도 1885년에는 미국에서 소, 말, 돼지, 양 등이 도착하여 최경석의 야망은 점차 무엇인가 크게 성공할 듯한 조짐을 보이고 있었다. 그러나 1886년 봄 그의 죽음과 함께 최경석의 꿈도 사그러져 버렸다. 미국이 보내 주기로 약속했던 근대식 농업 기술자는 결국 오지 않았고, 최경석의 농장은 그의 죽음과 함께 격하되어 1886년 가을부터 농무사(農務司)의 산하 기관이 되었다가 슬그머니 그 존재가 희미해져 버렸다.

최경석은 우리 농업 기술사에 큰 자리를 차지하고 있다. 하지만 그의 일생에 대해서는 1883년부터 1886년 봄 그의 죽음까지의 극히 짧은 기간의 활동만이 알려져 있을 뿐이다. 앞으로 그의 가계(家系)와 생애에 내해 너 깊은 연구가 필요하다.

천문학과 수학의 대가, 남병철·남병길 형제

형제는 용감하였다. 내가 젊었을 때 본 영화 제목이다. 그런데 우리 과학사에도 그런 제목이 어울리는 '용감한' 형제들이 있다. 우리 나라가 아직 나라 문을 굳게 닫고 있던 1850년 전후에 과학자 그리고 수학자로 크게 활약한 남병철(南秉哲, 1817~1863)과 남병길(南秉吉, 1820~1869) 형제가 바로 그들이다. 이들 형제의 업적에 대한 과학사적 평가는 아직 제대로 시작되지도 않았을 정도로 연구가 부족해서 이들 형제가 남긴 수많은 책들에 대해서는 그 내용이 거의 파악되어 있지 않다.

그들이 쓴 책이 수십 권이나 있는 것은 알려져 있지만, 순한문으로 쓴 그들의 수학과 천문학에 관한 저술이 구체적으로 어떤 내용을 담고 있는지도 아직 연구한 사람이 없다. 하물며 그들의 책이 한국 과학사에서 얼마나 중요한 것인지는 알 수가 없다. 그것이 세계 과학사에서 어떤 위치에 있는지는 말할 것도 없이 전혀 짐작조차 어려운 일이다. 아니, 도대체 우리 역사에 그런 형제가 있다는 사실조차 과학사에 관심을 가진 몇 학자들 이외에는 전혀 알려져 있지 않다.

어차피 그들의 과학적 업적이 평가하기 어려운 단계에 있다면, 우선 그들의 일화라도 살펴보는 것이 순서일지 모른다. 이들 형제 가운데 형인 남병철은 당대의 대표적 정치가였고, 특히 대원군과는 사이가 좋지 못한 것으로도 정평이 나 있어 흥미 있는 이야기가 많다. 천문학과 수학에 관한 책은 오히려 동생 쪽이 조금 더 많아 보이지만, 당시의 정치가로서 형이 단연 더 중요한 인물이었던 것으로 보인다.

헌종이 죽고 "강화 도령" 철종이 임금이 된 것은 1849년의 일이다. 왕이 될만한 훈련이나 교육을 받을 기회가 전혀 없던 먼 왕실 소년이 갑자기 조선 왕조의 제25대 임금이 된 것은 그 할머니 격(格)인 순조의 왕비 김씨 덕택이었다. 당연히 철종이 임금 자리를 차지하고 있었던 1863년까지는 안동 김씨 세도가 하늘을 찌를 수밖에……. 물론 철종은 안동 김씨에게 장가를 가게 되었고, 철종의 장인은 김문근(金汶根), 바로 남씨 형제의 외삼촌이었다. 과학자이며 수학자인 남씨 형제가 안동 김씨의 세도 시대에 적지 않은 혜택을 받고 갖가지 벼슬을 즐길 수 있었던 것은 물론이다.

대원군과 사이가 나빠진 까닭은 대원군이야말로 김씨 세도 아래 가장 핍박받은 인물의 하나였던 때문이었다. 한 번은 이런 일이 있었다. 김문근의 친조카 김병기가 좌찬성(左贊成), 생질인 남병철이 승지(承旨) 벼슬을 하고 있을 때의 일이다. 흥선군(興宣君) 이하응(李昰應)이 대원군이 되기 훨씬 전, 아무 힘도 없을 때였는데 그의 큰 아들을 어떻게든 과거에 합격시켜야겠다고 마음먹고 있을 때였다. 마침 자기 생일날을 맞은 이하응은 아내의 비녀와 옷가지까지 저당잡혀 생일 잔치를 벌이기로 했다. 없는 돈에 기생까지 불러서 말하자면 '기생

파티'를 떡벌어지게 벌이고, 그 자리에 당대의 권력자 김병기와 남병철을 주빈으로 초대하려는 것이었다.

이하응은 먼저 김병기를 찾아가 생일 잔치에 와 주기를 간청했다. 그의 대답은 간단했다. "먼저 규재(圭齋)와 약속을 하시지요. 그가 간다면 내가 가지 않을 리가 있습니까?" 다음으로 남병철을 찾아가 말하니 그는 고개를 끄덕였다. 안심하고 잔치를 시작했지만 날이 어두워져도 두 사람은 나타나지를 않는 것이 아닌가! 당황한 이하응이 몇 차례 하인을 보냈지만, 김병기는 아프다는 대답이었고, 남병철은 아직 공사(公事)가 끝나지 않았다는 대답이었다. 그러나 참다 못한 이하응이 수레를 달려 김병기의 집엘 가 보니 김병기는 아프기는 커녕 손님을 만나고 있었다.

그제야 김병기는 그의 잔치에 가지 못할 까닭을 이렇게 설명했다. "내 본래 병이 없었고, 그 잔치를 잊은 것도 아니요. 하지만 그대는 종실이고, 나는 척신인데, 때마침 임금님께 후사가 없는 지금 내가 아들을 가진 종실과 사사로이 만나면 이상한 혐의를 받을 수도 있지 않겠소?" 이 말에 깜짝 놀란 이하응이 이번에는 남병철을 찾아가니 그의 말은 이러했다. "그대가 무슨 말을 할지 이미 잘 아니 입을 뗄 필요가 없소. 비록 우리가 그대 잔치를 얻어 먹지는 않았으나, 아들 과거는 걱정할 필요가 없소." 정말로 아들의 과거는 합격이었지만, 이일로 이하응은 남병철에 대한 뼈에 사무치는 한을 품게 되었다고 〈근세조선정감〉이라는 당시의 책은 전한다.

이 기록이 얼마나 정확한지 알 길은 없지만, 이하응은 이날의 사건이 김병기의 머리에서 나온 것이 아니고, 바로 남병철의 머리에서 비롯한 것으로 여겼다는 것도 적혀 있다. 같은

책의 기록에 의하면 이하응은 가끔 남병철의 집에 들렸고, 그
로부터 조롱을 받는 일도 여러 차례 있었다고 한다. 한 번은
이재면의 역모 사건이 터지자, 그를 찾아 온 이하응에게 남병
철이 "그대도 이 일을 미리 알고 있지 않았소?"라고 묻는 바
람에, 이하응이 집에 돌아와 "오늘 10년 감수했다"고 말했다
는 대목도 보인다. 당시에는 역모에 가담하는 사람이면 누구
를 가릴 것도 없이 목숨을 잃게 되어 있었으니 남병철의 말
한마디에 이하응의 생과 사가 갈릴 수도 있는 일이었다.

그런데 형이 승지(承旨), 예조판서(禮曹判書), 대제학(大提
學)을 비롯한 온갖 벼슬을 거친 것처럼 아우 남병길 역시 이
조(吏曹), 예조(禮曹)의 판서(判書)에다가 형이나 마찬가지로
각 지방의 관찰사(觀察使) 등을 역임했다. 특이한 사실이 있다
면 두 사람이 모두 조선 시대의 천문 기관으로, 천문, 역법과
함께 시간의 문제도 책임지는 관상감(觀象監)이란 관청에서
근무했다. 형제가 남긴 수많은 책들은 바로 관상감이 맡고 있
던 일들과 관계가 있는 천문학, 수학, 역산학, 그리고 이와 관
련된 택일이나 점치는 일 등을 망라한 그런 분야였다.

남병길이 지은 책이나 간단한 책자를 합하면 거의 30권 정
도가 알려져 있다. 또 그의 형 남병철의 책으로는 중요한 것
만도 〈해경세초해〉〈의기집설〉〈성요〉〈규재집〉 등이 알려져
있다. 의령(宜寧)이 본관인 이들 남씨 형제의 아버지는 남구순
(南久淳)인데 해주 판관을 지냈다. 병철은 자(字)를 자명(子明)
또는 원명(元明)이라 했고, 호는 규재(圭齋) 등 여럿으로 알려
져 있다. 그에게는 죽은 다음 나라에서 문정공(文貞公)이라는
시호가 내려졌다. 앞에 인용한 〈근세조선정감〉에 의하면, 남
병철은 수륜지구의(水輪地球儀)와 사시의(四時儀)를 만든 것으

로 밝혀져 있다. 지금은 그가 만든 이런 기구들이 무엇인지는 정확히 알 길이 없지만, 천문 기구들인 것만은 분명하다. 특히 수륜지구의라는 기구는 물레바퀴를 달아 저절로 움직이게 만든 지구의였을 것으로 보인다.

실제로 남병철의 저서 가운데 〈의기집설(儀器輯說)〉은 당시 자기가 만들었거나 다른 사람들이 만든 여러 가지 천문 기구들에 대한 상세한 소개로 되어 있다. 두 권으로 된 이 책에는 첫권에 혼천의(渾天儀)를 상세한 구조와 사용 방법까지 자세히 소개하고 있다. 혼천의라는 기구는 조선 시대까지 가장 대표적인 전통 천문 관측 기구였으니 많은 지면을 할애해서 그렇게 자세하게 소개하는 것도 당연한 일이었을 것이다. 두 번째 권에는 그 밖의 여러 가지 기구가 소개되어 있는데, 이름만 들자면 혼개통헌의, 간평의, 험시의, 적도고일구의, 혼평의, 지구의, 구진천추합의, 양경규일의, 양도의 등이 차례로 등장한다. 이들 아홉 종의 기구 이름을 한자로 써 놓아도 어차피 크게 도움되지 않을 것같아 여기서는 생략한다.

하지만 이들 가운데 험시의(驗時儀)란 부분은 시계에 대한 것인데, 당시 우리 나라에서는 태엽을 만들 수가 없다거나 프랑스에서는 그때에 이미 시계 전문 기술자가 2천 명이나 되어 시계를 해마다 4만 개는 만들어 낸다는 등의 내용이 적혀 있다. 이 기사에서 확실해지는 것은 여기 소개된 기구들이 모두 당시 조선에서 제작된 것은 아니었고, 아마 중국의 책에서 그냥 소개하고 있었던 내용이 아니었나 생각된다. 또 여기 나오는 마지막 부분, 즉 양도의(量度儀)에 대해서는 아우 남병길이 따로 〈양도의도설〉이라는 책을 써서 아주 자세하게 소개하고 있다. '도설'(圖說)이라는 책 이름에서 알 수 있는 것처럼 그

림을 곁들여 양도의를 만들어 사용하는 방법이 상세하게 소개
되고 있다. 형제의 책들이 이렇게 구체적으로 연결되어 집필
되고 있다는 것을 알 수 있다.

아우 남병길은 자(字)를 자상(子裳)이라 했는데 혹은 원상
(元裳)이라고도 했다. 바로 이 자를 이름으로 써서 많은 책을
썼기 때문에 그의 작품은 많은 경우 '남원상'(南元裳)을 지은
이로 하고 있다. 또 그의 이름은 한 때 남상길(南相吉)로도
알려져 있다. 호는 육일재(六一齋) 또는 혜천(惠泉)이었다.

남병길의 대표작으로는 먼저 〈시헌기요(時憲紀要)〉를 들 수
있다. 상하 두 권으로 된 이 책은 당시 사용되고 있던 시헌력
법(時憲曆法)의 천문학적 내용을 정리해 소개한 책이어서
1860년 출판되자 바로 천문관 교육에 교과서로 사용되었다.
이듬해 1861년에 나온 〈성경(星鏡)〉은 그림을 곁들여 별자리
를 설명한 책으로, 여기 포함된 별자리(星座)는 277가지이고
모두 1,369개의 별이 그려져 있다. 이들은 6등성까지 나눠져
소개되어 있는데, 1등성이 16개, 2등성이 51개 등등으로 되어
있다. 특히 이 책에서 남병길은 적도의(赤道儀)를 그려 상세하
게 소개했는데, 틀림없이 자기가 만들어 사용했던 천문 관측
기구인 것으로 보인다.

그 밖에도 남병길은 수학 책으로는 〈산학정의(算學正義)〉와
〈집고연단(緝古演段)〉등을 썼고, 천문학의 기초 자료인 〈춘추
일식고(春秋日食攷)〉도 남겼다. 〈춘추일식고〉는 중국의 춘추
시대에 일어났던 일식에 대한 과학적 검토를 다시 해본 것으
로 알려져 있다. 원래 〈춘추〉라는 책은 공자가 쓴 것으로 되
어 있는데, 기원전 770년부터 242년 사이 공자의 나라인 노
(魯)의 역사를 기술한 것으로 되어 있다. 그 사이에 일어났다

는 37회의 일식을 다시 계산하여 그 일식 때마다 태양 위치와 일식의 정도 등을 밝힌 내용인데, 아마 중국의 책을 참고한 것으로 보인다.

남병길의 저서로 지금 남아 있는 것들에는 그 밖에도 〈중성신표〉 〈태양출입표〉 〈항성출증입표〉 〈중수중성표〉 〈칠정보법〉 등 이름만으로도 천문학의 기초 자료임을 알게 해주는 것들이 많다. 하지만 그는 또한 당시 관상감이 담당하고 있던 길흉을 점치는 일에 대해서도 책을 남겼는데, 〈선택기요(選擇紀要)〉와 〈연길귀감(涓吉龜鑑)〉이 바로 이런 책들이다.

1863년 말 이하응이 흥선대원군으로 집권하자 이들 '용감한 형제들'은 역사에서 완전히 사라졌다. 형 병철은 이미 그 해에 죽었고, 아우 병길은 만 5년을 더 살고 1869년에 세상을 떠났다. 46살과 49살의 길지 않은 일생에 이렇게 많은 책을 남겼다는 사실만으로도 그들의 생애는 길이 기념될 것이다.

사상의학 이론의 대가 이제마

우리 역사에서 가장 탁월한 의학자로는 허준(許浚)과 이제마(李濟馬)를 꼽는 데 이론(異論)이 있을 수 없다. 그만큼 조선 시대 말기의 이제마(1837~1900)는 유명한 인물로 자리잡고 있다. 하지만 막상 그의 생애나 사상, 그리고 그의 의학 이론에 대한 연구나 이해는 오히려 조선 중기의 허준의 그것에도 훨씬 미치지 못한다. 허준이 〈동의보감(東醫寶鑑)〉이라는 백과사전 같은 의학서를 써서 남겼기 때문에 지금도 널리 그 책이 이용되고 그의 이름이 기억되는 것과 달리, 이제마의 〈동의수세보원(東醫壽世保元)〉은 독창적 이론을 내세운 것이면서도 모든 의사들에게 참고되는 책은 아닌 때문일 것이다.

사람이 서로 다른 체질을 가지고 있다는 것은 거의 상식적인 이야기라 할 수 있다. 어떤 사람은 뚱뚱하지만, 다른 사람은 가냘프고, 또 어떤 이는 위장은 튼튼하여 무엇이나 소화를 잘 시키지만, 또 그렇지 못한 사람도 있다. 이런 차이를 가진 사람들에게는 당연히 암에 걸리거나 어떤 병에 걸릴 확률도 서로 다를 수 있을 터이고, 당연히 치료하는 방법도 서로 달라야 더 효

이제마의
〈동의수세보원〉

과적일 것이다. 이런 정도의 생각을 우리 모두 갖고 있으면서도 막상 어떤 방법으로 인간의 체질을 나눌 것이냐? 또 그렇게 서로 다른 체질의 사람들에게 해당하는 병리학 이론은? 또 각각에 해당하는 약리학적 특성은 어떠냐? 등등의 문제가 되면 아무도 큰 소리를 치기는 어려운 것이 현실이다.

그런데 이미 한 세기 전에 이제마는 바로 이런 이론을 나름 대로 정립하여 동양의학 전통에서는 아주 희귀한 의학 사상가로 등장했던 것이다. 그의 사상(四象)의학은 바로 인간의 체질을 넷으로 나누고 그에 알맞는 의약(醫藥) 체계를 확립하려는 독창적 이론이었다. 이 이론에 의하면 인간의 체질에는 네 가지가 있는데, 태양인(太陽人), 태음인(太陰人), 소양인(少陽人), 소음인(少陰人)이 그것이다. 인간의 체질을 음과 양의 둘로 우선 나누고, 이를 다시 크고 작은 것으로 나눈 것을 알 수 있다.

　이제마가 인간의 체질을 이렇게 네 가지로 나눈 근거는 인체의 내장이 가진 특징을 근거로 하고 있다. 즉 그의 주장에 의하면 허파가 크고 간이 작은 사람은 태양인이고, 거꾸로 간이 크고 허파가 작으면 태음인이라는 것이다. 또 소양인은 지라가 크고 콩팥이 작지만, 소음인은 정반대로 콩팥이 크고 지라가 작다는 것이다. 여기 등장하는 허파, 간, 지라, 콩팥은 동양의 전통적인 '오장(五臟)' 가운데 넷을 가리키는데, 나머지 하나는 염통이다. 실제로 5장이란 간(刊), 염통(心), 지라(脾), 허파(肺), 콩팥(腎)의 다섯을 말하는데, 이제마는 이 가운데 염통을 태극(太極)에 해당한다는 이유로 제쳐 놓고 나머지 넷을 가지고 체질을 분류했던 것이다. 이는 정확히 〈주역(周易)〉의 사상과 태극을 의학 이론으로 동원한 것 같은 모양을 보여 준다. 그러면 이들 사상인(四象人)의 구별이 만들어지는 원인은 어디에 있을까? 이제마는 그 원인에 모든 인간이 갖고 있는 욕망의 문제에 직결된다고 생각한다. 사람은 누구나 욕망과 관련하여 기쁨, 노여움, 슬픔, 즐거움(喜怒哀樂)을 느낀다. 바로 이 감정이 어느 기관의 크기를 결정해 주어 사상인의 구별을 만들어 준다는 것이다.

　그의 〈동의수세보원〉은 성명론(性命論), 사단론(四端論), 확충론(擴充論), 장부론(藏腑論), 의원론(醫源論), 광제설(廣濟說), 사상인변증론(四象人辨證論)의 7편으로 구성되어 있다. 이제마가 인간의 감정이 네 가지 체질을 만들어 준다고 설명한 대목은 바로 둘째 부분, 즉 사단론에 나온다. 제1편에서 이제마는 인체의 각 기관에는 인간의 사회적인 성격같은 것도 관계가 있음을 주장하여, 사교성, 도량, 식견, 경륜, 계책 등등이 각 기관과 연결되어 있다고 주장한다.

또 제5편 의원론은 동양 의학사에 해당한다고 볼 수 있는
부분으로 중국의 여러 의학자를 소개하고 우리 나라에서도 허
준을 들고 있다. 그런데 그는 특히 후반 때의 유명한 의학자
장중경(張仲景)을 존경한 것이 분명한데, 장중경은 일찍이 질
병의 종류를 여섯 가지로 나누어 태양병, 소양병, 양명병, 태
음병, 소음병, 궐음병으로 나눈 일이 있다. 이 가운데 넷은 이
제마의 사상인과 명칭이 서로 통한다고도 할 수 있다. 바로
이 대목을 소개한 이제마는 그것이 장중경이 병명(病名)으로
이를 사용한 것과 달리 자신은 인간의 체질을 구별한 것이어
서 서로 다름을 강조한다. 광제설에서는 나이에 따라서 또는
직업 등에 따라서도 사람이 서로 다른 성격을 가지는 현상을
설명하고 있어 흥미롭다. 끝으로 제7편에서 그는 한 개 군(郡)
의 인구를 1만 명이라면, 그 가운데 태양인은 3～4명에서 10
여 명 밖에 되지 않고, 대개는 나머지에 속한다고 주장한다.
그에 의하면 태음인이 가장 많아서 5천 명, 소양인이 3천 명,
소음인이 2천 명쯤이라는 것이다. 물론 이 통계의 근거는 전
혀 밝혀져 있지 않지만 아주 재미있는 주장이라 하겠다.

이제마는 1837년 음력으로 3월 19일 함경도 함흥(咸興)의
반룡산(盤龍山) 아래에서 이반오(李攀五)의 아들로 태어났다.
그의 어머니는 주막집의 노처녀였다고 알려져 있는 것으로 보
아 그의 아버지는 양반이었지만, 서자(庶子) 출신이어서 관직
에 나가 출세할 뜻을 당초부터 포기했던 것이 아닐까 생각된
다. 그의 이름 '제마(濟馬)'란 아주 특이한 유래와 의미를 갖
고 있다. 그의 어머니가 그를 잉태하고 있을 때 제주도의 말
을 얻는 꿈을 꾸었다하여 지은 이름으로 그대로 '제주도 말'
이란 뜻이다. 또 그의 호는 동무(東武)인데 이 호 또한 그가

어려서 공부보다는 칼 싸움같은 전쟁 놀이를 좋아했대서 붙여
진 것으로 전해진다. 대원군 이래 특히 개국과 함께 서자에
대한 차별이 적어지면서 그는 1888년 잠깐 장군 김기석(金基
錫)의 추천으로 군관(軍官) 직을 맡았던 일이 있고, 1892년에
는 진해(鎭海) 현감(懸監)을 지냈다. 특히 이때에 그는 사상
의학의 구상을 발전시켜 가고 있었던 것으로 보인다.

이제마는 평생에 역사와 철학 등 여러 방면의 책을 읽었고,
〈동의수세보원〉이외에도 〈격치고(格致藁)〉라는 책도 남긴 것
으로 전해지지만, 사실상 그의 일생에 대한 자세한 정보는 그
이상 전하지 않는 편이다. 불과 1세기 전의 인물이고, 세상에
널리 알려질 만큼 뛰어난 책을 남긴 사람에 대해 이 정도밖에
알려진 사실이 없다는 것은 안타까운 일이 아닐 수 없다.
1893년 7월 진해 현감을 물러난 그는 서울로 돌아왔는데, 이
때 그는 사상 의학에 대한 책을 1893년 7월 13일 시작하여
그야말로 낮과 밤을 가리지 않고 집필을 계속해서 이듬해 4월
13일 마쳤다고 전해진다. 일단 상·하 두 권으로 된 〈동의수
세보원〉을 내놓은 그는 1895년에 고향 함흥으로 돌아가 어머
니 병환을 돌보며, 의원을 열고 환자를 보기 시작했다. 1900
년 다시 이 책을 수정하여 작업을 시작했으나 일을 많이 진행
하지 못하고 그 해에 고향에서 작고했다. 그의 수정판〈동의수
세보원〉은 이듬해 6월 함흥에서 그의 문인들의 모임인 율동계
(栗洞契)에서 발간하게 되어 후세에 전해졌다.

보기에 따라서 그의 사상론은 지금의 과학 방법으로는 이해
하기 어렵고, 또 증명할 수 없는 주장이 많다고 할 수 있다.
그러나 모든 그의 주장이 아주 흥미있는 것이라는 점만은 분
명하고, 또 앞으로도 이 방면의 연구가 필요하다는 느낌을 주

는 점도 있다. 사상인의 장기가 커지고 작아지는 이치를 설명하면서, 그는 사람이 노여움을 자주 느끼게 되면 허리와 늑골이 서로 닿았다 떨어지는 수가 많아 그 자리에 있는 간을 상하거나 작아지게 만든다는 식으로 설명을 하고 있다. 같은 방법으로 기쁨은 지라를, 슬픔은 콩팥을, 즐거움은 허파를 크거나 작게 만들 수 있다는 논리를 펴고 있다.

그에 의하면 체질이 서로 다른 사람들은 당연히 기질도 서로 다르고, 잘 걸리는 병의 종류도 다르며, 당연히 치료의 방법도 서로 다를 수밖에 없다. 요즘 그의 영향을 받은 많은 사상 의학 실행자들에 따르면, 병에 걸리는 경향을 볼 때 태음인은 기관지염, 폐염, 결핵, 천식 등의 호흡기 질환에 많이 걸린다고 한다. 또 태음인은 고혈압, 변비, 치질 등도 많은 편이라는 것이다. 그런데 소음인에게는 위장에 관한 질환이 많다고 보고 있다.

사상인에게 각기 알맞은 약품도 물론 서로 달라서 녹용은 태음인에게나 맞는 약이고, 인삼도 모른 사람에게 좋은 것이 아니라 소음인에게 가장 효험이 좋다는 것이다. 또 각자에게 맞는 음식물도 서로 다르다. 대체로 태양인에게는 포도, 앵두 같은 과일과 조개 등이 좋고, 소양인에게는 돼지고기, 해삼, 참외 등이 좋다. 태음인에게는 쇠고기, 무우, 콩 등이 좋은가하면, 소음인에게는 개고기, 닭고기, 당근 등이 좋다고 한다.

이제마의 사상 의학 이론은 비단 체질에 따른 치료 방법만이 아니라 예방 의학적인 측면에도 나름대로의 영양과 섭생에 대한 체계를 세우고 있다. 이제마의 이론에 의하면 인간의 질병이란 모두 희노애락의 감정에서 비롯한다. 전통적인 유교적 해석에 의하면 이들 감정이 발동하지 않은 상태를 '중(中)'이라 하고, 발동하여 모두 절도에 맞을 때는 '화(和)'라고 한다. 바로 이런 상태에서만 인간은 건강을 누릴 수 있다는 것이다. 따라서 사람이 건강을 지키기 위해서는 희노애락이 모두 각각 절도를 잃거나 지나쳐서는 안된다. 이 감정이 절도를 잃게 되는 까닭은 욕심 때문인데, 이제마는 그 욕심의 원인으로 특히 술(酒), 이성(色), 재물(財)과 권세(權)를 경계하지 않으면 안 된다고 경고하고 있다.

인간의 욕망이야말로 인간을 가두는 감옥이라고 이제마는 설파한다. 바로 이 욕망을 어떻게 다스리는가에 따라 개인의 건강이 달려있다는 것이다. 그리고 개인의 건강은 가정의 화복(禍福)의 근원이 되고 나라의 존망으로 이어진다고도 말하고 있다. 가장 도덕적인 삶을 사는 사람이 건강을 제일 잘 지킬 수 있다는 뜻으로 해석할 수 있다.

단지 질병과 치료에 관한 좁은 의미에서의 의학이 아니라 넓은 뜻에서 인간의 건강 문제를 생각하게 해주는 전통 사상의 독특한 관점을 우리는 이제마의 사상 의학에서 찾아볼 수 있다.

최초의 근대 전기 기술자 상운

우리 역사에서 처음 근대식 서양 과학 기술을 습득한 사람은 111년 전쯤부터 나오기 시작했다. 아니 좀더 정확하게 말하자면 110년 전에서야 근대 과학 기술자가 탄생되었다는 편이 옳다. 1881년(고종 18년) 38명의 유학생이 중국에 파견되었는데, 이들 가운데 몇이 처음으로 근대 과학 기술을 정식으로 공부하고 이듬해 돌아왔던 것이다. 이들이 중국에서 공부한 기간은 반 년을 넘지 못했다. 근대 과학 기술에 대해 전혀 백지였던 유학생이 반 년도 안되는 동안 배웠다는 수준이 얼마나 될까 생각할 수도 있다. 물론 그리 높은 수준의 과학 기술을 배우고 돌아온 것은 아니었다. 하지만 당시는 아직 서양에서도 과학 기술이 그리 높은 수준으로 발달한 때는 아니었기 때문에 그런대로 우리 과학사에 의미 있는 사건이 아닐 수 없다.

상운(尙澐)은 바로 이때에 중국에서 전기를 공부하고 돌아 온 한국 최초의 근대 전기 기술자였다. 그런데 결론부터 말하면, 아직 우리는 이 사람에 대해 아는 것이 거의 없다. 아직 아무도 근대 과학의 성립 과정을 연구한 일이 거의 없고, 또 과학 기술자들은 자신이 하고 있는 일의 역사에 거의 관심을 보이지 않고 있기 때문이다. 하지만 분명한 사실은 머지 않아 상운의 이름은 관계자들 사이에 쟁탈전이 벌어질 것이 분명하다. 〈한국 최초의 전기 기술자〉〈한국 최초의 전기공학자〉 등으로부터 〈한국 최초의 근대 과학자〉〈한국의 첫 기술자〉 등등으로……

상운이 언제 어디서 태어났는지는 알 수 없다. 그가 1881년 중국 유학을 떠났을 때 그는 아직 젊은 나이였던 것같기는 하지만, 정확한 나이는 밝혀져 있지 않다. 당시 유학 길에 오른 일행은 모두 38명---그 가운데에는 학도(學徒)가 25명, 공장(工匠)이 13명으로 나뉘어져 있었다. 상운은 학도 25명의 하나로 들어 있다. 그런데 학도와 공장이 어떻게 다른 사람들이었는지는 설명되어 있지 않다. 아마 이 구별은 신분의 차이때문에 붙여졌던 것으로 보이는데, 과연 학도는 어느 신분층에서 선발된 사람들이었을까? 내 짐작으로는 학도는 중인(中人) 계층에서, 그리고 공장은 그 아래 신분 출신이 아니었을까 생각된다.

이 한국 최초의 근대 기술 유학생을 역사에서는 영선사행(領選使行)이라 부른다. 선발된 유학생을 이끌고 가는 사신이란 뜻에서 '영선사'란 직함을 얻은 인솔자는 뒷날 온건한 개화주의자 고관이 된 김윤식(金允植, 1841~1920)이었다. 영선사가 이끄는 일행이라는 뜻에서 이들 학생들은 '영선사행'으로 알려진 것이다. 당시 중국에서 청 나라는 소위 자강(自强) 운동을 크게 벌려 서양의 과학 기술 등을 배우기에 안간힘을 쏟고 있었고, 이 운동의 주도자 가운데 이홍장(李鴻章)은 특히 동북 지방에서 여러 기관을 세워 서양의 무기 기술과 서양 언어의 습득을 추진하고 있었다. 그 한 가지가 천진(天津)에 세웠던 기기국(機器局)이었다. 상운 등 38명 유학생을 이끌고 김윤식이 간 곳은 바로 여기였다.

별로 많이 알려져 있지 않지만, 1876년 나라의 문을 처음으로 연 조선 왕조는 서양의 과학 기술을 배워야겠다는 필요성을 절실하게 느끼기 시작했다. 이를 배우기 위해 같은 해에 일본에는 대규모의 시찰단이 파견되었고, 중국에는 이들 기술 유학생이 파견되었다. 일본에 갔던 〈일본국정 시찰단〉은 흔히 〈신사유람단〉이란 명칭을 얻고 있고 그 일행에는 쟁쟁한 양반 집안 출신의 고관이 들어 있었다. 이와는 달리 중국에 파견된 유학생들은 양반층은 없었던 것으로 보인다. 처음 김윤식은 고종 임금으로부터 영선사로 임명받고는 바로 20세 미만의 똑똑한 청년을 골라 가려고 했지만, 지원자가 없어서 애를 먹었다. 결국 그는 중국으로 가는 도중까지 지원자를 골라 인원을 채웠을 지경이었다. 또 20세 정도의 학생만으로는 숫자를 맞출 수 없었던 김윤식은 결국 16살부터 40세가 넘는 사람까지를 섞어 선발할 수밖에 없었을 정도로 첫 국비 유학생 선발에는 지원자가 적었다. 일단 천진 기기국에 도착한 일행은 모두 외국어 공부를 원했지 과학 기술 분야를 공부하겠다는 지원자는 적었다. 1881년의 시점에서 조선 사람들이 얼마나 과학 기술에 무지했던가를 보여 준다.

이런 사정으로 볼 때 영선사행에 들어 있는 25명의 학도와 13명의 공장은 아무래도 중인 출신과 그 이하 출신으로 볼 수 있다. 양반은 아무도 과학 기술 분야를 공부할 생각은 하지 않았고, 이미 조선 시대에도 천문학, 수학, 의학 등의 과학 기술 분야를 전담했던 중인 층에서 지원자가 있었을 것같기 때문이다. 그렇다면 상운이란 학도 역시 중인 집안의 출신이었지 않을까 생각된다. 상운 일행은 만주 벌판의 먼지투성이 속을 지나서 1881년 연말에 천진에 도착했다. 유학생은 38명이었지만, 그 우두머리인 영선사 김윤식 이외에도 사무 직원과 통역이 따라 갔고, 의사도 한 명이 따라갔다. 게다가 정식으로 따라간 하인도 14명 이상이나 되어서 일행은 모두 83명이었다. 배보다 배꼽이 더 큰 괴상한 유학생이라 할만했다.

게다가 중국의 천진 기기국은 마침 연말 휴가 중이어서 실제 공부는 다음해 1월 초부터 시작할 수밖에 없었다. 이들 유학생은 간단한 시험을 거쳐 공부할 곳이 배정되었다. 그런데 간단한 시험이란 것은 다름 아닌 외국어 발음 시험이었던 것으로 기록에는 적혀 있다. 당시의 상황을 영선사 김윤식이 일기로 써서 남긴 기록이 그것이다. 외국어 발음 시험이란 지금 생각하면 우수운 일이 아닐 수 없다. 아마 당시 외국어란 것은 영어였던 것으로 보이는데 평생 영어 한 단어도 들어 본 일 없는 조선의 학생들에게 무슨 영어 발음을 시험본다니 이상한 일이 아닌가! 여하튼 이 시험에서 3명만이 합격하여 영어를 공부했는데, 상운은 여기 들어 있지 않다.

상운이 처음부터 전기를 지원했는지는 알 수 없다. 아마 그렇지는 않았을 것같다. 왜냐하면 천진 기기국에는 11개 과학 기술 공부 분야가 있었는데, 디자인, 기계, 무기, 화약, 산(酸), 증기 기관, 전기 등등 11개 전공으로 되어 있었다. 그 어느 분야에 대해서도 당시의 조선 청년들은 아무 사전 지식을 갖고 있지 않았을 것같다. 전기에 대해서도 이렇다할 지식을 갖고 있었을 까닭이 없다. 18세기의 실학자 이익(李瀷)의 글에 보면 한밤중에 비단 옷자락을 스치면 번쩍번쩍 불이 난다는 정도의 기록이 있다. 정전기 현상을 조금 알고 있었던 것이다.

또 1830년쯤에 쓴 글로 보이는 이규경(李圭景)의 글 가운데에는 당시 이미 일본으로부터 정전기 발생 장치가 수입되어 서울에 있었던 것도 알 수 있다. 그러나 그 정도의 지식이 일부에게 알려져 있을 뿐인데 상운이 특히 전기 공부를 지원했을 까닭은 없을 것같다. 상운 역시 영어 공부를 지원했지만, 발음 시험에 떨어져 전기 전공으로 배치된 것일지도 모른다.

어떤 과정을 거쳤거나 상운은 전기 기술을 나름대로 아주 열심히 공부한 것이 분명하다. 그는 남보다 먼저 공무를 마치고 3월 22일 제1차로 귀국 길에 올랐다. 이때 그는 축전지와 코일을 비롯하여 모두 21가지의 전기 기구들과 관련된 책 등을 가지고 돌아왔는데, 아마 이것이 이 땅에 들어 온 첫 전기 기구들이었을 것이다. 근대 과학 기술에 대해 전혀 무지했었던 것이 분명한데 어떻게 상운은 4개월도 되지 않아 이미 전기 공부를 마칠 수가 있었던 것일까? 이런 의문을 가질 수도 있을 것이다. 그러나 돌이켜 보면 아직 당시에는 전기 분야에서도 그리 대단한 발달이 있었던 것은 아니어서 배울 내용은 비교적 간단한 것이었을 것이 분명하다. 게다가 천진 기기국의 교사들이 가르칠 수 있는 내용에는 한계가 있었을 것이므로 상운은 4개월 이내에 그것을 다 배우고 돌아온 것으로 보인다.

그러나 다른 유학생들도 모두 상운처럼 성공적인 과학 기술 공부를 마치고 돌아온 것은 아니었다. 실제로 유학생 가운데에는 처음부터 공부할만한 건강을 갖추지 못한 사람도 있었고, 아마 지능이 모자란 사람조차 있었던 모양이다. 급하게 거의 아무나 지원하면 데리고 간 때문일지도 모르겠다. 38명 가운데 반이 넘는 20명은 공부를 마치지 못하고 도중에 탈락하고 말았는데, 죽은 사람이 1명, 무재자(無才者)란 딱지를 얻어 공부를 못한 사람도 1명이 있고, 정신 병자만도 5명이나 되었다. 한 유학생은 자기가 원하지 않던 전공으로 배치되자 미친 증상을 보이기 시작하여 밤에 잠을 못자고 갑자기 뛰어 나가기도 하고, 때로는 죽여 달라고 애원을 하는가 하면, 어떤 때는 누가 자기를 죽이려한다고 무서워하기도 했다.

이들 일행의 고생은 정부의 송금이 제대로 되지 않아서 더욱 힘든 것이었다. 나라 형편이 말이 아니던 당시로서는 누가 이들 유학생의 경비를 제대로 챙겨줄 수도 없었던 형편이었다. 김윤식은 돈을 꾸러 다니기 바빴고, 유학생들의 끼니가 걱정일 지경이었다. 게다가 1882년 6월에는 나라 안에서 난리가 났다는 소문이 전해져 유학생 일행은 불안해 더 있을 기분도 아니었다. 임오군란이 일어난 것이었다. 그 해 여름 이들 모두가 철수함으로써 우리 역사에서 첫 국비 해외 과학 기술 유학생 파견은 끝났다. 전체적으로 볼 때 이 유학생이 배워 온 과학 기술이란 아직 미미한 수준에 불과했다. 하지만 그런대로 당시로서는 중국에 들어와 있던 내용을 일부나마 소화할 수 있었다는 데 의미가 있었다. 그리고 이 과정을 통해 조선에는 처음으로 근대적인 과학 기술자가 몇 명 나오기 시작했다고 할 수 있다.

전기 기술을 배운 상운은 1883년 삼청동에 기기국이 세워지자 그 위원으로 발탁되었다. 조선의 기기국은 물론 중국의 그것을 흉내내어 만든 것인데 형식적으로만 시작했을 뿐 실제 공장이 세워진 것을 1887년이었고, 그 후에도 별로 활동은 없었다. 상운은 이런 위원 자리에서 별로 할 일은 없었을 것으로 보인다. 그 후 전보국이 설립되자 상운은 이 기관의 위원으로 일했는데, 이 땅에 전기 통신 기술을 도입하는 데 한 몫을 했음을 알 수 있다.

상운은 〈한국 전기 통신의 아버지〉라고도 불릴 수 있을 것 같다. 그러나 그의 그 후의 활약에 대해서 아직 구체적인 것은 알 수 없다. 이렇게 한국의 첫 국비 해외 과학 기술 유학은 그리 큰 성과를 거두지는 못한 채 끝났다. 게다가 이런 유학은 이것으로 그만이어서 그 후의 과학 기술 발달에 이바지할 수가 없었다. 그런대로 당시 상운과 함께 중국 유학을 마친 몇 사람들이 그 후의 우리 과학 기술 수준 향상에 이바지한 분야가 조금 눈에 띌 뿐이다. 황귀성(黃貴成)은 산, 알콜, 수은 등의 약품을 가져다가 처음으로 국내에서 화학 실험을 했고, 조한근(趙漢根)은 수뢰포(水雷砲)란 폭탄을 스스로 만들어 폭발시키는 실험을 보여 주었고, 고영철(高永喆)은 한국 최초의 영어 통역이 되었던 것으로 보인다. 불행한 최근세사를 경험한 우리에게는 심한 역사의 단절 현상이 남아 있다. 후손들이 손을 들고 나서 뿌리 찾기 운동에 동참하지 않는다면 우리는 자랑스런 이들의 이름을 더욱 더 잊어만 갈 것같아서 안타깝다.

과학 대중화 운동의 기수 김용관

서점에 들러 보면 지금은 그래도 여러 가지 과학 잡지가 눈에 띈다. 또 과학 잡지도 여러 가지로 분화되어서, 특히 컴퓨터 관계 전문 과학지도 여러 가지가 나오고 있다. 그렇지만 이 나라에서는 과학 잡지가 '팔리는' 시대는 아직도 먼 것으로 보인다. 그런데 반 세기 전에 이미 과학 잡지를 내고 있던 사람들이 있다. 그리고 그 때의 과학 대중화 운동의 기수 노릇을 했던 대표적 인물은 김용관(金容瓘, 1897~1967)이다.

1933년 6월호로 창간한 〈과학 조선(科學 朝鮮)〉은 우리 나라 최초의 종합 과학 잡지다. 그 전에도 과학 잡지가 시도된 일은 있었지만, 몇 번 계속해 간행되지는 못했다. 그러나 김용관의 〈과학 조선〉은 1년 뒤에 약간 중단된 일도 있기는 하지만 1944년 1월 종간될 때까지 명맥을 유지했던 우리 나라의 대표적 과학 잡지였다. 지금 우리 둘레에 있는 〈과학 동아〉〈과학〉 등의 과학 잡지는 모두 70년대 이후의 것이니 오히려 아직도 〈과학 조선〉의 수명을 따라 잡지 못한 형편이다.

일제 시대의 과학 대중화 운동이 얼마나 중요한 것

김용관

인가는 한번 생각해 보면 분명해진다. 일제 시대에는 아직 한
국에는 과학이랄 것이 없다고 해도 좋을 정도로 과학 기술의
미개지였다. 1910년 나라를 일본에 뺏긴 조선인들은 조금씩
과학 기술의 중요성에 눈뜨기 시작하고는 있었지만, 일본은
조선인에게는 과학과 기술의 교육을 철저하게 거부하는 그런
태도였다. 1926년 일제는 조선에 경성 대학이란 첫 대학을 세
우기는 했지만, 법문학부와 의학부 등으로 구분되어 있었을
뿐이지 이공과는 설치하지 않았다. 과학자나 기술자로 교육받
기 위해서는 일본 유학을 하지 않아서는 안되도록 만들어 조
선인의 과학 기술 수준을 아주 낮게 묶어 두고 있었다.

　김용관 등이 과학의 대중화 운동을 벌이게 된 것은 바로 당
시 일제하에 신음하고 있던 민족의 역량을 기르는 문제와 연
결된다. 3·1운동 이후 활동은 상당히 자유로워졌지만, 분명한
민족 운동을 벌릴 수는 없었다. 당시의 민족 지도자들은 민족
운동과는 직접적 관계가 없어 보이는 과학 대중화 운동을 통
해 간접적 민족 운동을 시작하고 있었고, 〈과학 조선〉을 둘러

싼 과학 대중화 운동은 바로 그런 성격의 것이었다.

원래 과학 잡지 〈과학 조선〉은 김용관이 전무이사라는 직함으로 중심역을 맡고 있던 발명 학회라는 기관에서 1933년 기관지로 창간한 것이었다. 그러나 이듬해 1934년에 이 단체는 다시 과학 지식 보급회라는 별개의 단체를 만들고, 잡지를 새 기관에서 만드는 본격적인 대중 과학 잡지로 체제를 바꿨다. 그리고 잡지와는 별도로 4월 19일을 〈과학 데이〉로 정하여 해마다 다채로운 행사를 벌려 과학의 대중화 운동을 펼쳐가기로 정했다. 여기 참가한 인사들은 윤치호, 이인, 여운형, 김성수, 방응모, 송진우, 이종린, 최규동, 조동식, 현상윤, 이하윤, 윤일선 등등 당시의 언론인, 작가, 사업가, 교육자, 학자 등 민족 지도자가 고르게 가담하고 있었다. 말이 과학 운동이지 실제로는 일종의 민족 운동 그것이었다.

1935년 〈과학 데이〉 행사는 전 해의 행사보다 훨씬 요란했고, 아마 우리 역사상 가장 거창한 과학 관계 행사였음이 분명하다. 지금의 〈과학의 날(4월 21일)〉 행사가 벌어지고는 있지만, 지금의 그것은 반세기 전의 것에 비하면 멋도 없고 국민적 관심도 거의 없는 형식적인 잔치로 퇴색한 감이 있다. 1935년 4월 19일 〈과학 데이〉에는 서울에 있는 자동차가 거의 총동원되어, 종로에서 안국동을 돌아 을지로로 이어지는 카퍼레이드가 열렸다. 당시 동원된 차래야 모두 54대였지만, 아마 당시 서울의 자동차가 그보다 별로 더 많지 않았을 것같다.

〈과학 데이〉라 쓴 큼직한 깃발을 앞세운 행진은 군악대가 선도했는데 이 행사를 위해 특별히 김안서가 시를 쓰고, 홍난파가 작곡한 '과학의 노래'가 연주되었다.

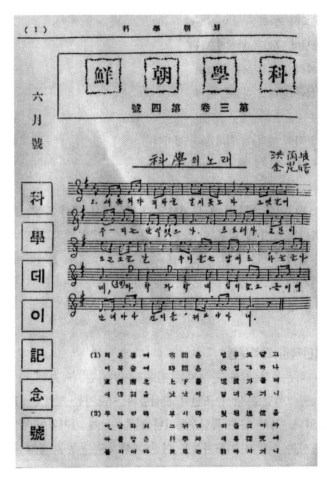

〈과학조선〉의 '과학데이' 기념호

새 못되야 저 하늘 날지 못하노라/그 옛날에 우리는 탄식했으나/

프로페라 요란히 도는 오늘날/우리들은 맘대로 하늘을 나네/

(후렴) 과학 과학 네 힘의 높고 큼이여/간 데마다 진리를 캐고 야마네

이 날 밤 종로의 YMCA에서는 합창단이 이 노래를 불렀고 기념식에 이어서는 여운형의 강연 '과학자에게 고(告)하는 일언(一言)'도 있었다. 라디오 방송이 이 날의 행사와 함께 과학 강연을 방송했고, 비슷한 행사는 평양, 신천, 원산, 개성 등지에서도 열렸다. 이 행사를 전후해서 〈조선일보〉〈조선중앙일보〉 등의 3대 신문은 연일 특집 기사를 내고 포스터를 실어 주었다.

지금 우리가 〈과학의 날〉이라고 기념하는 4월 1일은 1967년 과학 기술처가 간판을 단 날을 기념해서 정해진 것이어서 아직 30년도 되지 않았다. 그런데 이 날을 정할 때 과학 기술 관계자들은 김용관도 몰랐고, 우리의 과학사에는 관심도 없는 채였기 때문에, 이미 1934년부터 5년 동안 〈과학 데이〉가 훨씬 화려하고 장렬하게 진행되었다는 사실을 몰랐다. 지금이라도 〈과학의 날〉은 당연히 59년 전의 〈과학 데이〉 4월 19일로 옮겨져야 마땅하다.

아직 과학자다운 과학자, 기술자다운 기술자라고는 거의 손가락으로 세어도 잡히기 어렵던 30년대의 식민지 조선에서는 우선 과학의 대중화 운동이 선결 조건이었다. 그 중심 역할을 담당했던 김용관은 1897년 3월 21일 서울 창신동에서 여유 있는 상인 김병수(金丙洙)의 아들로 태어났다. 1918년 경성 공업 전문 학교에 들어가 화공학을 공부한 그는 곧 일본 동경에 있는 구라마에 고등 공업 학교 요업과에 입학했지만, 3·1 운동 직후에 귀국해 버려 이 학교를 졸업한 것으로는 보이지 않는다. 귀국해서는 부산에 있던 도자기 회사를 다니다가 서

울로 옮긴 그는 잠깐은 중앙 공업 시험소에서 일하기도 했다.

하지만 그는 곧 이 일을 그만두고 1924년 발명학회를 설립하는 주역을 담당했고, 이 기관이 1933년에 〈과학 조선〉의 발행을 시작했던 것이다. 이 시대 한국 과학사가 아직 연구되지 않았기 때문에 일제 시대 대표적 과학 운동가 김용관의 일생에 대해서는 아는 것이 너무나 부족하다. 그가 중심되어 창립했던 발명학회는 아직 조선인 발명가도 별로 없던 시절이어서 발족된지 반 년만에 알려져 있는데, 그가 경제적으로 어떤 형편에 있었던가는 그저 짐작을 할 수 있을 뿐이다.

김용관은 공업 전문 교육을 받는 과정에서부터 안정된 자리를 얻어 정착할 줄 모르는 그런 인물이었던 것으로 보인다. 아마 경제적으로 상당히 어려웠을 그가 어떻게 1932년에는 다시 발명학회를 부활하고, 이듬해에는 〈과학 조선〉을 창간할 수 있었던가는 수수께끼가 아닐 수 없다. 여하튼 그는 여러 지도층 조선인들을 동원해서 그의 과학 대중화 사업을 추진하는 데에는 대단한 정열과 추진력을 보여 주었다. 한 번 발명학회를 시작하고, 이어서 과학 지식 보급회를 만들면서 이 기관에서는 과학 기술 관계 책만이 아니라 역사, 철학, 문학 등의 책들을 마구 찍어 냈고, 이런 사업에서 어느 정도 수입을 올렸던 것으로 보인다.

그러나 진짜 중요한 수입원은 당시 유지들의 헌금이었다. 당시 과학 지식 보급회 회장을 맡았던 윤치호와 이인은 각각 300원을 기부했고, 박길룡은 200원 등 여러 기부금 납부자가 있었는데, 이 돈은 지금 기준으로 환산하면 각각 1천만 원 이상의 가치가 있는 것으로 보인다. 당시 〈과학 조선〉 1권은 20전이었으니까, 300원이라면 이 잡지 1천 5백 권에 해당된다.

지금 잡지 한 권을 5천 원으로 잡아 1500권의 값을 계산해 보면 750만 원이 된다. 아마 1934년의 300원은 1993년의 750만 원 보다는 훨씬 더 가치 있는 액수였을 것이 분명하다.

그는 1938년 제5회 〈과학 데이〉 행사 중에 일본 경찰에 붙잡혀 옥고를 치르게 되었다. 이와 함께 〈과학 데이〉도 그리고 김용관이 그렇게나 열성으로 뛰고 있었던 과학 대중화 운동도 시들기 시작했고, 〈과학 조선〉 역시 명맥 유지가 어려워져 갔다. 정확히 무슨 이유로 그가 경찰에 붙잡혀 가게 되었던가는 역시 앞으로 연구해 볼 일이다. 그러나 그 표면적 이유가 무엇이건 조선인들 사이에 활발하게 벌어지고 있는 과학 운동을 일제는 이때쯤에는 확실히 위험한 것으로 파악하게 되었고, 그래서 다른 민족 운동이나 마찬가지로 탄압하기로 결정한 것만은 분명하다.

김용관이 언제 황해도 재령으로 낙향했는지는 확실하지 않다. 그러나 1940년 〈과학 조선〉이 복간되었을 때 그는 재령에 있는 명신(明新) 중학교 교사 자격으로 '독가스에 대하여'란 글을 투고하고 있다. 김용관은 일본 경찰에서 언제 어떻게 풀려나 재령으로 갔던 것일까? 같은 잡지에는 '보석 이야기'라는 글도 실려 있는데 필자가 김덕중(金悳中)이라고 되어 있다. 아마 그의 장남이 쓴 글인 것같다. 김용관은 2남 2녀의 자녀를 두었는데 평생 밖으로 나가 활동하였기 때문에 가정에서는 그리 살뜰한 아버지 노릇은 못했던 것같다.

해방 후 그는 전공했던 요업 분야에 관계하기 시작해서, 서울 공업의 요업과 교사, 특허국 심사관, 발명협회 부회장을 지냈고, 11개의 특허를 얻기도 했다. 그러나 해방 이후 그는 30년대에 그렇게도 열성이었던 대중화 운동에는 전혀 관심을 보이지 않은 것같다. 그리고는 1967년 9월 24일 장암으로 세상을 떠났다.

암울했던 1930년대의 식민지 조선…… 그 속에서 과학의 대중화를 통해 민족 갱생의 길을 찾아 보려 했던 선각자들 가운데 대표였던 김용관은 당대의 대표적 과학자이다. 박사 학위도 교수의 자격도 없었지만, 김용관은 30년대 과학 운동의 기수로서 우리 역사에 길이 기억될 인물이다. 한국 근대 과학 잡지를 창간한 사람으로, 또 〈과학의 날〉의 첫 창시자로도 그는 역시 잊혀질 수 없는 존재임이 분명하다.

이 땅에 육종학 씨 뿌린 우장춘

과학자 가운데 가장 유명하면서도 마치 공자, 예수, 석가에 다음 갈만한 성인(聖人)처럼 여겨졌던 아인쉬타인이 지금 흙탕물 세례를 받고 있다. '92년 7월 말 영국의 〈더 타임즈〉는 사설까지 써 가며 아인쉬타인을 너무 욕하지 말자고 나섰던 일이 있었다. 아인쉬타인은 알려진 것과는 달리 바람둥이에다 아내를 때렸고, 아들로부터 비난받는 별 수 없는 인간이었다는 사실이 밝혀지자, 〈더 타임즈〉는 그의 과학적 업적과 그의 인간됨을 혼동하지 말라고 경고하고 나선 것이다.

사람됨과 그 과학적 업적을 혼동하지 말라는 말에 생각나는 우리 나라 과학자 중에 육종학자 우장춘(禹長春, 1898~1959)이 있다. 그는 거의 모르는 사람이 드물 정도로 유명하지만 그처럼 기구한 운명의 인간도 그리 많지는 않을 것이다.

우장춘은 1898년 일본 동경에서 태어났다. 아버지는 구한국의 군인으로 일본에 망명해 있던 우범선(禹範善, 1857~1903)이었고, 어머니는 일본 여성 사까이(酒井)였다. 우범선은 중인(中人) 집안에서 태어났지만 한말에 새로 신식군대가 만들어지자 이에 가담하여 별기군

우장춘

(別技軍)의 참령(參領)이 되고, 1895년 을미(乙未)사변에는 훈련대의 제 2대대장이 되어 가담하게 되었다. 을미사변이란 일본 군대가 1895년 10월 7일 밤 경복궁에 침입하여 8일 새벽, 민비를 무참하게 살해한 사건이다. 그의 부하는 대략 2백 명쯤이었을 것으로 추산되고 있는데, 때마침 군대가 해산된다는 바람에 모두들 장래에 대한 깊은 불안에 떨고 있었던 것으로 알려져 있다. 그러나 우범선이나 다른 한국 군대가 직접 민비를 살해한 것으로는 보이지 않는다.

하지만 일본인들의 만행에 결과적으로 들러리를 서게 된 것은 분명하고, 따라서 1903년 히로시마에서 우범선을 암살한 고영근(高永根)은 뒤에 구한국 정부로부터 포상을 받기도 했다. 우장춘은 나이 5살 때였고, 그의 어머니는 31살, 암살당한 그의 아버지는 46살 때의 일이다. 젊은 나이에 홀로 된 그의 어머니는 살림을 꾸릴 수가 없어 얼마동안 우장춘은 동경의 절에 있는 고아원에 맡겨졌다. 그는 평생 자식들에게 음식을 가려 먹지 말라고 가르쳤는데, "왜 아버지는 감자는 안 잡수

시느냐?"는 딸의 항의에 대해서는 자기는 보통 사람들이 평생 먹고도 남을 만큼의 감자를 그 고아원 시절에 먹었다고 대답했다는 일화가 전해진다.

형편이 나아지자 그의 어머니는 그를 찾아 데리고 히로시마로 돌아가 세 식구는 함께 살 수 있었고, 그는 근처 구레(吳)시라는 곳에서 국민학교와 중학교를 마치고 1916년 봄 동경 대학의 3년제 농학(農學) 실과에 입학하여 3·1운동이 있었던 1919년 졸업했다. 졸업과 함께 그는 일본 농림성의 농사시험장에 직장을 얻었다. 생활이 안정되면서 1921년에는 스나가고 하루(須永小春)라는 소학교 교사와 결혼도 하게 되었다. 특히 1929년과 30년 사이에 그가 발표한 페튜니아와 나팔꽃에 대한 육종학 논문들은 그의 이름을 세계 학계에 알리게 되었다. 이런 연구는 더욱 발전하여 1936년 5월에는 모교인 동경 대학으로부터 농학 박사 학위를 받게 되었다.

당연히 박사 학위를 받은 그에게는 연구소에서의 직위도 기사(技師)로 높아지게 마련이다. 그러나 실제로 기사로 발령이 난 지 하루만에 그의 승진은 취소되었고, 이듬해에는 아예 이 연구 기관에서 떠날 수밖에 없게 되었다. 조선인의 성을 그대로 지키고 일본식으로 성을 고치지 않았던 것이 이유였다고 전해진다. 그는 그의 이름을 일본식으로 읽어 '나가하루 우(Nagaharu U)'라는 영어 이름으로 그의 논문을 발표했다. 또 그의 아버지는 다른 개화파 인사들과 마친가지로 일본에 있는 동안 일본식 이름을 지어 사용했다.

그의 아버지 우범선이 일본에서 쓴 일본식 이름은 기 타노 이뻬이(北野一平)였다. 그와 가까웠던 박영효(朴泳孝)는 야마사끼 나가하루(山崎永春)였고, 이와따 슈사쿠(岩田周作)이었다.

우장춘이 성을 우(禹)씨로 고집한 것은 그 나름의 조국에 대한 사랑의 표시였음이 분명하다. 그 대신 그는 2남 4녀의 자식들에게는 어머니의 성을 따르게 해 주었다. 하기는 같은 부모를 가진 그의 남동생은 전혀 다른 일본인 성을 얻어 살고 있기도 하지만…….

1937년 이래 다끼이 연구농장의 책임자로 일하던 우장춘은 1945년 일본의 패망과 함께 교오또(京都)의 죠호지(長法寺)에서 농장을 경영했다. 해방은 되었지만 과학 기술자라고는 열 손가락에도 꼽을 수 없었던 당시의 한국에서 그를 초청하려 노력했음은 물론이다. 1950년 3월 귀국한 그는 농업 과학 연구소장, 원예 기술원장, 원예 시험장 등을 맡아 이 땅에 육종학의 씨를 뿌리다가 1959년 8월 10일 새벽 3시 10분 서울의 중앙 의료원에서 위궤양과 복막염 등으로 입원한지 3개월만에 영면했다.

구한국 역적의 아들로, 게다가 일본인 어머니에게서 태어났던 우장춘에게는 우리가 상상할 수 없을 만큼 개인적 고뇌가 컸던 것같다. 그가 자식들에게는 일본식 성을 주면서 자신을 한국 이름을 고집한 것, 그리고 52살의 나이에 편안한 일본 생활을 포기하고 고난의 한국 행(行)을 결심한 것 등은 반세기 전의 실정으로는 대단한 집념이 아닐 수 없다. 우장춘은 세계적인 학자는 아니었지만, 1950년대의 한국인 농학도들에게는 어느 다른 세계적 학자 이상으로 귀한 지도자였다. 그리고 그의 기구한 운명을 무시한 채 그의 과학적 업적만을 평가하기란 더 어려움을 느끼게 된다.

나비 박사 석주명

이 땅에서 근대 생물학이 시작된 것은 아무래도 1920년대 이후로 잡을 수밖에 없을 것 같다. 그때쯤에서야 처음으로 일본 유학에서 돌아온 조선의 청년들 사이에 생물학 다운 생물학에 대한 관심이 나타났기 때문이다. 이런 근대적 생물학자 가운데 가장 우리에게 기억되고 있는 인물이 석주명(石宙明, 1908~1950)이다. '나비 박사'란 별명으로 더 유명한 석주명은 우리 나라의 나비 연구에 탁월한 공을 남긴 한국 과학의 개척자의 한 사람이었다.

그런 석주명의 글이 작년 봄에 완전히 정리되어 책으로 나왔다. 그는 이미 생전에 나비 목록 등을 냈고, 또 제주도에서 나비를 연구하면서 제주도 방언(方言) 등 제주도에 대한 책도 몇 권 써 냈다. 그러나 그런채로 한국 전란 속에 유명을 달리한 석주명에 대해서는 더 이상 자료를 정리해 낸 일은 없이 지금까지 40년 이상의 세월이 흐른 것이다. 그러다가 1992에서야 그의 여동생으로 한국 복식사(服飾史)의 권위자로 널리 알려져 있는 단국대 민속박물관장 석주선(石宙善) 교수가 자기가 소장하고 있던 원고를 마저 정리해서 〈한국 본

60만 마리의 나비를 채집한
나비 박사 석주명

위 세계 박물학 연표)와 수필집 〈나비 채집 20년의 회고록〉을 출판했다. 모두 12권의 책을 남기고 석주명은 이제 일단 과학사 속의 인물로 남게 된 셈이라 할까? 앞으로 우리 학계에 남겨진 과제가 있다면, 과학사 학자들이 석주명의 업적과 일생을 연구 평가하는 작업일 것이다.

석주명이 남긴 글은 이제 모두 책으로 남아 있게 되었지만, 사실 그에 대한 역사의 평가는 아직은 제대로 시작도 되지 않은 상태다. 과학사의 연구가 아직 우리 나라 현대 과학의 성장 과정을 조명할 만큼 발달해 있지 않다. 석주명은 1908년 11월 13일 평양에서 아버지 석승단과 어머니 김기석의 3남매 가운데 첫째로 태어났다. 개성의 송도 고등 보통학교를 졸업한 석주명은 일본에 건너가 가고시마(鹿兒島) 고등 농림학교 농학과를 1929년 졸업하고, 귀국해서는 15년 동안 모교인 송도고보의 교사로 근무했다.

그가 한국 생물학의 개척자로 후세에 이름을 남기게 된 것은 바로 이 동안의 활약때문이었다. 특히 석주명은 부임 첫해에 이미 송도고보에 많은 나비를 채집해 전시하고 있었는데, 그것이 1929년 겨울에 벌써 남의 주목을 받게 되고 그것을 계기로 그의 활동은 외국에까지 알려지기 시작했다. 우리 나라의 나비 연구에 관한 한 그는 세계 학계에 그 대표자로 알려졌던 것이다. 그 계기가 된 사건은 아주 우연한 일이었다. 몽고 지방의 탐사 여행을 마치고 일본으로 돌아가던 모리스란 이름의 미국인 지질 학자가 우연히 그의 나비 표본을 구경하게 되었다. 그는 당연히 서울로 가던 중이어서 우연이 아니라면 그가 개성을 들를 까닭은 없었다. 그런데 당시 일본말로 개성(開城)은 '가이조'였고, 서울은 경성(京城)이어서 '게이조'였다. 우리말을 모르는 미국인에게 '가이조'가 '게이조'라 들렸던 것은 이상할 것도 없는 일이었다. 잘못 알아들은 실수로 개성역에 내린 모리스는 할 일 없이 다음 기차 시간을 기다리며 우연히 송도고보를 들렀던 것이다.

모리스의 격려에 힘을 얻은 석주명은 다음 해부터 미국의 박물관과 동물 표본의 교환을 시작했다. 이어 1933년부터는 미국 하버드 대학교 비교 동물학 과장의 도움을 받아 다른 서양 학자들에게도 알려지기 시작했다. 이런 과정으로 서양에 그의 업적이 알려지자 1941년 영국 왕립학회는 그에게 연구비를 제공하며 한국 나비 목록작성을 부탁하기도 했다. 석주명은 이제 틀림없이 '나비 박사'가 된 것이었다. 그는 이 연구를 위해 일본 동경 대학 도서관에 파묻혀 영문판 한국 나비 목록을 완성했다고 한다.

그러나 그의 한국 나비 연구는 이런 정도에서 대강 끝을 맺고 있었던 것으로 보인다. 그 자신이 성과를 어떻게 평가했는지는 알 수 없지만, 일본이 미국과 전쟁을 시작하면서 석주명의 학술 교류도 저절로 끝나버렸기 때문이다. 그가 한참 공부에 열성이었고 또 그럴 수 있었던 때 미국 과학자의 자극을 받았던 것은 여간 다행한 일이 아닐 수 없다. 그런 자극이 없었더라면 아마 그는 몇 년 동안 열을 올리다가 제 풀에 지쳐 주저앉아 평범한 고등학교 교사가 되었을 것이 아닐까? 그러나 10년쯤 열심히 뛰던 그의 나비 연구 활동은 전쟁의 소용돌이 속에서 시들기 시작했다. 여하튼 그의 나비 연구는 끝나고 있었다.

1943년 그는 제 2의 고향 개성을 떠나 제주도로 향했다. 왜 그랬을까? 그는 개성을 떠날 때 그가 수집했던 60만 마리 이상의 나비 표본 등을 송도고보 운동장에서 불태웠다고 전한다. 제주도에는 당시 경성제대 생약(生藥) 연구소가 있었고, 그는 바로 그 연구소의 소장으로 떠나는 길이었다.

제주도에서의 석주명은 이미 나비 연구의 과학자가 아니었다. 엉뚱하게도 그는 언어학 연구에 열성을 보여 제주도 방언을 채집하여 책으로 냈는가 하면 제주도의 옛 문헌을 조사해서 역시 책으로 냈다. 그는 또 한국 초창기 에스페란토 운동의 대표적 인물로 꼽힐만하다. 세계 사람들의 공용어로 제작되어 보급되고 있던 에스페란토를 석주명은 왜 그리도 열심히 배워 보급하려 했던 것일까? 언어학에도 재주가 있었던 것이 분명하기는 하지만, 석주명이 왜 에스페란토에 열성이었고, 또 제주도 방언 연구로 방향을 돌렸는지는 아직 밝혀져 있지 않다.

해방은 석주명을 다시 서울로 보냈다. 잠시 농사 시험장의 병리 곤충부장이란 자리에 있던 그는 곧 이듬해 국립 과학관의 연구원장으로 옮겼다. 지금 국립 과학관은 대덕에 있고, 서울 과학관이 서울 창경궁 옆에 있지만, 당시의 국립 과학관이란 남산 기슭에 있었다. 아직 30대 후반의 젊은 석주명이었지만, 그에게는 이미 개성 시절과 같이 한가하게 연구에 매달릴 여건은 사라진 채였던 것같다. 2차대전 중에도 그랬지만, 해방 직후 몇 년 동안의 국내 정세란 공부하는 사람에게는 암울하기 짝이 없는 혼란기였기 때문이다.

이런 가운데 1950년에는 한국전쟁이 벌어졌다. 그리고 국군이 다시 서울을 찾은 1950년 9월 28일에서 일주일쯤 뒤 그가 근무하던 국립 과학관에 불이 났다. 석주명은 표본을 구하려고 불에 뛰어 들었다가 끝내 숨졌다고 전한다. 다른 소문으로는 그는 적의 총을 맞아 희생되었다고 전해지기도 한다. 그 해 10월 4일의 일이었다.

어떤 경우였건 그의 죽음은 비극적이었던 것이 사실이다. 과학관에서는 굶주리는 동료 직원들과 고구마를 나눠 먹었다는 일화도 있고, 또 기타를 썩 잘 연주했다는 말도 전해진다. 나름대로 멋 있는 남자였을 것같다. 그러나 다른 한편으로는 그는 가정적으로는 그리 행복했던 것으로는 보이지 않는다. 그는 자기 서재를 안에서 잠가 두고 밖에는 초인종을 달아 두어 자기가 필요할 때만 그 종을 눌러 사람을 불렀다고 전한다. 너무 연구에만 몰두하여 그랬던 것일까? 하기는 그는 "시간을 아껴 써야 한다." "조각난 시간을 활용하지 못한다면 공부에 효과를 볼 수 없다."는 말을 했다고도 전해진다.

생물학자 석주명은 1929년부터 1943년 사이에 그 활약을 크게 하고, 그 후에는 혼란기의 고생을 이기지 못한 채 사라져 간 것으로 보인다. 1908년에 나서 1950년에 세상을 떴으니, 만 42년의 생애 동안 그는 21살부터 34살까지 우리 나라 나비의 조사 연구로 세계적 평가를 받을 수 있었다 하겠다. 그는 〈한국 접류(韓國 蝶類)의 연구사(硏究史)〉라는 그의 글에서 나비 연구를 중심으로 우리 나라 근대 동물학사를 이렇게 시대 구분한 일이 있다.

(1) 제1기(1882~1901)… 서양인이 탐험 조사한 기록의 시기

(2) 제2기(1905~1929)… 일본 학자들이 주로 활약한 시기

(3) 제3기(1929~1939)… 한국인들이 활동하기 시작한 시기

(4) 제4기(1940년 이후)… 나비 연구의 정리 시기

그가 여기서 지적한 것처럼 실제로 1930년 이후에서야 한국인 생물학자들은 활약을 시작했다. 1911년에 이미 정태현(鄭台鉉)은 식물 채집을 시작했다지만, 그밖에 석주명, 조복성(趙福成), 이덕봉(李德鳳) 등이 30년대에 활약하고 있었다. 이들을 아직 생물학(生物學)이란 표현보다는 박물학(博物學)이란 말을 쓰고 있었음을 알 수 있다. 즉 생물을 채집하고 분류하고, 그리고 전에 알려져 있지 않았던 새로운 종(種)이 있는가를 밝히는 작업이 중심되는 그런 생물학이었다. 지금 생물분류학이라 부르는 그런 분야만이 존재하고 있었다 할 것이다.

석주명의 생물학은 이런 뜻에서는 지금의 생물학과는 거리가 있다. 그러나 오늘의 생물학은 서양에서도 이런 박물학 단계를 거쳐 발달해 왔다. 찰스 다윈이라면 진화론을 주장하여 세계 과학사에 이름을 남긴 위대한 생물학자로 여겨지지만, 사실 그가 한 일도 거의 박물학자로서의 일이었다. 1831년부터 5년동안 다윈이 영국해군 탐험선 비글 호(號)를 타고 세계를 일주하면서 한 일은 바로 생물을 채집하고 관찰하고 또 비

교해 보는 일이었던 것이다. 그런 방대한 자료에서 얻은 결론
이 바로 진화론이었던 셈이다.

　석주명의 60만 마리가 넘는 나비 표본은 석주명에게 진화론
같은 위대한 일반 이론을 만들어 주지는 못했다. 또 나비만을
관찰하고 채집해서 그런 큰 이론적 업적이 나오기는 어려웠을
것도 분명해 보인다. 따라서 석주명을 세계적 과학자라고 고
집하기는 어려운 일이다. 하지만 그가 30년대에 이룩했던 업
적은 당시 한국인이 이룩할 수 있는 최고 수준의 것이었음을
부인할 수 없다. 석주명은 이 작업을 통해 한국 과학사에 가
장 훌륭한 박물학자이며 생물학의 확실한 개척자로, 그리고
'나비 박사'로 이름을 남기게 된 것이다.

제 2 장

한국인의 과학 정신을 보여 주는 과학유산

우리 과학사의 보물, 첨성대
한여름에도 얼음을 먹게 해주었던 석빙고
푸른 비색의 비밀, 고려청자
세계 최초의 금속활자
화약
세계에서 가장 과학적인 문자, 한글
자동 시보 장치를 갖춘 물시계
중국도 부러워한 우리 해시계
천체 운동의 계산법을 밝힌 책 〈칠정산〉
세계 최초의 우량계, 측우기
강, 시냇물의 흐름을 쟀던 수표
조선인의 긍지, 거북선
가장 한국적인 한의학 〈동의보감〉
가장 오래 된 추시계, 혼천시계
하늘의 모양을 돌에 새긴 〈천상열차분야지도〉

우리 과학사의 보물, 첨성대

경주에 지금도 우뚝 솟아 있는 첨성대(瞻星臺)는 세계에서 가장 오래된 천문대의 하나로 널리 알려져 있다. 바빌로니아, 이집트 그리고 중국 고대의 천문대가 모두 알려져 있고, 또 첨성대보다 오래 전의 것이지만 지금 확실하게 옛 모습을 남기고 있는 것은 없다. 지금 있는 것이라면 모두 최근에 다시 지어 놓은 복원품(復元品)일 뿐이다. 그것도 나름대로 기록을 존중해서 만들어 놓은 것이기는 하지만, 꼭 그런 모양이었다는 확증은 없다.

하지만 경주의 첨성대는 1350년이 지나고도 옛날의 그 모습 그대로를 보여 주고 있는 자랑스런 우리의 과학 유산이다. 360여 개의 돌을 정성들여 쌓아 만든 첨성대는 높이가 9미터 남짓의 병모양을 하고 있다. 아래 지름은 5미터, 위 지름은 거의 3미터, 위로 올라갈수록 가늘어지는 원통형 또는 병모양을 하고 있는 첨성대는 잘 살펴 보면 위에 4각형의 돌이 놓여 있고, 사실은 아래 부분도 4각형의 돌단이 있다. 또 그 한가운데에 남쪽을 향한 창이 하나 있는데 그 크기는 가로와 세로가 각기 1미터쯤이다. 창 아래와 위를 모두 12단(段)씩 돌

국보 31호로
경북 경주시에 있는
첨성대

을 쌓아 만들었는데, 창은 3단에 걸쳐 있으니까, 첨성대는 모두 27단의 돌을 쌓아 만든 셈이다.

〈삼국유사(三國遺事)〉에 보면 첨성대는 신라 선덕여왕(善德女王) 2년 즉 633년에 만들었다고 적혀 있다. 그런데 이 〈삼국유사〉보다 150년 앞서 보다 자세하게 삼국 시대 역사를 써 놓은 〈삼국사기(三國史記)〉에는 첨성대에 대한 기록이 전혀 보이지 않는다. 그러나 조선 시대 초기에 쓰여진 〈세종실록(世宗實錄)〉에는 첨성대가 633년에 만들어졌고, 가운데로 사람이 올라갔다고 적고 있다. 또 그보다 조금 뒤에 나온 〈동국여지승람(東國輿地勝覽)〉에서는 사람이 오르내리며 천문을 관측했다고 분명하게 기록하고 있다. 뒤로 갈수록 정보가 좀더 확실해지면서 첨성대가 실제 천문 관측에 사용되던 천문대였음을 보여 주는 것이다.

그러나 보기에 따라서는 첨성대가 정말로 8세기 신라 사람들이 천문대로 사용하던 것이냐가 의문스런 점도 없지 않다. 몇 해 전 첨성대에 대한 논쟁이 떠들썩하게 벌어졌던 것도 바로 그런 연유에서였다. 정말로 경주의 넓은 평지에서 별을 관측하기 위해 9미터를 올라갈 필요가 있었던 것일가? 아니 이왕 올라갈테면 더 높은 천문대를 만들지 왜 겨우 10미터도 안 되는 것으로 했단 말인가? 또 천문 관측을 위해 사람이 올라갔다면, 오르내리는 길도 계단같은 것을 만들어 편리하게 하고, 올라간 천문학자들이 일하기 편하게 좀더 널직하게 만들 수도 있었을 것 아닐까?

이런 이유를 들어 어떤 사람은 첨성대가 천문대로 실제 사용된 것이라기 보다는 수학적 상징물이라고 주장했고, 또 다른 사람은 일종의 해시계에 해당한다고도 말했다. 또 다른 학자는 이것은 천문대라기 보다는 당시 크게 유행하고 있던 불교의 수미산(須彌山)을 본떠 만든 일종의 제단(祭壇)에 지나지 않는다고도 주장하고 나섰다. 물론 과학자 몇 사람은 첨성대는 지금의 천문대에 손색없는 훌륭한 천문대라고 주장했다. 텅 비어 있는 첨성대의 한가운데를 타고 올라가 그 위에서 천문 기구를 놓고 관측을 하는 데 조금도 불편하지 않다는 것이었다.

이런 여러 갈래의 주장에는 모두 그럴듯한 측면이 있다. 그렇지만 첨성대가 말 그대로 '별을 보는 대'인 것만은 분명하고, 그것은 당시로서는 분명한 천문대였음도 확실하다. 다만 그 꼭대기에 관측 기구를 놓고 천문을 보았다는 주장은 꼭 고집할 필요가 없을 것같다. 또 그 모양을 불교의 성산(聖山)인 수미산을 본떠 만들었다고 해서 그것이 천문대가 아닐 까닭도 없다. 실제로 나는 1960년대 말에 미국의 한 대학 도서관에서 우연히 일본의 불교 서적을 뒤적이다가 수미산의 그림을 보고 "이것이야말로 첨성대의 원형이 아닌가!"하고 감탄한 일이 있다. 지금도 나는 첨성대의 모양은 바로 수미산을 본떠 만들었다고 믿는다. 그러나 첨성대의 형태가 불교의 영향을 받았대서 그 기능도 불교적인 의식을 치르기 위한 장소였을 것으로 판단할 필요는 조금도 없다. 그래서 내 생각으로는 첨성대는 불교의 영향 아래 그 모양을 지었지만, 불교 제단으로 쓴 것은 아니고 신라 천문 기관의 본부에 세웠던 상징적인 천문대였다고 생각한다.

당시 신라에서는 농업신(農業神)으로 여겼던 영성(靈星)에게 농사가 잘 되기를 비는 제사를 지내고 있었는데, 〈삼국사기〉의 기록을 근거로 따져 보면 지금의 첨성대 자리쯤에 영성단이 있었던 것으로 보인다. 내 생각에는 바로 영성단 있던 곳에 첨성대를 세우고 당시의 천문 관련 시설과 관청을 여기에 모아 놓았던 것으로 보인다. 당연히 첨성대에는 제사를 지내던 생각, 불교의 영향, 그리고 새로 알게 된 천문학적 지식이 모두 섞여 나타나게 된다. 1년은 열두 달, 360여 일이라는 생각이 모두 돌의 단수와 개수로 나타나고 있지 않은가? 둥근 원통 부분이 27단이라는 사실은 설마 선덕여왕이 제27대 임금이라는 사실을 나타내려 한 것일까? 아니 그렇지는 않을지라도 그 위와 아래의 단을 합쳐 28, 29, 30을 모두 나타낸다고도 할 수 있는데, 이것은 하늘의 기본 별자리 28수(宿)와 한 달의 날수인 29 또는 30일을 나타낸 것은 아닐까?

첨성대는 넓은 뜻에서의 천문대임이 분명하다. 그것을 지금처럼 꼭 관측 기구를 올려 놓고 사람이 올라가 하늘을 관측하는 그런 천문대였다고 고집할 필요는 없다. 삼국 시대의 천문학은 지금의 그것과는 달리 점성술 부분이 많이 섞여 있었다는 사실을 인정하면 천문대의 범위도 그만큼 포괄적인 것일 수밖에 없으리라는 것을 금방 이해하게 된다.

'첨성대'라는 이름은 그 후 우리 역사에서 자주 다른 천문대에도 사용되기에 이른 우리 나라식 천문대 이름이 되었다. 고려와 조선 시대에도 우리 선조들은 천문 관측대를 덮어 놓고 '첨성대'라 부르고 있었음을 기록을 통해 알 수 있다. 그런데 중국의 고대 천문학은 크게 발달했지만 '첨성대'라는 용어를 쓴 일은 없다. 우리 나라 천문학자들이 675년 일본에 건너가 지은 천문대에 '점성대'(占星臺)라는 이름을 붙여 준 일은 있지만, 일본의 그것은 기록 이외에는 아무런 흔적도 남아 있지 않다. 첨성대는 우리가 오랫 동안 잘 지키고 자랑해야 할 자랑스런 우리 과학사의 보물일 뿐 아니라 세계 과학 문화의 대표적 유산이다.

한여름에도 얼음을 먹게 해주었던 석빙고

봄이 되면 사람들은 곧 여름을 생각한다. 그리고 여름이라면 누구나 먼저 얼음을 연상할지도 모른다. 이제는 에어컨이 많이 보급되어 얼음의 고마움을 잊어 버린 사람들이 많을지도 모르지만——. 하지만 에어컨은 아주 최근의 이기일 뿐, 20년 전만 해도 우리 나라에서는 거의 구경조차하기 어려운 정도였다.

얼음을 저장했다가 한여름에 쓸 수 있는 지혜로 쳐도 우리 선조들은 남에게 지지 않는 전통을 가지고 있었다. 그 대표적인 유적으로 우리는 경주(慶州)에 있는 석빙고(石冰庫)를 들 수 있다. 한겨울 추위에 꽁꽁 얼어 붙은 강물의 얼음을 떠다가 이듬해 여름까지 창고에 보관했다가 여름동안 나눠 쓰던 얼음 창고가 바로 석빙고였다. 경주의 석빙고를 보고 사람들은 얼핏 그곳이 신라 때의 얼음 창고려니 지레 짐작하는 수가 있다. 하지만 경주의 석빙고는 신라 때의 것은 아니고, 1741년에 만든 것으로 밝혀져 있다. 신라는 커녕 고려도 지난 조선 왕조, 영조 17년의 일이다.

그렇다고 우리 선조들이 불과 252년 전부터서야 얼음을 보관해 사용할 줄 알게 되었다는 뜻은 아니다. 기

경주에 있는 석빙고

　록에 의하면 거의 1500년 전부터 얼음을 저장했다가 썼다는
사실을 알 수 있다. 〈삼국사기〉에 보면 정식으로 얼음을 저장
해 사용한 것은 505년(지증왕 6년)의 일이고, 실제로는 그보
다 거의 3백년 앞선 유리왕 때부터 여름에 얼음을 썼던 것으
로 되어 있다. 또 고려 시대에는 잔치에 얼음 덩어리로 만든
조각품같은 것을 사용한 것도 기록으로 남아 있는 것을 보면,
지금 호텔같은 곳에서 잔치 상 가운데 장식할 큼직한 얼음 장
식물을 조각하는 '얼음 조각가'가 이미 고려 시대에도 있었다
고도 할만하다.

　하지만 신라 또는 고구려나 백제 때는 물론 고려 때의 얼음
창고도 그 유적이 남아 있지는 않다. 책 속에 이런저런 기록
이 있을 뿐이다. 그나마 경주의 석빙고는 가장 오랜 얼음 창
고의 유적이 되는 셈이다. 혹시 이것이 원래 신라 때 있던 것

을 그 후 자꾸 수리하고 고쳐 내려온 것이었다면 더욱이나 옛 얼음 창고(永庫)의 모양을 짐작하는 데 큰 도움이 된다. 경주의 석빙고는 창고 안의 길이가 19미터, 너비 6미터, 높이 5.4미터 정도의 크기를 갖고 있는데 입구가 월성(月城) 안쪽으로 나 있고 천정은 아치형이며 다섯 개의 기둥에 장대석이 걸쳐 있다.

또 장대석을 걸친 곳에는 밖으로 통하는 구멍이 셋 있고, 바닥에는 배수로가 비스듬히 만들어져서 녹은 물이 잘 흘러 나가게 되어 있다. 그러나 옛 기록으로 보면 조선 시대의 빙고는 돌이나 흙으로 지은 것이 아니라 주로 나무로 지은 것으로 보인다. 당시의 〈실록(實錄)〉에는 가끔 나무와 짚, 솔가지 등을 가지고 빙고를 고쳐 지은 기록을 찾을 수 있기 때문에 이를 짐작할 수 있다.

조선 시대 서울에는 큰 빙고가 둘 있었다. 동쪽의 동(東)빙고와 서쪽에 있던 서(西)빙고가 그것이다. 지금 서울의 용산구에는 서빙고동 동빙고동이 있는데 이 가운데 서빙고동은 바로 옛 서빙고 일대이기 때문에 붙여진 이름이다. 그러나 동빙고동은 옛날의 동빙고와는 아무 관계도 없다. 서빙고동의 동쪽이란 뜻 정도로 덩달아 지어진 이름일 뿐이다. 그러면 동빙고동은 조선 시대에는 어디 있었을까? 지금의 성동구 옥수동(玉水洞)이 바로 그 곳이었다. 이런 이름이 후세까지 전해져 오는 것을 보면 그 옛날에 옥수동 지대에서는 아주 좋은 물이 났던 모양이다.

당연히 조선 시대에는 물 좋은 동빙고동의 얼음은 오로지 왕실 용도로 작은 규모만 보관했고, 관리들에게 나눠 주는 얼음은 한강 하류의 서빙고에 보관하게 되어 있었다. 동빙고의 저장량은 1만 정(丁) 정도 뿐이었지만, 서빙고의 저장량은 13만 5천 정이었다. 당시의 궁궐 경복궁까지의 운반이 서빙고쪽이 훨씬 쉬웠기 때문에 약간 하류의 한강 물로 얼린 얼음을 주로 공급했음을 알 수 있다. 이성계에 의해 조선 왕조가 세워진 것이 1392년의 일이었는데 둔지산(屯智山) 밑에 서빙고를 세우고 두모포(豆毛浦)에 동빙고를 만든 것은 1396년(태조 5년)의 일이었다. 빙고가 얼마나 중요한 일이었던가를 짐작할 수 있다.

조선 초기 나라의 기본 법전(法典)인 〈경국대전(經國大典)〉에는 나라의 반빙(頒冰) 규칙이 분명하게 명시되어 있을 정도였다. 종친과 양반의 정2품(正二品) 이상과 승지(承旨) 6명, 6조의 판서(判書), 대제학(大提學), 대사헌(大司憲), 대사간(大司諫) 등의 고급 관리들이 정기적으로 얼음 배급을 받았다. 70세 이상의 당상관(堂上官)과 병자, 그리고 죄수에게도 반빙을 한 것으로 되어 있다. 죄수에게도 얼음을 나눠 주게 되어 있었다는 사실만 보더라도 당시의 얼음 배급이 꽤 광범위한 것이었음을 알 수 있다. 이렇게 나눠 준 얼음을 보관하기 위해서는 웬만한 양반 집에는 각각 얼음 보관을 위한 간단한 창고가 있었음을 알 수 있다.

여름철에 얼음을 쓰는 것은 더위를 식히기 위해서 뿐만이 아니라 여름에 맹위를 떨치는 양기(陽氣)를 억제해야 한다는 발상도 깔려 있는 것이어서, 겨울에 한강의 얼음이 얼지 않을 정도로 따뜻한 날씨가 계속되면 걱정이 이만저만이 아니었다. 동빙고의 북쪽에는 사한단(司寒壇)이 있어서 이런 경우 기한제(祈寒祭)를 지내 더 추워지기를 빌었다.

요즘은 한강이 옛날처럼 두껍게 얼어 붙는 법이 없어졌다.

공해 때문에 지구 전체의 기온이 올라간 때문일 것이다. 또 지금은 아무도 한강 물로 만든 얼음을 먹겠다고 나설 사람도 없을 것이다. 이래저래 빙고의 지혜를 되새기게 해준다.

푸른 비색의 비밀, 고려청자

올여름 대전에서 열리는 〈엑스포 '93〉은 우리 나라가 역사상 최초로 세계박람회에 참가한 100주년을 기념하는 잔치로도 알려져 있다. 우리 나라가 세계박람회에 정식으로 참가한 것은 1893년 미국 〈시카고 만국박람회〉였다. 그 해 5월부터 10월까지 잭슨 공원에서 열렸던 만국박람회에는 47개국이 출품했는데, 콜럼버스의 아메리카 발견 400주년을 기념하는 미국 최대의 잔치였다.

그런데 정말로 세계박람회 참가는 이것이 처음이었던 것일까? 그렇지 않다. 정식으로 나라의 대표를 참가시키고, 전시품을 보냈으며, 또 '한국관'(당시는 아직 '조선관'이라 했겠지만)을 세웠던 것은 시카고 박람회가 처음이지만, 그보다 꼭 10년 전인 1883년의 보스톤 세계박람회에도 한국의 출품이 있었다. 물론 보스톤 박람회에는 어떤 경로로 얼마나 많은 전시품이 전열되었는지 아직 확실하게 연구된 것이 없다. 그러나 당시의 목록집을 찾아 본 재미 과학자 변종화(卞鍾和) 교수의 연구에 의하면 '도자기 수점에 불과'한 정도인 것으로 보인다. 원문에는 'porcelain and china vases, jugs, etc.'로 되어 있다.

국보 68호인 고려의
청자상감운학문매병

　말하자면 1883년 보스톤 박람회 출품은 비공식 참가 정도였던 것으로 보이는데, 아주 흥미있는 사실은 우리 나라의 대표적 산물로 도자기를 출품하고 있다는 점이다. 누구의 생각이었던 것일까? 이미 110년 전에도 우리 나라 사람들은 우리의 도자기를 세계에 자랑할만한 유산으로 여기고 있었음을 알게 된다.

　도자기라면 물론 시대에 따라 다른 종류의 도자기가 만들어졌고, 그것들 나름의 기술적 특징과 함께 아름다움의 종류도 서로 다르다. 그러나 우리 도자기 가운데 세계적으로도 널리 인정되어 있는 자랑스럽고 특징있는 기술과 예술의 극치로는 아무래도 고려 청자를 드는 수가 많다. 고려의 청자가 아름답다고 예찬한 최초의 외국인으로는 아마 12세기의 중국 학자 서긍(徐兢)을 들 수 있다. 1123년 고려 원종 1년에 중국 사신

의 일행으로 고려를 찾아 왔던 서긍은 귀국 후 그의 기행록을
출판했는데, 〈고려도경(高麗圖經)〉이 그것이다. 제목으로도 알
수 있는 것처럼 원래는 그림과 글로 구성된 책이었지만 지금
그림은 사라지고 글만 남아 있다.

　서긍은 고려에서 구경한 그릇에 대해서 "고려 사람들은 도
자기 가운데 푸른 것을 비색(翡色)이라 한다. 최근에는 그 만
드는 솜씨가 더욱 교묘해지고 색깔이나 광택이 한층 아름답
다."고 기록해 놓았다. 지금부터 870년 전의 기록이 고려 청
자의 우수성을 증언해 주고 있는 셈이다. 흔히 고려 청자의
우수성을 처음 발견한 사람들은 일제 시대 일본인들이었을 것
으로 짐작하는 한국의 식자들이 아직도 많은 것은 안타까운
일이다. 고려 청자의 우수성은 이미 고려 때 국제적 인정을
받기 시작했고, 우리 나라 사람들은 나라의 문을 열자마자 이
미 고려 자기를 세계에 자랑하기 시작했다. 서긍이 고려를 방
문했을 때는 때마침 김부식(金富軾)이 나라의 대표적 학자로
있을 때였다. 〈삼국사기〉를 지은 바로 그 학자에 대한 인상이
〈고려도경〉에 남아 있다.

　미국에서 처음으로 고려 청자 등의 우리 자기가 전시된 것
은 1883년 보스톤 박람회였는데, 이때 이 도자기를 가지고 갔
던 사람은 아마 그때 보스톤을 방문했던 보빙사(報聘使) 일행
이었을 것으로 보인다. 1882년 미국과 수교한 조선 왕조는 미
국 공사가 파견되자 이에 대한 답례로 민영익(閔泳翊)을 전권
대신, 홍영식(洪英植)을 부대신으로 하는 열한 명 사절단을 최
초로 미국에 보낸 일이 있다. 그들이 바로 1883년 보스톤 박
람회를 직접 구경한 최초의 조선인이었다. 열한 명이라지만
실제로 조선인은 여덟 명이었고, 미국인, 중국인, 일본인이 각

각 한 명씩 통역으로 따라갔다. 이들은 1883년 9월 18일 뉴욕을 떠나 19일 새벽 기차로 보스톤에 도착했고, 호텔에서 아침을 먹은 다음 11시에 박람회를 구경했다. 아침에 비공식 구경을 마친 일행은 같은 날 저녁에 다시 박람회를 공식으로 구경하여 주최측의 환영을 받았다고 한다. 이들은 박람회에 대단히 큰 인상을 받아서 바로 이듬해 봄에 서울에서도 국제박람회를 개최하겠다고 공언했다고 당시의 〈뉴욕 타임스〉는 전하고 있다. 물론 그들의 생각대로 박람회가 서울에서 바로 열리지는 못했지만……

그러면 1893년 시카고 박람회에도 우리의 자랑 고려 청자나 그밖의 도자기가 전시되었던 것일까? 아마 그랬을 것으로 보인다. 시카고 박람회에 고려 청자가 전시되었는지, 또 전시되었다면 어떤 것들이 전시되었고, 그 후 그것들이 어떻게 되었는지는 알 수가 없다. 홍사중이 쓴 〈상투 틀고 미국에 가다〉에 보면 시카고 박람회에는 한국식 기와집을 짓고, 7~8간의 공간에 포목, 돗자리, 나전칠기, 장농, 수놓은 장식품 등을 전시했다고만 되어 있다. 이때 한국관 책임자로 갔던 정경원(鄭敬源)은 고종 임금에게 귀국 보고를 하면서 전시했던 물품은 값이 미국 돈으로 "1,140원"이라 했고, 이들 전시품은 전시가 끝난 다음 박물관과 학교에 기증하고 그렇지 못한 것들은 박용규(朴鎔奎)에게 맡겨 나중에 가져오게 했다고 한다. 또 시카고 박람회에서는 당시 주미한국공사 대리 이채연(李采淵)이 뛰어난 영어 솜씨로 구경꾼을 안내했던 것으로 밝혀져 있다.

분명히 고려 청자는 100년 전의 시카고 박람회에서도 전시되고, 아마 어느 박물관이나 대학에 기증되었을 것이다. 실제로 고려 청자는 세계 도처에 퍼져 그 아름다운 자태를 자랑하

고 있다. 일본에는 어쩌면 우리 보다도 더 많지 않을까 싶을
정도로 고려 청자가 많다. 그리고 그 독특한 푸른 비색의 자
태는 세계 도자기 애호가들을 매료시키기에 충분한 것이다.
그 독특한 빛깔을 어떤 기술로 냈던 것인지 상세한 것은 알
수 없지만, 지금도 고려 청자를 재생하려는 도예가들의 노력
은 계속되고 있다. 그 비밀을 캐는 일 못지 않게 1세기 전의
박람회에 갔던 고려 청자는 어찌되었던가를 밝히고, 또 박람
회의 주인공이었던 정경원, 박용규, 이채연에 대해 더 알아 보
는 일도 흥미있는 일이 아닐까 생각된다.

세계 최초의 금속활자

컴퓨터의 보급으로 세계는 바야흐로 정보화 혁명을 겪고 있다. 인류 역사에 전에 없던 이 혁명이 인간의 장래를 얼마나 엄청나게 바꿔줄지는 아무도 확실하게 단언하기 어려울 지경이다. 누가 보더라도 대단한 혁명을 일으키고 있다는 것쯤은 알 수 있지만……

정보화 혁명을 돌이켜보면, 꼭 지금 우리가 겪고 있는 컴퓨터 시대만이 혁명은 아니다. 어떤 의미에서는 인간이 처음으로 말을 하기 시작한 것도 컴퓨터 못지 않은 혁명적인 발명이라 할 것이고, 종이의 발명이나 인쇄술의 발명 등도 이에 못지 않은 위대한 정보화 과정의 발명이다. 다만 이런 발명은 오랜 기간에 걸쳐 지구상 어느 곳인지 분명하지 않은 상황 속에서 비교적 천천히 일어났기 때문에 '혁명'이라 부르지 않는 경우가 많다.

그런데 바로 이 역사상의 '정보화 혁명'의 대목에서 우리 선조들은 아주 중요한 몫을 했던 것이다. 우리 한국인들에게는 누구에게나 친숙한 금속활자의 발명이 그것이다. 1234년에 처음으로 고려에서 금속활자 인쇄물이 나왔다는 사실은 서양의 몇몇 나라에서도 대체로

국립중앙박물관에 있는 금속활자인 임진자

인정하고 있는 사실이다. 그러나 잘 살펴보면 우리 역사는 금속활자만을 발명한 것이 아니라, 인쇄물 그 자체가 이 땅에서 처음 시작된 것이 아닐까 하는 생각을 갖게 해준다.

　1966년 가을에 우연히 불국사의 석가탑을 수리하다가 그 속에서 발견한 인쇄물이 세계에서 가장 오래된 목판 인쇄물이라는 사실이 밝혀졌다. '무구정광대다라니경'이란 이름으로 알려져 있는 이 불경의 높이는 6.5cm밖에 되지 않지만 길이가 거의 7m나 되는 긴 두루말이로 되어 있는데, 목판 12장으로 인쇄해서 이어놓은 것이다. 학자들은 이 두루말이 불경이 그 내용에 들어 있는 독특한 한자 여러 개로 보아 710년 직전쯤에 만들어졌을 것으로 보고 있다. 그 전까지는 770년쯤의 것으로 밝혀진 일본의 불경이 세계 최고(最古)의 목판 인쇄물로 알려져 있었으니까, 신라의 불경이 그보다는 반세기 이상 앞선 것임이 드러난 셈이다.

그렇게 보자면 우리의 자랑스런 국보인 해인사의 팔만대장경도 바로 목판 인쇄술의 유물이다. 고려 초기부터 대규모의 대장경이 만들어지기 시작한 것도 따지고 보면 바로 신라 때의 목판 인쇄술의 발달을 배경으로 하여 가능했음을 알 수 있다.

고려 말의 금속활자 발달은 바로 그때까지의 목판 인쇄 기술의 발달을 근거로 해서 가능했던 것이다. 금속활자가 발달할 수 있었던 또 다른 기술상의 이유로는 고대의 청동기 기술을 시작으로 한 고려 때까지의 청동기 기술, 특히 종을 만들던 기술이 있었음을 들 수 있다. 이렇게 발달한 금속활자는 조선 초기의 태종과 세종 때에는 아주 여러 차례 새롭고 아름다운 활자를 만들어 예쁜 책을 인쇄해내는 데 성공했다. 그 가운데 특히 태종 때의 계미자(癸未字, 1403)나 세종 때의 갑인자(甲寅字, 1434)는 더 유명하다.

그러나 이렇게 세계에서 그야말로 첨단적인 발달을 거듭했던 우리의 인쇄 기술은 그 후 더 발달한 흔적을 보이지 않고 있다. 특히 금속활자 인쇄를 처음 시작했으면서도 그것이 널리 책을 찍어내는 데 활용되지 못하고 조선 후기까지도 많은 인쇄물이 목판 인쇄물에 의존하고 있었음을 알 수가 있다. 왜 그랬을까? 한마디로 금속활자로 찍어낼 정도의 책의 수요가 없었기 때문이다.

다 알다시피 조선 시대 우리 조상들은 한글 아닌 한자 책을 읽고 있었고, 한자는 숫자가 워낙 많아서 활자 인쇄에 편하지 않았다. 게다가 한자를 배워서 책을 읽을 사람의 수는 아주 적어서 책의 수요란 정말 적었던 것이다. 당장 끼니 때우기가 어려운 사람에게 여러 해가 걸리는 글읽기 공부란 실로 가치 없는 낭비쯤으로 보였거나 아니면 감히 그럴 여유가 없었을 것이다. 따라서 옛날에는 책을 인쇄해서 보급하기보다는 서생(書生)을 시켜 베끼는 것이 보통이었고, 인쇄를 한다 해도 목판으로 찍었다가 여러 해가 지나면 그 목판을 보관했다가 다시 찍어내는 그런 방법을 더 좋아했던 것이다.

결국 인쇄술은 어느 곳보다 우리 나라에서 발달했건만, 오히려 금속활자 인쇄술이 진짜 정보화 혁명을 일으키게 된 곳은 이 땅이 아니라 서양 땅이었다. 어려운 한자 문명이 아닌 알파벳 문자권이었기 때문에 구텐베르그의 금속활자 인쇄술은 발명 즉시 유럽 사회를 지식층으로 충만하게 만들었던 것이다.

발명이란 그것이 처음 태어난 장소에서 꽃을 피우지 않는 경우가 얼마든지 있음을 알 수 있다. 그러나 그렇다고 해서 지금 서양 사람들이 금속활자의 발명 자체를 서양에서 먼저 일어난 것처럼 박물관에 소개하고 있는 것은 유감이 아닐 수 없다. 마찬가지로 지금도 일본의 경도(京都) 국립박물관에는 일본의 770년경의 불경이 세계에서 가장 오래된 목판 인쇄물이라는 설명문이 적혀 있다. 우리 스스로 자랑스런 우리 역사에 관심을 갖지 않으면 안되겠고, 또 이를 세계에 알리려는 노력을 게을리해서도 안될 것이다.

화 약

미국 워싱턴시 한복판에는 여러 개의 훌륭한 박물관이 줄줄이 늘어서 있다. '스미소니안 박물관'이라고 부르는 이들 여러 미술관, 박물관 가운데는 항공 우주관도 한 자리를 차지하고 있다. 당연히 여기에는 로켓의 발달에 관한 전시도 있다. 그러자면 자연히 화약의 발달도 중요한 대목이 될 수밖에 없다. 몇 년 전 그 곳에 들어가면서 나는 당연히 고려 때 우리 나라의 최무선(崔茂宣, 1326(?)~1395)이 화약을 발명하여 여러 가지 무기를 개발하고, 원시적인 로켓을 개발한 내용도 조금은 기록되어 있기를 기대했었다.

그러나 내 기대는 빗나가고 말았다. 중국과 아라비아의 화약과 로켓에 관해서는 적혀 있었지만, 우리의 최무선 이야기는 한마디도 없었다. 최무선의 화약 발명이 세계에서 무시당하는 이유는 물론 우리 과학 기술사가 외국인에게 전혀 알려져 있지 않기 때문이다.

최무선이 화약을 처음 만들어 그것으로 여러 가지 화약 무기를 만들기 시작한 것은 고려 우왕 3년(1377)부터의 일이다. 이때 고려 왕조는 화통도감이란 전문 관서를 만들어 최무선으로 하여금 그가 발명한 화약을 활용하여 여러 가지 무기를 만들어 보게 허락했다. 이때부터 우리 나라는 불화살(火㷮)과 여러 가지 대포를 비롯한 화약 무기들을 갖게 되었던 것이다. 고려 말 최무선의 화약 발명은 세계 최초의 것이 아니었다. 이미 중국에서는 몇 년 전부터 화약이 나와 있었고, 이것이 무기와 불꽃놀이에 이용되고 있었다. 그러나 최무선의 화약은 중국에서 기술을 배워 만들어 낸 것이 아니라 혼자 실패를 거듭한 연구 끝에 얻어낸 기술이었다.

당시 화약은 지금과는 비교할 수 없을 정도의 원시적인 것으로 흔히 '흑색 화약'이라고 불리었다. 이는 숯가루, 황가루, 염초를 섞어 만들게 되는데, 최무선은 염초 만드는 구체적 방법을 몰라 연구를 하게 되었다. 당시 고려는 중국에서 화약을 수입해다가 궁중에서 불꽃놀이에 쓰기도 했지만, 중국인들은 화약을 수출하면서도 그 제조법은 최고의 산업 비밀 또는 국방 비밀로 지켜 알려주지 않았다.

최무선이 발명한 부분은 바로 염초 제조법과 그것을 나머지 성분과 섞는 법 등이었다. 그가 이 비밀을 밝히기 위해 얼마나 고생했는가 역사 속에 어느 정도 기록되어 남아 있다. 그는 중국으로부터 오는 상인들을 찾아가 혹시나, 무슨 정보를 얻을 수 없을까 궁리해 보았고, 스스로 이런저런 실험을 반복했다.

여하튼 최무선은 세계에서 일찍이 화약을 발명한 것이 분명하고 그 효과는 우리 역사에 상당한 영향을 주었음을 알 수 있다. 가장 직접적인 효과로는 최무선의 화약 무기가 이성계의 왜구 토벌을 쉽게 해주었고, 그 때문에 이성계는 전쟁 영웅이 되어 결국 새로운 왕조를 개창할 수 있게 되었다는 점을 들 수 있다. 최무선은 1380년 9월 지리산 아래 싸움에서 화약 무기를 사용하여 이성계의 승리를 결정짓는 데 크게 한몫을 했다. 당시 왜구에게는 없었던 신무기인 화약 무기를 써서 이성계는 간단히 승리를 거둘 수 있었다.

화약 무기의 중요성은 지금부터 4백 년 전인 임진왜란 때까지도 지속되었다. 최무선이 화포의 위력으로 그 후 임진란에서까지도 일본을 압도하고 있었기 때문에 바다에서 싸우던 이순신 장군은 비교적 유리한 고지에서 일본군을 물리칠 수가 있었던 것이다.

이와 달리 그때 일본군은 서양에서 처음 들여온 조총을 대규모로 사용하고 있었기 때문에 그런 개인용 화약 병기를 갖지 못한 조선군에게 쉽게 이길 수 있었던 셈이다. 화약은 중국에서 처음으로 시작되었다. 화약이 동쪽으로 퍼진 것이 최무선의 발명으로 연결되어 임진란까지 조선이 일본보다 더 좋은 화포를 가지게 해주었다. 반대로 서쪽으로 전파된 화약은 서양 사람들에 의해 개인용 화기로 발달하여 일본에 전해져 임진란 때 우리 나라에서 서로 만나게 되었다고 볼 수 있다.

그러면 왜 화약을 먼저 발명한 중국과 조선이 결국은 서양에 뒤지게 되었던 걸까? 중국과 우리 나라의 역사는 화약의 발명 이후 대체로 전쟁 없는 시대를 지속하고 있었다. 전쟁 없는 사회에서 무기가 발달할 까닭이 없고, 특히 개인용의 무기란 더욱 발달시킬 필요가 없는 법이다.

그러나 중세 서양은 전쟁으로 편할 날이 없을 정도로 전쟁 투성이의 역사였다. 화약이 알려지자 봉건 영주들은 다투어 이를 이용한 기술을 개발하게 되었고, 개인용 화기로 소총같은 것이 나오게 되었다. 그리고 이것이 1543년 일본에 전해지

자, 일본의 봉건 영주들도 역시 다투어 조총 만들기 경쟁을
벌였다.

'필요는 발명의 어머니'라지만, 전쟁만큼 무기를 필요로 하
는 계기가 있을 수 있을까? 평화로운 사회에서는 당연히 무기
란 발달할 수 없다. 오히려 평화로운 사회에서는 무기의 발달
을 억제하려는 노력이 끊임없이 계속되기 마련이다. 왜구 소
탕에 어느 정도 성공하자 고려 말에 이미 화약 개발을 위한
화통도감은 폐쇄되었다.

결국 화약을 발명한 최무선은 그 화약을 마음껏 활용할 기
회를 갖지 못한 채 화약 만드는 방법을 쓴 책 한 권을 아들에
게 전하고 조선 왕조가 시작된지 4년만에 세상을 떠났다. 그
리고 그의 아들 최해산(崔海山)에 의해 태종 때의 화약 병기
개발은 어느 정도 발전을 이룩했다. 그러나 화약에 관한 일은
이제 군기감(軍器監)의 여러 가지 일 가운데 한 부분이 되어
버렸을 뿐이었고, 그나마 비밀 속에 가려져 발달을 기대하기
어려워졌다. 조선 시대에는 화약의 비밀을 일본인에게 가르쳐
주지 않기 위해 삼남(전라·경상·충청 지역)에서는 화약을
만들지 못하게 되어 있었고, 이런 비밀을 지키기 위해 세종
때 만들었던 당시의 화약 기술을 망라한 책 〈총통등록(銃筒謄
錄)〉은 그 후 아예 사라져 지금은 전해지지 않고 있다.

과학 기술에서의 비밀 문제는 예나 지금이나 마찬가지라는
생각도 하게 되는 역사의 대목이다. 그리고 그 비밀의 유지
문제는 발달을 저해하는 요인일 수도 있다는 것 역시 예나 이
제나 마찬가지다.

세계에서 가장 과학적인 문자, 한글

우리가 자랑하는 역사적 발명 가운데 한글이 있다. 조선 왕조의 네 번째 임금이던 세종이 처음 만든 훈민정음(訓民正音)은 세계 어느 문자에서도 찾아보기 어려울만큼 과학적이라고 우리 나라에서는 널리 알려져 있다. 하지만 우리끼리만 자랑하고 있어서야 별로 쓸모가 없지 않을까 하는 생각이 가끔 들 때가 있었다.

이런 걱정은 지난 3월 초 일본 오사카에 있는 민족박물관을 찾아가서야 없앨 수 있었다. 이 박물관은 오사카에서 이미 오래 전에 있었던 엑스포를 기념하여 공원 안에 만들어 놓은 아주 훌륭한 박물관이다. 이 박물관에 전시되어 있는 한글에 대한 소개 가운데 우리 한글이 세계에서 가장 과학적이라는 설명문을 읽었다. 외국학자들 사이에서도 우리 한글이 대단히 '과학적'이라는 점만은 널리 인정되고 있음을 확인할 수 있었다.

한글이 얼마나 편리한 글자인가는 필자가 일본에서 10개월간 살던 동안에도 여러 차례 느낄 수 있었다. 지난 2월 말 일본을 떠나기 직전의 어느 날 필자는 일본 신문을 읽다가 '세꾸 하라'라는 단어를 읽고 그 뜻을 알 수 없었다. 그 기사를 한참 읽어 본 다음에야 필자는 그 말이 '성

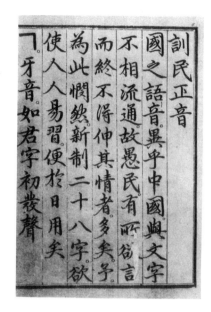

국보 70호인 서울 간송미술관에
보관되어 있는 훈민정음

적 희롱'이라는 뜻의 영어임을 알아차리고 다시 한번 우리 한
글이 얼마나 훌륭한지를 확인할 수 있었다.

　이 영어 '성적 희롱'이란 ─지금 일본 사회에서 상당히 논의
가 되고 있는─주로 직장 여성들에 대한 남성들의 희롱 따위
를 가리키는데, 'sexual harassment'가 원어이다. 일본 글자로
는 이 영어 표현을 전부 쓴다면 '세꾸슈아루 하라스멘토'가
기껏이다. 우리 한글과 달라서 음절 하나가 한 글자로 되어
있는 일본의 음절 문자로는 외국어 표현이 불완전하기 짝이
없는 것이다.

　일본 사람들은 이런 불완전한 문자를 가지고 수많은 외래·
외국어 표현을 그대로 사용하고 있다. 우리 같으면 '섹슈얼
허래스멘트' 정도로 표기할 수 있으니 일본의 '세꾸슈아루 하

라스멘토'보다 얼마나 원래의 발음에 가까운지 금방 알 수 있다. 일본 말에는 이렇게 받아들인 많은 외래어를 이번에는 다시 줄여서 '세꾸 하라'라고 하는 따위가 아주 많은 것이다. 어차피 영어 또는 어느 서양 말도 비슷하게 표기하기 어려운 바에야 차라리 이 방법이 합리적일지 모른다는 생각도 든다.

이에 비하여 우리 한글을 창제 당시에 이미 정인지가 훈민정음 해례본의 머리말에 밝혀 놓은 것처럼, '바람 소리, 학의 울음 소리, 닭 소리와 개 짖는 소리'까지도 모두 나타낼 수 있다. 이렇게 세상 모든 소리를 마음대로 표현할 수 있는 문자이면서도 그 숫자는 겨우 24개밖에 되지 않는다. 자음 14개와 모음 10개만으로 되어 있는 우리 한글은 영어를 비롯한 대부분의 서양 문자와 마찬가지로 음소 문자, 즉 알파벳식이라 할 수 있다. 50음의 음절 문자인 일본어보다 훨씬 그 표현력이 강한 것은 당연한 일이다.

훈민정음, 즉 우리 한글은 세종 임금이 창제할 당시부터 지극히 과학적 연구를 바탕으로 제작된 것이 사실이다. 오랜 기간동안 우리 말의 음운학적 연구를 거듭하여 우리말의 구조를 완벽하게 파악한 다음 그에 가장 알맞는 글자를 만들게 되었던 것이다. 이 언어학적 연구에 가장 앞선 사람이 바로 세종 임금 자신이었다는 것도 세계 역사상 유례를 찾을 수 없는 특이한 사실이라 할 수 있다. 정인지, 최항, 박팽년, 신숙주, 성삼문, 강희안, 이개, 이선로 등의 여러 학자들이 임금을 도운 것은 사실이지만, 한글 창조의 주역은 어디까지나 세종 임금 그 자신이었던 것으로 밝혀져 있다.

게다가 글자의 모양은 당시 동양 과학 사상의 핵심을 이룬 음양(陰陽)과 오행(五行)의 사상을 근거로 만들어졌다. 원래 한글은 28자로 구성되어 있었는데, 이들은 다시 초성, 중성, 종성 셋으로 나뉘어졌고, 종성은 초성을 그대로 쓴다는 원칙이 마련되었다. 초성과 종성은 자음이고, 중성은 모음이다. 모음을 만드는 기본은 음양의 조화로 만들어진 우주의 3요소라 할 수 있는 하늘과 땅과 사람으로 구성되어 있다. 천(天), 지(地), 인(人)의 셋을 동양에서는 우주의 삼요소라는 뜻에서 삼재(三才)라 불렀는데, 이것이 한글 모음의 기본 요소 。(아래 아), ㅡ, ㅣ가 되었던 것이다. 하늘, 즉 양(陽)인 아래아(。)는 음(陰)의 위에 있거나 또는 밖에 있으면 양(陽) 모음이 되지만, 그 반대의 경우는 음(陰) 모음이 된다. ㅗ, ㅏ, ㅛ, ㅑ는 양(陽)이며, ㅜ, ㅓ, ㅠ, ㅕ는 음(陰)이다.

자음은 오행(五行) 기준으로 구성되어 있다. 발음할 때의 입모양을 형상화한 것으로 '혀뿌리가 목구멍을 막는 모양'을 본떴다는 아음(牙音) ㄱ을 비롯하여, 설음(舌音) ㄴ, 순음(脣音) ㅁ, 치음(齒音) ㅅ, 후음(喉音) ㅇ은 오행을 대표한다. 다른 자음은 비슷한 원리를 바탕으로 위의 다섯 글자에 획을 더하는 방식으로 만들어진 것이다.

이처럼 철저하게 과학적인 근거로 만들어진 문자는 세계에 그 유례가 없다고 할만하다. 세상의 모든 문자들은 오랜 기간 동안 그 지역 사람들의 언어 활동에 알맞게 변화하여 지금에 이르고 있는 것이어서 어느 문자가 더 좋으냐를 간단히 평가하기란 어려운 일이다. 예를 들어 일본어가 아무리 외국어 표기에 부족하다 해도, 지금의 일본인들에게는 그 문자가 가장 알맞는 것임이 분명하다.

하지만 세계의 어느 민족, 어느 국가든 공통의 기준으로 말한다면 분명히 한글은 영어의 알파벳와 함께 가장 뛰어난 문자임이 분명하다. 그런데 영어를 비롯해서 라틴어에서 파생한 모든 문자는 그 근원을 아득한 역사 이전까지 거슬러 올라갈 수 있는 오랜 역사를 가지고 서서히 발달하여 지금은 서양 여러 나라의 문자로 각각 발달해 간 것이다. 분명한 발명자가 밝혀질 수 없다는 말이다. 이에 비하여 우리 한글은 1443년 또는 그 전에 세종 임금과 그 신하들에 의해 거의 완전하게 독창적으로 발명된 것이다.

우리가 자랑하고 있는 어떤 과학 기술상의 발명보다도 뛰어난 우리 민족의 자랑거리는 바로 한글이 아니겠는가.

자동 시보 장치를 갖춘 물시계

만원짜리 우리 돈에는 '물시계'란 그림이 들어 있다. 아주 깨알같은 글씨로 씌여 있어서 잘 보이지 않지만, 그렇게 글자도 씌여 있다. 하지만 많은 한국인들은 우리 돈에 그런 그림이 있는 줄 알지 못한다. 그리고 그 그림이 무엇을 모델로 한 것인지 알 까닭이 없다. 하물며 만 원짜리에 그려진 '물시계'가 어떻게 시계 노릇을 할 수 있는지 상상하기란 더욱 어렵다.

그러나 특히 젊은 한국 사람들이라면 물시계라면 금방 자격루(自擊漏)를 떠올리고, 자격루라면 당장 세종 때의 과학 기술자 장영실(蔣英實, 1390(?)~?)을 생각할 것이다. 그만큼 장영실과 그의 자격루는 아주 유명하다. 하지만 만 원짜리에 그려진 물시계는 장영실의 자격루를 모델로 그려진 것이 아니다. 그것은 지금 서울 덕수궁의 법원쪽 구석에 서 있는 것을 그림으로 나타낸 것으로, 이것은 세종 때 만든 것이 아니라 그보다 1세기 뒤의 것으로 밝혀져 있다.

세종 때 장영실이 만든 자격루는 1434년(세종 16년)에 제작된 것이었다. 그러나 그것은 시계로 오래 이용되지 못했던 것으로 보인다. 그 대신 1세기 이내에 다

서울 덕수궁의 광명문 안에
보관돼 있는 보루각 자격루
중종 31년(1536)에 만들어진
것이다.

시 자격루가 제작되었는데, 지금 덕수궁에 남아 있는 것은 극
히 일부에 지나지 않는다. 자격루라면 당연히 '스스로 울려주
는 물시계'란 원래 뜻에 맞게 시각을 알려주는 종이나 북 등
을 울려주는 시보(時報)장치가 있어야 하는데 이런 부분이 하
나도 남아 있지 않다. 지금 만 원짜리에 그려진 그림만 보아
도 그것은 '물시계'라기 보다는 '옛날 물시계에 썼던 물통들'
이란 설명이 더 그럴듯하다는 느낌을 받게 된다.

지금 남아 있는 물시계의 물통들은 모두 다섯 개이다. 제일
높은 곳에 있는 제일 큰 통 한 개, 그리고 그 보다 조금 낮은
곳에 양쪽으로 더 작은 물통이 한 개씩, 그리고 다시 제일 아
래에 역시 양쪽으로 높이가 2미터(정확히는 196cm)나 되는
원통 모양의 물통이 있다. 용모양을 새겨 놓은 이 높은 물통
에는 원래 수위(水位)가 올라가는 데 따라 올라가는 젓대(箭)
가 있었지만, 지금은 사라져 버렸다. 젓대가 떠 올라가 일정한

자리에 이르면 그 곳에 미리 장전해 두었던 격발 장치를 건드린다.

슬쩍 건드려만 주면 그 격발 장치에 미리 장전해 두었던 쇠알은 기세 좋게 굴러 내려 여러 가지 일을 벌일 수 있다. 가령 굴러 내리는 쇠알의 힘은 다른 구멍을 열어 다른 쇠알을 굴러 내리게도 할 수 있을 것이고, 혹은 그렇게 굴러 가던 쇠알은 미리 장치해 놓은 북채를 움직여 북을 울려줄 수도 있을 것이다. 똑같은 이치로 종을 치게도, 징을 두드리게도 할 수 있다. 또 같은 원리를 이용해서 미리 장치해 둔 인형이 시각을 알려주는 푯말을 들고 창문에 나타나게 할 수도 있다. 물론 시각을 알려주는 인형이라면 사람 인형보다는 그 시각을 나타내는 동물 인형이 좋다. 한낮의 오(午)시라면 말 모양의 인형이 나와 시각을 알리는 게 좋을 것이다. 장영실의 자격루는 바로 이런 장치로 되어 있었다.

이렇게 제작된 세종 때의 자격루는 경회루의 남쪽에 새로 전각을 세워 그 안에 설치해 두었다. 시각을 알려주는 물시계의 전각이란 뜻에서 보루각(報漏閣)이란 이름이 붙여졌다. 여기서 한밤중 3경에 시각을 알리는 북소리가 세 번 저절로 울리면, 그 소리를 들은 경복궁 정문의 문지기들은 다시 문루 위에 있던 북을 세 번 쳤다. 그리고 그 소리가 종각의 북치는 사람 귀에 들어가 다시 종각에 북을 세 번 울려주어 서울 시내에 북소리가 은은히 퍼지게 했다.

세종은 장영실의 자격루에 대해 크게 만족했던 것으로 보인다. 임금으로부터 칭찬을 받은 그는 곧 그보다 더 정교한 장치로 옥루(玉漏)란 것도 만들었다. 자격루가 만들어진 4년 뒤인 1438년 장영실은 옥루를 완성했고, 그것은 경회루의 동쪽에 흠경각(欽敬閣)을 지어 설치했다. 옥루는 지금 흔적도 없고, 또 그 후에 비슷한 것을 만들었다는 기록도 보이지 않는다. 하지만 그 상세한 내용 설명만은 당시의 〈실록〉 등에 남아 있는데, 물시계의 원리는 그대로 이용하면서 그 동력을 활용해서 훨씬 정교한 여러 가지 움직임이 자동으로 나타나게 만든 장치였다. 해와 달과 별들의 운동을 그대로 나타내고 있을 뿐 아니라 농부가 씨를 뿌려 거두는 장면까지 인형으로 나타냈다고 되어 있다.

자격루는 우리 과학 전통의 자랑이 아닐 수 없다. 비록 장영실이 처음 만든 1434년의 자격루는 흔적도 없이 사라졌지만, 그것을 거의 그대로 베껴 만들었으리라고 생각되는 1536년의 자격루 일부가 지금까지 보존되어 있다. 세종 때 장영실의 자격루가 제일 위쪽에 놓였던 큰 물통이 양쪽으로 한 개씩이었던 것과는 달리, 중종 때의 자격루는 양쪽의 물통을 가운데 한 개로 통일해서 양쪽에 함께 물을 공급하게 모양이 바뀐 것으로 보인다. 여하튼 이런 모양의 자동 물시계 유물이 일부나마 5백 년이 넘도록 남아 있다는 사실이 자랑스런 일이다.

물시계는 세계 어느 고대 문명에서나 제작되었고, 간단한 유물은 많이 남아 있기도 하다. 하지만 복잡한 자동 시보 장치를 갖춘 자동 물시계는 별로 제작도 많이 되지 않았고, 하물며 그 일부라도 남아 있는 것은 드물다. 특히 거의 5백 년이 넘도록 일부 유물이 남아 있는 경우란 극히 희귀한 것이다. 지금 남아 있는 유물보다 1세기 전에 거의 똑같은 자격루를 만들었던 장영실이 그때문에 아주 유명해 진 것은 지당한 일이다. 특히 장영실은 원래 동래(東萊)의 관노 출신으로 입신하여 자격루와 옥루 등을 만들고, 또 그밖의 여러 가지 과학

기술 활동을 했던 인물로 밝혀져 있다.

신분 때문인지 장영실은 언제 태어나 언제 죽었는지도 확실하게 밝혀져 있지 않다. 그러나 바로 그런 이유 때문에 과학 기술이 중시되는 오늘날에 그의 이름은 한국 청소년들에게 가장 유명한 인물의 하나가 되어 있다. 앞으로도 장영실과 자격루와 세종 때의 과학 기술은 한민족의 과학 전통을 자랑하는 데 가장 좋은 재료를 제공할 것이 분명하다.

중국도 부러워한 우리 해시계

세종(世宗) 임금은 누구나 잘 아는 한글의 발명자이다. 세종이 임금 자리에 있던 1418년부터 1450년까지 한글 말고도 여러 가지가 새로이 발명되었다. 그 가운데 대표적인 발명품으로는 앙부일구(仰釜日晷)를 꼽을 수 있다. 흔히 '오목 해시계'란 이름으로 알려진 것이 바로 그것이다.

해시계에는 여러 가지 종류가 있다. 갖가지 해시계는 세계의 어느 고대 문명 사회에서나 만들어졌고, 또다른 문명권으로 전파되기도 했다. 그런데, 바로 이 해시계, 즉 앙부일구만은 1434년경 조선 세종 때 처음으로 우리 나라 사람들이 만들었다. 15년 전에 발행된 중국의 〈천문학사(天文學史)〉를 보면, 우리 나라의 앙부일구는 중국에서는 만들어진 일이 없는 조선의 고유 발명품이며, 이것을 일본 사람들이 흉내내어 만든 일이 있다고 씌여져 있다. 실제로 최근 몇 해동안 중국의 과학 기술 문화재를 일본과 서양 각국에서 전시한 일이 있는데, 그때 만들어진 전시물 목록 가운데에는 앙부일구가 한 개 들어 있고, 그것이 조선의 것임이 밝혀져 있다. 어쩌면 이 앙부일구 목록, 또는 실물을 본 서양 사람들은

앙부일구

이것도 중국의 것이라고 잘못 생각하고 지나쳤을지도 모른다.

　다른 모든 위대한 발명이 그런 것처럼 앙부일구도 알고 보면 아주 간단한 발명품이다. 대개의 해시계가 평면(平面)인데 비해 앙부일구는 공을 반으로 잘라 놓은 모양의 입체형(立體形)이 특징이다. '앙부'란 말은 원래 솥이 하늘을 보게 한 모양을 가리키는 말이고, '일구'란 '해시계'라는 말이다. 어느 해시계나 마찬가지로 앙부일구는 반구형(半球形)의 둥근 면 한가운데로 솟아나와 있는 바늘(影針)이 구면(球面) 안에 이동하는 그림자를 만드는 것을 보고 그때그때 시각을 알 수 있다.

　그때그때의 시각(時刻)만 알 수 있는 것이 아니다. 앙부일구의 안쪽을 자세히 살펴보면, 시각을 나타내는 세로 줄과 직각으로 13줄이 그어져 있음을 알 수 있다. 이 13개의 줄 양쪽에는 각각 설명이 씌어져 있는데, 제일 바깥 줄이 동지(冬至), 제일 안쪽이 하지(夏至)이고, 나머지 11줄에는 양쪽이 서로 다른 이름이 붙어 있다. 잘 읽어보면 동지-소한-대한-입춘 -우수-경칩-춘분…… 으로 이어지는 24절기(節氣)가 표시되어 있음을 알 수 있다.

24절기는 옛 달력 속에 나오는 표현이니까 당연히 음력(陰曆)이라 생각하는 수가 많다. 정확히 말하면 옛 사람들은 달(月)의 운동을 중심으로 날짜를 표시하는 음력을 쓰면서, 그것이 세절에 잘 맞지 않기 때문에 그 속에 태양의 운동을 기준으로 한 24절기를 만들어 넣었던 것이다. 따라서 24절기는 음력 속에 들어 있는 양력(陽曆)인 셈이다. 당연히 24절기의 날들은 양력의 어느 날짜에 딱 맞게 움직인다.

그러니까 24절기를 나타낸 앙부일구의 13줄은 바로 양력 날짜를 가리킨다. 따라서 앙부일구는 양력 날짜를 붙여 놓은 시계가 되는 것이다.

세종 때에는 앙부일구 말고도 현주(縣珠)일구, 정남(定南)일구, 천평(千平)일구 등의 여러 가지 해시계, 그리고 낮과 밤에 함께 쓸 수 있는 일성정시의(日星定時儀)라는 시계도 개발해 냈다. 그러나 세종은 앙부일구를 가장 자랑스럽게 여겼던 것이 분명하다. 세종 임금이, 지나가는 사람들이 언제나 시각을 알 수 있게 하기 위해 서울 한복판에 앙부일구를 세워두게 했던 것에서도 이를 짐작할 수 있다.

1434년(세종 16년), 세종의 명령에 따라 서울 종로에 앙부일구가 두 개 세워졌다. 하나는 혜정교(惠政橋) 다리 위, 그리고 또 한 개는 종묘(宗廟) 앞이었다. 종묘 앞의 앙부일구는 임진왜란 때 없어졌다고 기록은 전한다. 그러나, 그것을 받쳐 주었던 돌이 19세기 초까지 남아 있었는데, 지금은 아무 것도 남아 있지 않다. 하기는 지금 남아 있는 앙부일구 가운데 세종 때의 것은 단 하나도 없다. 상아나 돌로 만든 성냥갑만한 작은 것이나, 청동으로 만든 지름 20cm 정도의 것들이 모두 18세기쯤이나 그 후의 것들뿐이다.

종묘 앞에는 지난 1988년 가을, 앙부일구가 하나 제작되어 세워져 있다. 하지만 혜정교 위에 있었던 앙부일구는 다시 만들어진 일이 없어 유감이다. 혜정교는 지금 광화문 우체국 앞에 해당하는 종로 1가 자리에 있던 다리이다. 지금 앙부일구를 다시 만들자면 우체국 건너 자리쯤이 좋을 듯한데, 그 땅 주인이 내 제의를 받아들일지 모르겠다.

앙부일구는 꼭 종로 1가 옛 자리에만 알맞은 옛 유물이 아니라 우리가 기회 있으면 자주 만들어서 고속도로 휴게소, 학교 운동장, 그리고 공중 건물의 남향(南向)자리에 세워두고 자랑해도 좋을 우리 민족의 대표적 발명품이다.

천체 운동의 계산법을 밝힌 책 〈칠정산〉

고등학교 〈국사〉 교재에 〈칠정산(七政算)〉이란 책 이야기가 나온다. 다만 그 설명은 "세종 때 만든 새 달력"이라는 정도로 아주 간단히 그치고 있어서 유감이지만 …… 부분적으로 이 설명이 틀리지는 않지만, 사실은 1442년 즉 세종 24년에 완성된 〈칠정산〉은 지금 우리들이 생각하는 달력을 훨씬 뛰어 넘은 위대한 과학상의 업적이다.

〈칠정산〉의 '칠정'이란 '일곱 개의 움직이는 천체'를 가리키는 표현으로 해, 달, 수성, 금성, 화성, 목성, 토성을 가리킨다. 그런데 이렇게 일곱 개 천체 운동을 정확하게 계산할 수 있게 되면 무슨 쓸모가 있었을까? 이들 천체의 운동을 미리 예측해 낼 수가 있고, 그러면 당연히 서울에서 일식과 월식이 언제 일어나는지도 정확하게 예측이 가능하게 된다. 지금이야 컴퓨터를 동원해서 천문학자들이 간단하게 여러 해 뒤의 일식과 월식도 미리 예보하고 있지만, 5백 년 전에 우리 민족이 그런 예보를 정확하게 해낼 수 있었다면 이 아니 자랑스런 일인가?

그리고 보니 올해는 〈칠정산〉이 나온 지 꼭 550년

이 된다. 550년 전에 이미 우리 선조들은 일식과 월식을 정확하게 예보할 수 있는 천문 계산법을 완성했다는 사실을 보여주는 것이 〈칠정산〉이고, 이 책은 〈세종실록〉에 부록으로 실려 있어 쉽게 구경(?)할 수도 있다. 달력이란 이런 연구의 성과로 저절로 나오는 것일 뿐이다. 세종 때 새로 만든 달력이라니 너무 억울한 설명이라 하겠다. 요즘에야 달력이라면 아무나 만들 수 있는 것처럼 생각하기 쉽고, 또 실제로 예쁜 여자 탤런트 사진이나 바꿔 넣어 만들면 새 달력이 된다고 생각하는 시절이 되었다. 〈칠정산〉을 놓고 그런 상상을 하게 된다면 얼토당토 않은 일이다. 그러나 〈칠정산〉은 우리 나라에 맞는 천문 계산법을 처음으로 완성한 것이었다.

세종 때 여러 가지 천문 기구들이 개발되고 천문학을 비롯한 과학이 크게 발달했다는 것쯤은 누구나 대개 짐작하는 상식일지도 모른다. 앙부일구 등의 해시계와 자격루 등의 물시계, 측우기 등이 모두 이때의 업적이다. 뿐만 아니라 경복궁 안에 있는 경회루의 둘레에는 간의(簡儀)와 동표(銅表) 등의 천문 관측 기구들이 즐비하게 시설되어 있어서 밤마다 다섯 명의 천문관이 밤을 세워 하늘을 관측했다. 또 천문관을 백두산, 한라산, 금강산, 마이산에 보내 천문 관측을 했을 정도로 천문학 연구에 열성이었다. 〈칠정산〉은 바로 이런 열성의 결과로 완성된 우리 나라에 맞는 천문 계산법이었다. 이순지(李純之), 김담(金淡), 정인지(鄭麟趾) 등 많은 당대의 천문학자들이 동원되어 완성된 이 책은 두 권으로 나누어져 있는데 '내편'은 전통적 동양식 천문 계산술을 이용하고 있고, '외편'은 아라비아 방식인 서양 천문학 전통을 활용한 계산법을 보여준다. 한마디로 동서양의 최고 수준의 천문학을 수용하여 우리에게 맞도록 소화하고 있었음을 보여 준다.

그러면 550년 전 세계에서 이 정도의 과학 수준에 있었던 나라나 민족은 몇이나 될까? 자기 나라의 서울을 기준으로 천체의 운동을 미리미리 계산해 낼 수 있는 나라가 얼마나 였을까? '92 바르셀로나 올림픽에는 역사상 가장 많은 170여 개 국이 참가해 경쟁을 벌렸다. 그 가운데 10등 안에 들었다면 사실 대단한 성과라 하지 않을 수 없다. 하지만 1442년에 세계 과학 올림픽이 열렸다면 우리 나라는 3~4등 안에 들 수가 있었을 것이다. 바르셀로나 올림픽에 참가한 나라 가운데 1442년에 자기 나라에서 일어날 일식, 월식을 과학적으로 예보할 수 있는 나라는 어디였을까? 올림픽의 메달 경쟁에서 상위를 차지한 독립국가연합, 미국 등 서양의 어느 나라도 1442년에는 일식을 예보할 수 없었다. 당시 우리보다 일식을 먼저 예보할 정도의 천문학 수준을 이룩한 민족은 중국과 아랍 정도에 지나지 않았다.

일본은 우리보다 어떠했던가 궁금할 것이다. 지금 일본은 세계의 부자 나라가 되었고, 과학 기술 수준도 아주 높다. 그런데 그 일본이 처음으로 우리의 〈칠정산〉같은 천문학 수준을 이룩한 것은 1683년 〈정향력(貞享曆)〉이란 역법을 완성한 때였다. 이 천문 계산법의 완성을 일본 과학사에서는 대대적으로 자랑한다. "일본인 천문학자에 의한 일본 최초의 천문 계산법의 완성"이라는 중요성 때문이다. 바로 똑같은 중요성을 가진 세종 때의 〈칠정산〉보다 무려 241년이나 뒤의 일이다. 그런데 일본 역사가 그렇게도 자랑스럽게 여기는 〈정향력〉보다 2세기 이상을 앞선 우리의 〈칠정산〉에 대해서는 정작 우리 국민들은 잘 알지도 못한다.

　그런데 더욱 흥미 있는 사실은 일본에서 이 역법을 완성하는 데에는 조선 학자의 도움이 있었다는 점이다. 일본의 〈정향력〉을 만든 삽천춘해(澁川春海)라는 과학자가 남긴 글에서 밝혀진 사실이다. 1643년 일본에 갔던 "조선의 손님 나산(螺山)"은 삽천춘해의 스승에게 무엇인가를 가르쳐 주었고, 삽천춘해는 스승에게서 이를 배워 〈정향력〉을 완성할 수 있었다는 것이다.

　1643년 일본에 갔던 "조선의 손님 나산"은 누구였던가? 그 해에 조선 정부에서는 통신사(通信使)를 일본에 파견했는데, 나산은 일행 가운데 네 번째 자리인 독축관(讀祝官) 자격으로 일본을 방문했던 박안기(朴安期)라는 이름의 조선 선비였다. 하지만 그가 어떤 과학적 지식을 가지고 있었고, 정확히 무엇을 일본의 천문학자에게 가르쳐 주었는지는 알 길이 없다. 수학적인 풀이 방법을 깨우쳐 준 것이 아닐까 하고 일본 천문학사를 전공하는 일본 학자들은 짐작하고 있을 뿐이다. 아마 그럴 것이다. 아직 연구가 부족해서 단언할 수는 없지만, 박안기에 대한 국내의 자료는 거의 없는 것같다. 필자는 지난 해 동안 일본에 머물면서 특히 박안기의 발자취를 추적해 보려고 애썼다. 일본의 대표적 유학자 임나산(林羅山)의 문집에는 박안기와의 대화 기록이 남아 있고, 그가 들렀던 정강현(靜岡縣)에 있는 청견사(淸見寺)라는 절의 종루에 써준 현판도 가서 보았다. 또 그 절의 경치를 칭찬한 시를 지은 것이 남아 있다. 그가 대단한 과학자 또는 천문학자였다는 구체적인 증거는 아직 나오지 않고 있는 셈이다.

　여하튼 분명한 사실은 17세기까지만 하더라도 아직 우리의 과학 수준은 일본을 앞서고 있었다는 점이라 하겠다. 그런데

일본인들이 우리보다 240년 늦은 〈정향력〉을 자랑하고 있는
데 비해, 우리는 〈칠정산〉의 자랑스러움을 모르고 있다는 것
이 안타깝다.

세계 최초의 우량계, 측우기

5월 19일은 〈발명의 날〉이다. 이 날을 〈발명의 날〉로
정한 것은 세종 때의 측우기(測雨器)가 이 날 발명되었
기 때문이다. 그만큼 측우기는 우리의 대표적 발명인
것이다. 서양에서는 17세기에 들어가서야 강우량을 측
정하기 시작했을 뿐이어서 세종 때의 측우기에 비하면
꼭 2백 년쯤 뒤진다. 비가 내릴 때 그 양을 정확하게
재어 본다는 것은 과학사에서 여간 중요한 일이 아니
다. 무엇이거나 자연 현상을 관찰하고 그것에서 어떤
법칙성을 찾는 것이 과학일진대 그 관찰에는 좀더 정
확한 방법이 중요하다.

17세기 서양에서는 과학이 폭발하듯 크게 발달하기
시작했는데, 그 배경의 하나가 바로 그런 정확한 관찰
방법의 확립이었다. 강우량만 측정한 것이 아니라 온도
계, 기압계, 습도계 등이 이때 나왔는가 하면, 혈액이
흐르는 양을 실험해서 혈액 순환을 처음 발견하기도
했고, 시계도 정확한 것을 만들어 여러 실험에서 시간
을 재기 시작했다. 이런 측정 장치가 거의 다 17세기부
터 서양에서 나왔지만, 우량계로서의 측우기만은 우리
나라에서 처음 만들었던 것이다. 그래서 측우기는 세계

보물 842호로, 1770년에
만들어진 대구 선화당 측우대
서울 국립중앙기상대에
보관되고 있다.

과학 사상 중요한 의미를 갖는 우리 역사의 자랑인 것이다.

그런데 바로 이 측우기에 대해 중국의 역사가들은 중국에서
처음 만들었다고 주장하고 있다. 1990년 대만에서 나온 〈중국
과학문명사〉라는 책을 읽다가 필자는 깜짝 놀랐다. 이런 대목
이 눈에 띄었기 때문이다.

"1424년 각 지방에 우량을 보고하라는 명령이 내려졌다. 당
시 각 지방에는 조선(朝鮮)에 이르기까지 우량기가 보내져 있
었는데 명 나라 때의 우량기는 원통의 지름구, 인천 등에는
건륭(乾隆) 경인(庚寅)년에 보낸 우량기가 아직 남아 있는데…
…. 이것이 지금까지 남아 있는 세계에서 가장 오래된 우량기
이다."

표현을 우량기(雨量器)라 바꿔 놓았을 뿐 정확히 우리 나라의 측우기를 가리킨 설명이다. 그런데 그것을 중국에서 처음 만들었고, 지금 한국에 남아 있는 것이 바로 그들이 만들어 보내 준 것이라고 주장하고 있는 것이다.

물론 말도 안되는 새빨간 거짓말이다. 그러나 이 거짓은 이 책에만 씌어 있는 것이 아니라는 사실을 나는 중국의 다른 과학사 책에서 계속 찾아낼 수 있었다. 대만에서 1983년에 출판된 이 책은 대만 학자들의 저서가 아니라 북경에서 1982년에 나온 〈중국과학기술사고〉란 책을 그대로 재탕한 것이다. 다른 부분에서는 좀 다른 것도 있지만, 이 부분은 정확히 똑같았다. 대만 사람들이나 중공 사람들이나 한가지로 측우기가 중국의 발명이라고 강변하고 있음을 알 수 있다.

또 1983년 북경에서 나온 〈중국기상사(中國氣象事)〉에는 우리 측우기에 대한 이야기는 전혀 언급이 안된 채, 중국에서 강우량 측정을 세계에서 처음 했는데 그것은 1247년 진구소(秦九韶)라는 수학자가 쓴 수학 책에 나오는 '천지분(天池盆)' 이라는 주장이다. 아주 고약한 것은 이 책에는 측우기 이야기는 전혀 나오지도 않지만, 책 표지 장식으로 틀림없는 측우기가 그려져 있는 것이다. "측우대(測雨臺)"라는 한자 글씨까지 분명하게 우리 나라의 유물을 그린 것이 확실하다.

이들 두 가지 중국인들의 주장에는 그들 나름의 이유가 있기는 하다. 우선 1247년의 수학 책에는 '천지분'이란 그릇이 나오는데 비온 뒤 그 양을 원뿔 모양의 이 그릇에 받으면 평지에서는 얼마나 온 셈인지 환산해 보라는 문제이다. 다만 그 모양이 원통이 아닌 원뿔 모양이어서 이런 천지분을 실제로 우량계로 썼다고 보기는 어려운 일이다. 또 그런 우량계를 썼다는 다른 기록도 없고 보면, 그것은 이 수학 책에 있는 수학 문제에 지나지 않는다고 보아야 옳을 것이 아닌가? 같은 중국 학자 가운데에도 이 천지분이란 원래 우량계로 쓴 것이 아니라 방화용수(防火用水)를 담아 두었던 것으로, 우량계는 아니었다고 써 놓은 과학사 책도 있다. 1981년 대만에서 나온 〈중국 고대의 과학기술〉이란 책에 그렇게 씌어 있다. 진구소라는 수학자는 바로 이 방화수 동을 이용하여 원뿔 모양의 부피 계산 문제를 만들어 냈을 뿐이다.

그러면 중국에서 우량기를 만들어 조선에 보냈고, 그 가운데 지금 한국에 남아 있는 건륭 경인년의 것이 세계에서 가장 오래된 유물이라는 앞의 책은 또 무엇인가? 중국에서 우량기나 측우기를 만들어 우리 나라에 보낸 일은 물론 전혀 없다. 그러나 우리 나라에 남아 있는 건륭(乾隆) 경인(庚寅)년, 즉 1770년의 측우기가 세계에서 가장 오래된 유물인 것은 사실이다. 그런데 중국인들은 이 측우기에 새겨져 있는 "건륭 경인년"이라는 제작 연도의 표현이 바로 중국의 연호(年號) '건륭'을 쓰고 있기 때문에 그것이 중국 것이라고 주장하는 것이다.

어처구니 없는 일이 아닐 수 없다. 삼국 시대부터 조선 왕조 때까지 우리 나라는 따로 연호를 만들지 않고, 중국의 연호를 그대로 사용해 왔다. 아무리 중국 역사가 전공이기는 하지만, 소위 역사 공부를 한다는 사람이 자기 이웃나라 한국에 대해 이 정도도 모른다니 기가 찰 일이다.

분명한 사실은 중국에는 우량기건 측우기건 남아 있는 유물도 없고, 그런 것을 만들었다는 역사적 기록도 없다. 그러나 우리에게는 세종 때인 1441년에서 1442년에 걸쳐 측우기를 여러 가지로 만들어 시험했고 드디어 그것을 만들어 전국에서 사용했으며 그 후로도 계속되었다는 확실한 기록과 유물이 있다.

 하지만 아무리 분명한 사실이라고 해도 우리가 게을러서는 앞으로 전 세계가 우리 측우기를 어떻게 평가할지 모르는 일이다. 이미 외국의 많은 학자들이 중국에 대해서는 관심을 갖고 연구도 많이 하지만, 우리 나라에 대해서는 거의 연구자가 드물다. 당연히 중국 책만 읽을 그들에게 우량계는 중국의 발명이란 생각이 굳어갈 것이 아닌가! 한국인들이여! 측우기 보호에 우리 모두 앞장서지 않겠는가?

강, 시냇물의 흐름을 쟀던 수표

서울 흥능에 있는 세종기념관 마당에는 수표(水標)가 서 있다. 높이 3미터의 화강석으로 만든 이 수표는 강이나 시냇물의 흐름을 재기 위해 만들었다. 기록에 의하면 수표를 처음 만든 것은 세종 23년, 즉 1441년으로 바로 유명한 측우기를 만든 것과 같은 때의 일로 되어 있다. 하지만 측우기에 대해서는 제법 알려져 있지만, 수표에 대해 아는 한국인은 많지 않다. 흐르는 강물이나 시냇물의 유량(流量)을 눈금을 새긴 기둥으로 정확하게 관측한 것은 세종 때 우리 조상들이 세계 처음이었다.

그런데 지금의 장소는 언덕 위여서 도대체 수표가 서 있을 곳이 아니다. 원래 청계천에 세워져 있던 수표가 이 곳에 놓여지게 되었을 뿐이다. 또 엄밀하게 말하자면 이 수표는 세종 때의 그것이 아니며 정확하게 언제 만든 것인지 밝혀져 있지 않다. 원래 세종 때의 수표는 돌로 만든 기초 위에 눈금을 새긴 나무 기둥을 세운 것인데, 지금의 것은 완전히 돌로 되어 돌 위에 직접 눈금이 그어져 있다. 그러면 지금의 수표는 언제 만들었던 것일까? 또 이 수표를 지금 장소로 옮긴 것

1749년에 만들어진
수표. 보물 838호로
서울 세종대왕 기념관에
보관되어 있다.

은 언제일까? 혹시 좀 관심있는 사람들은 수표교(水標橋)라는
다리가 지금 서울의 장충단 공원 입구에 서 있는 것을 알고
있을 터인데 수표와 수표교 사이의 관계는 무엇인가? 또 서울
중구(中區)에는 수표동이란 동(洞)도 있는데 이것도 무슨 관계
가 있는 것 아닐까? 라는 이런 저런 의문이 떠오를지 모른다.

세종 때 처음 수표를 만들었을 때 그것은 서울의 두 곳에
세워졌다. 하나는 청계천 물 가운데 세워 서울 시내의 물을
알아 보려는 것이었고, 또 하나는 한강가의 바위 위에 세워
한강 물의 수위(水位)를 알려는 목적에서였다. 한강가의 수표
가 정확히 현재의 어디쯤에 세워졌는지는 밝혀져 있지 않다.
그러나 청계천의 경우에는 당시의 마전교(馬前橋) 서쪽에 수

표를 세우고 그것을 보아 청계천 수위를 알 수 있었다. 그러나 수표가 생기면서 그 다리 이름은 마전교가 아니라 "수표다리"로 바뀌어 뒤에는 아예 수표교가 되어 버렸다. 수표교의 위치는 조선 시대에는 장통교(長通橋) 아래였는데, 그 곳은 지금도 광교(廣橋)란 이름으로 내려오고 있다. 그러나 수표교란 이름은 1959년 청계천을 덮어 길을 만들 때 사라져 버렸다. 수표 다리를 아예 장충단 공원으로 옮겨 버렸기 때문이다.

그 대신 지금도 중구에는 수표동이란 동 이름이 남아 있고 거기에 수표 공원이란 어린이공원을 남기기도 했으며, 종로구에 관수동(觀水洞)이 있어서 수표를 보던 동네란 의미를 남겨주고 있다. 수표의 원래 위치는 지금 중구 수표동 43번지와 종로구 관수동 152번지 사이에 해당하는데 대강 청계천 2가라 할 수 있다. 원래 세종 때 처음 측우기와 함께 수표를 만들었을 때에는 다리 서쪽에 돌을 깔고 그 돌을 파내어 그 위에 다시 돌받침을 세운 다음 그 사이에 나무 기둥을 세워 쇠갈고리로 고정시켰다고 되어 있다. 그 나무 기둥에는 몇자(尺), 몇치(寸), 몇푼(分)까지를 잴 수 있는 눈금이 그려져 있었다고 〈세종 실록〉에는 기록되어 있다. 흐르는 물의 양을 몇 푼까지 잰다는 것은 너무나 정확한 측정이어서 사실 별의미가 없어 보일 수도 있다.

그래선지 알 수 없지만 지금 남아 있는 화강석 수표에는 이렇게 상세한 눈금은 사라지고, 1자에서 10자까지만이 글로 써있고, 눈금이 앞과 양 옆으로 그어져 있을 뿐이다. 그리고 3자, 6자, 9자 눈금에는 동그라미를 그려 넣어 갈수(渴水), 평수(平水), 대수(大水)를 구별해서 가뭄, 보통, 홍수 위험을 나타냈다. 높이 3m, 너비 20cm의 단면 6각형 기둥인데, 사실은

6각형의 앞을 뾰족하게 만들고 뒤를 뭉툭하게 만든 유선형이어서 날씬한 느낌을 준다. 그리고 꼭대기에는 연꽃 무늬를 곁들인 지붕을 살짝 덮어 두었다. 한 자 사이의 거리는 지금 단위로 21.5cm인데 조선 시대의 주척(周尺)을 나타낸 것이다.

지금 수표는 보물 제838호로 지정되어 있고, 수표교 역시 서울시 문화재 제18호로 지정되어 보호되고 있다. 그러나 막상 이 수표 다리가 언제 돌로 만들어졌고, 또 지금의 돌로 만든 수표는 언제 만든 것인지 알려져 있지 않다. 세종 때에는 나무로 되었던 것이 그 후 언젠가 돌로 바뀐 것만은 분명하지만, 그 정확한 시기를 알 수 없다. 〈신증동국여지승람(新增東國輿地勝覽)〉에는 수표교의 서쪽 물 가운데 돌로 만든 수표를 세우고 몇자 몇치를 새겨 놓았다고 기록되어 있어서, 이 책이 완성된 것은 성종 17년(1484)이니 그 전에 이미 수표는 돌로 만들어졌다는 것을 알 수 있고, 같은 때 수표교도 돌로 만들었음을 짐작할 수 있다. 하지만 지금 남아 있는 수표가 당시의 것인지는 의문이다. 지금 것에는 몇치인가를 밝히는 눈금은 없기 때문이다.

그렇다면 지금 보물 제838호로 지정된 수표는 다시 그 후의 것이라는 뜻이 되고, 그 전의 돌로 만든 수표의 행방이 궁금해진다. 아닌게 아니라 1830년에 완성된 서울을 소개하는 책 〈한경식략(漢京識略)〉이란 네 글자도 새겨져 있었는데, 이 수표는 지금은 낡아 없어지고 새 돌 수표가 세워져 있다고 적혀 있다. 실제로 "경진수평"이란 네 글자가 수표교의 다리 하나에 적혀 있는데, 경진년의 기준 수면이란 뜻이다. 기록에 의하면 영조 36년(1760) 오랫동안 개천을 치지 않아 쉽게 홍수가 나자 청계천 바닥을 파내는 공사를 대규모로 벌인 일이 있다. 이 해가 바로 경진년이니 이때 준설 공사를 마치고 그 기준 수면을 표시해 놓은 것이 분명하다. 이때 공사를 마치고 개천가에서 흙이 흘러 내리는 것을 막기 위해 개천 양쪽에 버들을 심고, 계사년에는 고쳐 돌로 쌓았다. 이 계사년은 1773년에 해당한다.

마침 수표 밑 부분에는 '기사대준'(己巳大濬), '계사갱준'(癸巳更濬) 이란 글씨도 새겨져 있다. '계사갱준'의 계사년은 분명히 1773년을 가리킨 것으로 보인다. 그러나 '기사대준'의 기사년이 언제인지는 확인하기 어렵다. 늦게 잡으면 1809년도 되지만 그보다 이르게 잡자면 1749년 또는 그 이전도 되기 때문이다.

탐정 소설같은 이야기를 거슬러 올라가면 우리는 지금 남아 있는 수표가 200년 남짓밖에 되지 않은 것임을 알 수 있다. 그리고 그 전에도 이미 돌로 만든 수표가 있었지만 없어졌다는 것, 그리고 원래 세종 때의 수표는 돌이 아니라 나무로 만들었다는 것도 알게 된다. 여하튼 다른 나라 사람들이 하지 못했던 한강과 청계천의 수위 관측을 열심히 해서 기록해 남겼다는 사실은 세계 과학사에 남길 중요한 우리 과학사의 공헌이 아닐 수 없다.

조선인의 긍지, 거북선

이순신(李舜臣, 1545~1598) 장군과 그의 거북선을 모르는 한국인은 없다. 만약에 7년 동안 계속되었다는 임진~정유(壬辰~丁酉)의 일본군의 침략 기간 동안 이 나라를 지켜주고 또 마지막 싸움에서 장렬하게 죽음으로써 더욱 그 공을 빛낸 이순신같은 진정 '군인다운 군인'이 없었더라면, 우리는 지금 얼마나 다른 군인상(軍人像)을 가지게 되었을까? 훌륭한 군인의 모범인 이순신은 또한 뛰어난 품성을 지닌 인간의 귀감이었고, 나아가 빼어난 과학 기술자이기도 했다.

이순신은 유명한 거북선의 발명자이다. 거북선은 임진란 당시 일본 침략군의 간담을 서늘하게 만들어 그들의 해군을 격멸해 줌으로써 왜군의 해상 활동을 최소한으로 만들 수 있었다. 그 덕택에 왜군은 서해안을 통해 평안도까지의 보급로를 차단당하고 전라도 일대의 장악이 불가능해져 결국 물러나게 되었던 것이다. 용의 무시무시한 머리 모양을 한 선수(船首)에서는 대포를 쏘거나 검은 연기를 뿜어내어 적군을 심리적으로 위축시켰고, 철갑을 덮은 배 등에는 날카로운 쇠날이 꽂혀 있어서 적군의 접근을 원천 봉쇄했다.

이순신 장군이 임진왜란 때 새롭게 만든 거북선의 모형

　이제 아무도 거북선 없이 우리 역사를 생각하기 어려울 정
도로 거북선이라는 조선 중기의 싸움배(戰船)는 우리의 기술
사에서도 잊을 수 없는 귀중한 유산으로 평가되고 있다. 서양
에서 배를 온통 쇠로 덮어 보호하기 시작한 것은 1850년 이후
의 일로 밝혀져 있다. 그러니까 이순신의 거북선은 세계 철갑
선의 역사에서 서양을 250년 이상 앞섰던 것이라고 할 수 있
다. 어디 그것 뿐인가? 임진란 때의 거북선은 일본 배들보다
크기는 훨씬 크면서도 속도가 더 좋았던 것으로 보인다. 불행
히 그 속도를 낼 수 있게 해준 기술적 내용을 아직 밝혀내지
는 못했지만 당시의 배 만드는 기술은 세계 최첨단 수준에 있

충남 아산 현충사에
봉안되어 있는 이충무공의 영정

었던 것이 확실하다.

실제로 우리 나라는 삼국 시대 이래 배를 만드는 기술이 중국이나 일본과는 다른 모습을 띠고 발전되어 왔다. 특히 대형 선박은 산이 많은 이 나라에서 많은 짐이나 군사 등을 남쪽과 북쪽 사이에 수송하는 데 절대적으로 필요한 것이었다. 삼국 시대 흥해 해상을 지배했던 장보고의 해상 활동이 그것을 방증해 주고, 왕건의 고려 왕조 개창은 그가 끊임없이 예성강과 호남 사이의 황해를 배로 오가며 군사 작전을 펴고, 또 호남 지역의 호족들과 정치적 연합에 성공한 결과를 보더라도 그것은 가능했던 일이었다. 물론 고려와 조선 시대에 선박 기술이 발달하게 된 가장 근본적 이유는 육로 교통이 불편하여 모든 세곡(歲穀)을 배로 운반해 서울로 가져오던 소위 조운(漕運)제도 때문이었다. 전통적으로 수레가 발달하기 어려운 조건이었던 만큼 배는 크게 발달했던 것이다.

거북선은 이미 그 이름이 조선 초 태종 때의 기록에 나오기 시작한다. 그러나 당시의 거북선은 이름은 똑같아 '거북선(귀선)'이었지만, 임진란 때의 그것과는 상당히 다른 것으로 보인다. 임진란을 앞두고 이순신은 이미 조운에 널리 사용되던 대형 선박 판옥선(板屋船)에 지붕을 덮어 여러 가지로 개량해서 전선으로서의 거북선을 새로 고안했던 것이 분명하다. 이 거북선의 재 발명에는 나대용(羅大用) 장군의 도움도 상당했던 것으로 보인다. 보기에 따라서는 임진란 때의 거북선은 이순신과 나대용의 재 발명이라고 하는 편이 좋을지도 모른다.

그런데 거북선이 정말로 쇠로 덮인 철갑선이냐 하는 문제에 대해서는 학자들의 의견이 일치하지 않는다.

개화기에 처음으로 서양물을 먹었다고 할 수 있는 유길준(兪吉濬, 1856~1914)은 1895년에 발행한 그의 책 〈서유견문(西遊見聞)〉에서 "충무공의 거북선은 철갑(鐵甲) 군선으로 세계 최초의 것"이라면서 자랑한 일이 있다. 또 그에 앞서 대원군은 대동강에서 좌초한 미국 상선 〈제너럴 셔만〉 호를 끌어다가 한강에서 다시 복구해서 움직이는 실험을 할 때, "거북선같은 철갑선" 만들기를 희망했던 것으로 전해진다.

거북선이 그 지붕을 쇠로 덮어 적의 공격을 물리치기 쉽게 되었다는 것은 임진왜란 당시의 일본측 기록에서도 발견된다. 하지만 우리 나라의 믿을만한 기록에 분명하게 철갑선이었다는 기록이 보이지 않기 때문에 기록을 중시하는 역사가들 사이에서는 그것이 정말 철갑선이었을까 의문을 던지는 경우가 많은 것이다.

일제 시대 사학자이며 언론인으로 활약했던 문일평(文一平)은 일본측 사료를 들어 거북선이 틀림없는 철갑선이었다고 쓴 일이 있다. 하지만 그보다 앞서 민족사학자로 활동했던 신채호(申采浩)는 오히려 그 반대 입장을 내세우고 있다. 연희전문에서 1934년 영어로 된 우리 배의 역사를 쓴 언더우드는 함께 교수로 있던 정인보(鄭寅普)의 말을 인용하며 거북선이 철갑선이었다는 확실한 증거가 없다는 부분을 강조했고, 최근에는 최영희(崔永禧), 김재근(金在瑾) 교수가 이에 동조했다. 하지만 박혜일(朴惠一) 교수처럼 수원성 등의 성문에 입힌 것 같은 얇은 철갑을 입혔을 것이라고 주장하는 학자도 있다.

거북선이 세계 최초의 철갑선이건 아니건, 그것이 대단히 빠르고 잘 만들어진 전선이었던 것만은 분명하다. 우리 나라 배라면 대체로 헐뜯어 소개한 일제 하의 일본인의 책에도 거북선만은 칭찬 일색이었다는 사실만으로도 짐작할 수 있다. 그리고 이순신이 연전연승의 전과를 거두어 조선인의 최소한의 긍지를 지켜 준 근본적 힘이 바로 이 위대한 발명품 거북선에 있었던 것도 확실하다. 〈일본의 역사〉를 쓴 리차드 스토리라는 역사가가 지적한 것처럼, "한국의 이순신은 영국의 넬슨과 어깨를 나란히 할 수 있는 세계 굴지의 명장"이며, 이 명장을 명장으로 만든 것이 거북선이었던 것이다.

가장 한국적인 한의학, 〈동의보감〉

우리 전통 의학의 가장 자랑스런 대표적인 명저를 들라면 단연 〈동의보감(東醫寶鑑)〉이다. 특히 최근 우리 전통 문화에 대한 관심이 높아져 〈동의보감〉은 더욱 더 각광을 받게 되었고, 특히 극작가 이은성 씨의 소설 〈동의보감〉이 이 책을 더욱 유명하게 만들었다. 물론 이 책은 선조 때——더 알기 쉽게 임진란 때——의학자 허준(許浚, 1546~1615)이 지은 책이다.

〈동의보감〉은 이제 우리 전통 의학의 대명사가 되어 버렸다. 매스컴에서는 전통 의학적 방법 등을 소개할 때는 그것이 실제로 〈동의보감〉에 있는 것인지 어떤지 따질 것도 없이 '〈동의보감〉의 처방'이라고 말하는 수가 많다. 이렇게 허준의 의학서가 우리 전통 의술을 대표하게 된 것은 우리 나라의 책으로 일본과 중국에까지 제법 널리 보급된 책이 바로 이것뿐이라는 사실로도 짐작이 가는 일이다. 동의보감은 1610년에서야 완성된 것으로 밝혀져 있다. 광해군 2년의 일이다. 그로부터 1세기 남짓이 지난 1724년 일본에서는 임금의 명에 따라 이 책이 간행되었다. 그리고 1799년에도 다시 간행되었다. 중국에서는 1763년에 처음 간행되고, 그 뒤

허준의 동상

1796년, 1890년에 다시 간행되었으며, 그 후 20세기에 들어
와서도 상해에서 그리고 대만에서 여러 차례 발행되었다.

허준은 선조 때의 대표적 시의로 왕과 왕실의 건강을 담당
하고 있던 의학자였다. 그는 정상적인 양반 자식이 아니라 서
얼(庶孼) 출신이었다. 본관이 양천(陽川)인 그는 아버지 허륜
의 첩 자식으로 세상에 태어났다. 선조 때에는 이미 적서(嫡
庶)의 구별이 심해져 있었고, 허준이 일반적인 과거를 보아
출세하는 대신 의사가 된 것도 아마 그가 서출이었다는 사실
과 관계가 있을 것이다. 어차피 서출에서는 천문학, 수학, 의
학 등의 전문 분야 공부만이 권장되고 또 그런 관직만이 열려
있던 시절이었다.

그는 지금의 경기도 김포에서 태어나 경남 산청에서 자랐
다. 당대의 명의 유의태(柳義泰), 양예수(楊禮壽) 등의 지도를
받았다고 알려져 있으며, 28세에야 의과에 합격하여 내의원
(內醫院)에 근무하기 시작했다. 1592년 임진란이 일어나자 선

조를 따라 의주까지 피난을 했고, 당시의 고생을 인정받아 뒤에 따른 많은 신하들과 함께 호종(扈從)공신의 줄에 들게 된 일도 있다.

왕자의 천연두를 고치는 데 공을 세웠다거나 왕과 함께 피난의 고생을 함께 했고 또 수시로 임금의 건강을 담당했다는 등의 관계로 그는 선조의 신임을 굳혀갈 수 있었고, 그가 그의 녕서로 알려신 〈동의보감〉 집필을 맡게 된 것도 이와 같은 임금의 신임 때문이었다. 처음 선조는 〈동의보감〉 편찬을 당대 의학계의 대표적 인물을 망라하여 만들 생각이었다 1596년 (선조 29년) 선조는 허준, 정석, 양예수, 김응탁, 이명원, 정예남 등에게 이 책의 편찬을 맡겼던 것이다. 그러나 곧 1597년 정유왜란이 일어나자 이 일은 흐지부지되면서, 결국은 허준 혼자의 일로 바뀌어 갔다.

오늘날 〈동의보감〉을 대개 허준의 책이라 하게 된 까닭이 여기에 있다. 그러나 얼마만큼이 정말로 허준 단독의 연구와 노력으로 완성된 것이고, 얼마나 되는 분량이 다른 원래의 참가자들에 의해 이미 완성되었던 것인지는 지금으로선 알 길이 없다. 어쨌든 이 책의 편찬 지침으로 선조 임금은 다음과 같은 말을 한 것으로 기록은 전한다.

"요사이 중국에서 들여온 의서(醫書)는 모두 대수롭지 않고 오히려 번잡하기만 해서 참고하기 불편하다. 대저 질병이란 조섭을 잘못해서 일어나므로 일상 조심함이 제일이며, 약품이란 그 다음 가는 법이다. 예로부터 알려진 처방 가운데 번잡하고 실용성이 적은 것은 버리고 진짜 중요한 것만 골라서 의학의 경전(經典)을 정리해 볼 일이다. 이로써 시골 사람들도 요절(夭折)과 비명의 횡액을 면할 수 있게 하고, 국산 약재를 다시 검토하고 분류하여 어리석은 백성들이 쉽게 의학 지식을 얻을 수 있게 하라."

요컨대 그때까지 모든 의학서적을 다시 정리하여 실용적인 의학서를 만들되 누구나 쉽게 찾아 볼 수 있고, 또 국산 약재를 활용할 수 있게 하라는 지시가 내린 것이다. 또 이 책의 편찬에 참고하도록 선조는 궁중에 있던 의학서 500권을 내주었다고 기록되어 있다.

바로 이와 같은 지침이 가장 잘 나타난 부분이 이 책의 탕액편(湯液篇)이라 할 수 있다. 여기에는 여러 가지 약품 이름이 한글로 표기되어 있고 많은 국산 약재를 소개하고 있다. 그야말로 "동의(東醫)"에 관한 책임을 아주 분명하게 밝히고 있는 셈이라 하겠다. 물론 그가 책 제목으로 사용한 '동의'란 '중국의학'이란 말의 상대적 표현이다. 중국의 의학과는 다른 우리 나라의 의학 체계를 세워야겠다는 의지의 나타남이라 할 수 있다. 그리고 이런 운동은 고려 후기에 이미 활발하게 일어나 많은 책들이 "향약…"이란 제목 아래 간행된 일이 있었다. 그리고 이런 책들의 연구 결과가 종합되어 조선 초 세종 때 완성된 대표적 저술이 바로 〈향약집성방(鄕藥集成方)〉이었다.

중국에서 수입한 의학이란 뜻에서 일반적으로 한약(漢藥) 또는 당약(唐藥)이라 알려진 말 대신에 고려 후기부터는 '우리의 의학'을 외치는 소리가 높아졌고, 그 결과가 세종 때의 〈향약집성방〉을 낳은 것이다. 그리고 허준의 〈동의보감〉은 바로 이와 같은 향약 운동의 결과인 셈이다. 다만 그전까지 사용하던 향약이란 말대신 허준은 동의란 표현을 도입하고 있다. 그리고 이 표현은 그 후까지 계승되어 조선 말기의 가장 유명한 의학자 이제마(李濟馬)의 〈동의수세보원(東醫壽世保元)〉이란 책을 낳았다. 북한에서는 지금도 우리 전통 의학을 "동의학"이란 말로 나타내고 있다. '향약'이나 '동의' 모두 지금의 우리 입장으로 보자면 일종의 "민족의학"이라 할 수 있다.

조선 시대 민족 의학의 대표적 작품인 허준의 〈동의보감〉은 다섯 편으로 구성되어 있다. (1) 내경(內景) (2) 외형(外形) (3) 잡병(雜病) (4) 탕액(湯液) (5) 침구(針灸)가 그것이다.

내경편은 인체의 모양을 비롯한 일종의 생리학 개론, 그리고 오장육부(五臟六腑)의 설명을 거쳐 지금의 내과 질환에 관한 것을 다루고 있다. 외형편에는 지금의 외과, 이비인후과, 피부과, 비뇨기과, 성병 등이 포함되어 있다. 잡병편에서는 여러 가지 진단과 진맥의 방법도 소개하고 구토, 땀, 설사, 열 등의 증세에 따른 진단 문제도 다루고 있다. 탕액편은 앞에서 이미 지적한 것처럼 약품에 대한 소개인데, 약물의 분류 방식이 물, 흙, 곡식, 사람, 새, 짐승, 물고기, 벌레, 과일, 채소, 풀, 나무, 옥, 돌, 쇠(水, 土, 穀, 人, 禽, 獸, 魚, 蟲, 果, 菜, 草, 木, 玉, 石, 金)으로 나눠져 있는 것이 특이하다. 마지막으로 침구편은 침과 뜸에 대한 부분이다.

〈동의보감〉 이외에도 허준은 여러 가지 전염병에 관한 책을 남기고, 1615년(광해군 7년) 8월 13일 세상을 떴다. 70세를 살고 간 그에게는 외아들 허겸(許謙)이 있었다지만, 그의 후손에 대해서는 잘 알려져 있지 않다. 허준의 〈동의보감〉이 중국과 일본에까지 널리 읽혀진 이유는 그것이 동양의 전통적인 의학을 다루면서도 그것을 한국적인 것으로 승화시켜 놓았기 때문에 가능했던 것으로 보인다. 중국적인 한의학이나 일본적

인 한의학은 중국과 일본에 얼마든지 있다. 하지만 가장 한국
적인 한의학 〈동의보감〉을 당할 것이 없었던 것이다. 가장 한
국적인 것이 가장 세계적이라는 사실을 웅변을 주는 우리 문
화의 자랑 한 가닥이 여기에 있다.

가장 오래 된 추시계, 혼천 시계

큼직한 벽 시계에는 대개 묵직한 추가 달려 있는 수가 많다. 하기는 요즘 장식용으로 만든 대형 시계에 있는 추는 그냥 모양 좋으라고 붙여 놓는 경우가 많아서 말하자면 속임수라고도 할 수 있다. 하지만 원래 기계 시계가 처음 발달했을 때에는 바로 그 무거운 추를 시계를 움직여 주는 동력(動力)으로 썼다. 추가 없어서는 시계란 움직일 수가 없었던 것이다.

바로 그런 추를 하나도 아닌 둘씩이나 붙여서 만든 조선 후기의 큼직한 기계 시계가 우리 나라에 남아 있다. 지금 고려대 박물관에 보관되어 있는 '혼천 시계'(渾天時計)가 그것이다. 1982년 국보 제230호로 지정된 이 시계는 1669년(현종 10년) 당시 천문학 교수 송이영(宋以穎)이 제작한 것으로 밝혀져 있는데, 지금까지 이 땅에 남아 있는 가장 오래된 추시계라 할 수 있다. 아마 남아 있는 것 가운데 최고(最古)일 뿐만 아니라 가장 먼저 제작된 것이 아닐까 생각된다. 기계 장치 부분은 주로 놋쇠로 만들었는데, 나무 상자에 들어 있고, 상자의 크기는 가로 120cm, 높이 98cm, 두께 52cm 이다.

1669년 관상감의
천문학 교수인 송이영이
만든 혼천시계.
국보 230호로 고려대
박물관에 보관되어 있다.

이것은 크게 나누어 두 가지 장치를 묶어 놓은 셈이라 할
수 있다. 추의 무게로 움직이며 또 종을 울려 시각을 알려 주
는 기계식 시계가 있고, 그 옆에는 역시 같은 힘으로 저절로
움직이는 혼천의(渾天儀)가 세워져 있다. 바로 이 두 가지를
함께 불러 "혼천 시계"라 부르게 된 셈이다. 이런 시계들은
흔히 "천문 시계"라 부르기도 한다. 추의 무게를 동력으로 여
러 개의 톱니바퀴들이 움직여서 시각을 나타내는데 시각을 나
타내는 것도 몇 가지가 있다. 12시(자, 축, 인, 묘……)를 각
각 나타내는데 팻말이 돌아가며 창에 나타나서 그때의 시각을
나타내 준다. 또 시각이 되면 종을 필요한 수만큼 울리는데,
이렇게 종을 울리는 데에는 쇠알을 굴려서 하고 그 쇠알은 한
번 굴러내린 다음에는 국자에 담겨져 다시 제자리로 돌아가게
돼 있다.

그 옆에 세워 놓은 혼천의는 천체 관측용의 혼천의가 아니라 천문 현상을 보여 주기 위한 혼천의이다. 둥근 테가 여럿 얼키설키 엮여져 있는데, 해가 움직이는 길과 달이 움직이는 길이 각각 테로 만들어졌다. 그밖에 입춘, 우수, 경칩…등의 24절기가 표시되어 있고, 모든 것들이 저절로 움직여서 언제나 이것만 보면 그 시각의 천체 운동 상황을 알 수 있게 되어 있다. 이 혼천의 한가운데에는 당연히 지구가 있는데, 그 크기를 지름 9cm쯤이나 되게 만들어 그 위에 세계 지도를 아주 간단하게나마 그려 놓고 있다. 또 그려진 각 지역에 대해서는 간단한 이름을 밝혀 놓기도 했는데, 조선(朝鮮), 일본(日本), 유구(琉球), 대청국(大淸國)을 비롯하여 인도, 태국, 필리핀의 루손섬 등이 당시 표현으로 나온다. 유럽, 아프리카, 아메리카 등 대륙도 표시되어 있는데, 유럽(歐邏巴)만 비슷할 뿐 아프리카는 리미아(利未亞)로 표기돼 있고, 아메리카는 남북을 합쳐 그냥 아묵리가(亞墨利加)라 써 있는데다가 북아메리카의 모양은 실제와 상당히 틀리다. 큰 바다도 셋을 표시했는데, 대서양만 옳게 되었을 뿐이고 지금 우리가 태평양이라 부르는 것은 대동양(大東洋)이라 되어 있고 지금의 인도양을 태평양이라 표기했다. 생각해 보면 우리 나라의 동쪽에 크게 자리잡고 있는 바다를 대동양이라 부르는 것은 아주 그럴듯한 것이 아닐까하는 생각이 든다.

이 시계에 대해서는 국내에서보다는 외국 학자에 의한 연구가 훨씬 앞서 있다. 처음으로 이 중요한 과학 유산에 대한 학술 논문을 다룬 사람은 한국인이 아니라 1930년대에 서울에 와 있던 미국의 천문학자 칼 루퍼스였다. 뒤에 미국 미시간 대학 교수가 된 루퍼스는 1936년 영국왕립학회 한국지부 논문

집에 "한국의 천문학"(Korean Astronomy)이란 영어 논문을 발표했는데, 이 논문 가운데 송이영의 혼천 시계가 간단히 설명되어 있다. 그는 특히 당시 김성수(金性洙)가 갖고 있던 이 시계를 자신이 사진 찍게 허락해 준 데 대해 고맙다는 인사말도 덧붙여 놓고 있다. 전상운(全相運) 교수의 기록에 의하면, 인촌(仁村) 김성수는 일제 시대에 '큰 집 한 채 값'을 주고 고물상으로부터 이 혼천 시계를 사들였다고 한다.

특히 이 시계는 1959년 간행된 조셉 니덤의 〈중국의 과학과 문명〉 제3권에서 주목할만한 자리를 차지하면서 국제적 관심을 더욱 모을 수 있었다. 중국 과학 기술사의 세계적 권위자로 인정받고 있는 니덤은 1986년에는 다시 〈朝鮮「書雲觀」天文儀器와 計時機〉란 제목의 책을 영어로 냈는데, 이 책에는 옛 시계 연구를 전문으로 하는 존 콤브리지라는 학자가 1964년에 발표했던 논문을 수정해서 싣고 있다. 송이영의 혼천 시계에 대한 상세한 구조를 밝혀 놓은 제법 길고 상세한 내용이다. 니덤은 이 혼천 시계가 동양의 오랜 시계 제작 기술 전통과 서양의 기계 시계 기술을 섞어서 만든 아주 특징있고 자랑스런 유산이라고 설명하고 있다. 니덤의 책은 영어로는 〈The Hall of Heavenly Records〉라 붙여져 있는데, 안 표지 한 장에 한자로 쓴 중국식 제목은 바로 앞에 소개한 것처럼 길게 되어 있다. 이 영어 제목은 물론 '서운관'의 번역인데, 고려와 조선 시대의 국립 천문대 및 기상대를 가리킨다. 니덤이 이런 책을 따로 썼다는 사실만으로도 그가 얼마나 우리 나라의 천문학 전통을 높이 평가하고 있는가를 짐작할 수 있다.

그런데 1669년의 혼천시계는 당시 기록을 살펴보면 지금 남아 있는 송이영의 것말고도 여러 개임을 알 수가 있다. 실제로 〈현종 실록〉에 보면 같은 때 현종의 명령에 의해 만든 시계만 해도 송이영의 것만 있었던 것이 아니라 이민철(李敏哲, 1631~1715)의 것도 있었다. 또 바로 5년 전인 1664년에는 최유지가 만든 혼천 시계도 있었고, 그 후로는 1687년과 1704년에도 그런 것들을 제작한 기록이 있고, 특히 1723년(경종 3년)에는 문신종(問辰鍾)을 만든 기록도 남아 있다. 실물은 어느 것도 남아 있지 않지만, 특히 문신종은 서양식 시계임이 분명하다.

1669년 이민철과 송이영이 각각 만든 시계는 아주 중요한 차이점을 갖고 있었다. 이민철은 수격식(水激式)으로 제작했고, 송이영은 자명종(自鳴鍾)을 만들었다고 설명되어 있는 것이다. 수격식이란 물의 힘을 이용하여 기계 장치를 저절로 돌려 주었다는 뜻이므로 이민철의 시계는 세종 때 장영실이 만든 자격루의 전통을 계승해서 만든 것이라 할 수 있겠다. 송이영은 이와 달라서 추를 동력으로 이용해서 만들었으니 보다 서양식이었다 할만하다. 국보 230호는 동서의 시계 기술의 조화에서 나온 걸작이었다.

하늘의 모양을 돌에 새긴 〈천상열차분야지도〉

우 리 나라에는 돌에 새겨진 옛날의 천문도(天文圖)가 둘
이나 남아 있다. 하나는 국보 228호로 지정된 1395년
의 것이고, 다른 하나는 보물 837호로 지정된 1687년
의 것이다. 오래 된 것은 거의 6백년 전에 만들어졌는
데 지금 국립박물관에 있고, 나머지도 3백년이 지난 것
인데 서울 홍능의 세종기념관에 전시되어 있다. 그런데
중국에서 1241년, 그러니까 지금부터 751년 전에 만들
어진 비슷한 천문도가 돌에 새겨져 남아 있다.

이들 세 석각(石刻 : 돌에 새긴) 천문도는 가로 1미
터, 세로 2미터 정도로 크기도 대개 비슷하고, 그 안에
새겨 넣은 별의 숫자도 1460개 남짓으로 세 개 모두
비슷하다. 다만 만들어진 시기만은 서로 달라서 중국의
것이 가장 오랜 작품이고, 우리 나라의 것이 뒤의 것이
된다. 또 하나 크게 다른 것으로는 천문도 이름이 중국
의 경우는 그저 평범하게 〈천문도(天文圖)〉라고 한자
로 써 있는데 반해서 우리 나라 것에는 〈천상열차분야
지도(天象列次分野之圖)〉라는 지금의 우리에게는 알송
달송한 제목이 달려 있다. 그러나 전세계에 돌에 새긴
천문도란 아주 희귀한 것이기 때문에, 지금 남아 있다

국보 228호인 천상열차분야지도

는 사실만으로도 대단한 과학 문화의 유산이 아닐 수 없다.

엄밀하게 말해서 우리의 천문도는 우리 선조들의 '발명'은 아닐 것이다. 돌에 천문도를 새기는 일은 이미 중국에서 시작된 일이 있고, 또 여기 새겨진 천체들 가운데에도 한국 사람이 처음 발견한 별이 있었던 것으로는 보이지 않는다. 하지만 천문 현상을 돌에 새겨 두는 방법을 처음 시작한 사람은 중국인이 아니라 한국인이었을 가능성도 아주 없지는 않다. 〈천상열차분야지도〉의 설명문 속에 그런 내용이 있기 때문이다. 또 그렇지 않다 해도 복잡하기 이를 데 없는 하늘의 모양을 돌에 새겨 두려는 그 정신이야말로 대단한 과학 정신이 아닐 수 없다.

〈천상열차분야지도〉는 그 후 우리 나라 천문도의 대표가 되어 많은 사람들이 이를 서로 복사하여 집 안에 걸어 두는 수가 많았다. 지금도 시골과 서울을 가릴 것 없이 적지 않은 이 그림들이 전해져 오고 있을 정도이다. 원래 조선 초에 만들었던 〈천상열차분야지도〉는 그 제목을 중간에 넣고, 그 위에 천문도 그리고 그 아래에 설명문 등을 붙였으나 숙종 13년(1687)에 복각할 때는 제목을 제일 위로 끌어 올려 전체 모양이 달라 보이게 되었다. 하지만 그려진 별들의 위치나 글의 내용은 완전히 똑같은 것으로 보아 1395년의 것을 복사한 것이 1687년의 것임을 알 수 있다. 실제로 전의 것이 오래되어 돌에 새긴 그림이지만 닳았던 때문에 새로 만들었다는 설명이 역사에 기록되어 있다.

여기 들어 있는 설명문에 의하면 원래 우리 나라에는 예로부터 돌에 새긴 천문도가 있었다고 한다. 그런데 그것이 전란 가운데 대동강 물에 빠져버렸을 뿐만 아니라 그 탁본(拓本)마저 갖고 있는 사람이 드물었다. 그러던 차에 새로 조선 왕조를 시작한 이성계(李成桂)에게 어느날 한 사람이 옛 천문도의 탁본을 갖다 바쳤다. 물론 그것은 고구려 때의 것이어서 별들의 위치가 조금 바뀐 것도 있어서 태조는 천문학자들을 시켜 이를 교정하게 한 다음 새 천문도를 만들었다는 설명이다. 이 설명은 당시 대표적 학자로 조선 왕조 개국 공신이었던 권근

(權近)이 쓴 것으로 되어 있어서, 이 돌에 새겨져 있을 뿐만 아니라 권근의 문집 〈양촌집(陽村集)〉에도 들어 있다.

권근의 설명에 의하면 이 천문도는 열두 명의 천문학자들에 의해 만들어졌다. 그들의 직함과 이름이 적혀 있다. 또 이 설명문에는 당시 지식층이 믿고 있던 우주관(宇宙觀)이 어떤 것이었던가를 설명한 부분이 있어서 흥미롭다. 하늘과 땅이 생긴 모양을 대체로 둥근 하늘 아래 평평한 땅이 있다는 방식으로 설명한 개천설(蓋天說), 하늘은 껍질과 같고 땅은 노른자같은 달걀 모양이라는 혼천설(渾天說) 등의 옛 우주관이 간단하게 설명되고 있다.

그런데 도대체 〈천상열차분야지도〉란 복잡한 제목은 무슨 뜻이란 말인가? '천상(天象)'이란 하늘의 현상 또는 천체의 현상을 가리킨 말이다. '열차(列車)'란 당시 사용되던 하늘의 구역 12차를 가리킨 것이다. '분야' 역시 하늘을 구분하는 당시의 방법을 가리킨 것이다. 특히 동양의 전통 천문학은 하늘의 황도 가까이를 28개의 별자리로 대표시키고 있었는데 이들 별자리 즉 28수(宿)가 바로 분야를 나타내는 수단으로 활용되었다. 따라서 옛 천문도에는 언제나 12차와 28수가 표시되기 마련이었다. 이밖에도 이 천문도에는 하늘의 중심 부분에 자리잡고 있는 3원(三垣)도 표시되어 있고 많은 별자리가 표현되어 있다.

고구려 또는 고려 때에 평양에 있던 석각 천문도가 대동강에 빠진 것이 사실이라면, 언젠가 나라가 통일된 다음 대동강 물 속을 뒤져 그것을 건져 내는 것은 별로 어렵지 않을지 모른다. 그러나 정말로 대동강 속 돌로 만든 더 오래된 천문도가 잠겨 있다면 거기 새겨 있는 별들은 몇 개나 되고, 또 얼마나 정확한 것일까? 더 중요한 의문은 과연 1395년의 〈천상열차분야지도〉가 정말로 1395년에 돌에 새겨져 오늘 남게 되었느냐는 것이다. 내 생각으로는 그렇지 않은 것같다. 우리 나라의 천문관서의 역사 등을 적은 책 〈서운관지(書雲觀志)〉는 나온 지 거의 200년이 되는 책인데 그 가운데에는 세종 15년인 1433년에 천문도를 돌에 새겼다는 기록이 있다. 그러나 1433년의 돌에 새긴 천문도가 어찌 되었는지는 그 후 아무도 모른다. 이 수수께끼를 푸는 방법은 이 천문도를 완성한 것은 1395년이지만, 그것은 원래 종이에 그렸던 것이고, 이를 돌에 새긴 것이 1433년일 것이라고 나는 생각한다.

우리 선조들이 특히 천문에 관심을 가졌던 것은 지금의 과학적 태도와는 조금 달라서, 다분히 정치적 목적때문이라 할 수 있다. 즉 나라를 새로 세운 임금은 천명(天命)을 새로 받았다는 사실을 자랑하기 위해서라도 천문도를 준비할 필요가 있었을 것이기 때문이다. 여하튼 6백년 전의 우리 선조들이 1460개가 넘는 별들을 돌에 새겨 남겼다는 사실은 오늘의 과학하는 우리들에게 훌륭한 교훈이 아닐 수 없다.

제 3 장

동양과학 전통의 재평가

〈피타고라스의 정리〉에서 〈구고 정리〉로
음력으로 보는 세월
훌륭한 과학적 전통, 간지
중복 이후 20일만의 말복은 '월복'
자연과의 조화를 추구하는 과학, 풍수지리
우리 민족의 정서에 맞는 난방법, 온돌
카메라 원리를 이용한 세종의 銅表
일본 시계사 속의 조선
세계 최초의 접는 부채

〈피타고라스의 정리〉에서 〈구고 정리〉로

삼각형은 각(角)을 셋 가지고 있기 때문에 그런 이름을 갖고 있다. 그러나 각만 셋 있는 것이 아니라 줄 또는 선(線)도 셋이다. 직각 삼각형에서 가장 간단하고 재미 있는 특징을 보여 주는 것은 길이가 3 : 4 : 5로 되어 있 다는 사실이다. 그래서 '황금의 직각 삼각형'이란 별명 이 붙어 있다.

중학교 국정 수학 교과서에는 이 직각 삼각형이 '피 타고라스의 정리'를 소개하는 첫대목에 등장한다. 기하 학은 고대 이집트에서 홍수가 난 뒤 땅의 구획을 다시 정리하기 위해 이용했는데, 이를 정리해 낸 사람이 그 리스의 수학자 피타고라스라는 사람이다.

또한 이 책에서는 고대 중국과 인도에서도 12 : 13 : 5 인 직각 삼각형을 이용하고 있었다고 적고 있다. 마치 고대 동양 사람들은 간단한 직각 삼각형에 대해서는 알지도 못한 채 보다 복잡한 직각 삼각형만 알고 있었 다는 투다.

물론 그렇지 않다. 길이가 3 : 4 : 5인 직각 삼각형은 그야말로 호랑이 담배 피던 시절부터 서양 사람이나 동양 사람 모두 알고 사용했던 것이어서 엄밀하게 말하면 어느 쪽이 먼저 발견해 사용했던 것인지 확인하기 어렵다.

그렇다면 오늘 우리가 '피타고라스의 정리'라 부르는 이치가 옛날 우리 선조들에게도 알려져 있었던 것일까? 당연한 일이다. 직각 삼각형의 세 변에 대한 일반적 관계, 즉 가로의 길이와 세로의 길이를 각각 제곱해 더하면 빗변의 길이를 제곱한 값과 같다는 것은 삼국 시대부터 알던 일이었다. 그렇다면 삼국시대에는 '피타고라스의 정리'를 뭐라고 불렀을까? 아니 도대체 피타고라스가 우리 나라에 처음 알려진 것은 언제부터일까? 필자의 연구에 따르면 이 땅에 피타고라스의 이름이 처음 알려진 것은 1883년쯤 우리 나라 최초의 신문 〈한성순보(漢城旬報)〉에서 비롯한다.

그러나 순한문으로 씌어진 이 신문 기사에서는 그의 이름이 한자로 '피댁고(皮宅高)'로 표현되어 있을 뿐이다. 중국 책에서 중국식 표기를 그대로 베껴 온 기사였기 때문이다. 그 기사는 '피타고라스의 정리'를 소개한 것도 아니어서 직각 삼각형과 관계되어 그의 이름이 우리에게 알려진 것은 20세기에 들어와서의 일이라는 것을 짐작할 수 있다.

19세기 우리 나라의 천문학자이며 수학자인 남병길(南秉吉, 1820~1869)의 책 가운데 《구고술요도해(勾股術要圖解)》란 것이 있다. 여기 나오는 '구고'란 표현이 바로 열쇠를 가지고 있다.

예를 들면 고대 동양 수학의 대표적 작품인 《구장산술(九章算術)》은 9장으로 구성되어 있어서 이런 이름으로 불리게 되었던 것인데, 그 마지막 장(章)의 이름이 바로 '구고(勾股)'라 되어 있다. 바로 이 부분이 직각 삼각형에 관한 여러 가지 문제 풀이가 나오는 장이다.

중국의 고전 수학서인 《구장산술》이 정확하게 언제 나온 것인지는 알 수가 없다. 그러나 대체로 한(漢)나라 때까지는 정리되어 나왔던 것으로 보이니까 적어도 2천 년은 된 책이라고 하겠다. 물론 이 내용은 훨씬 전부터 알려졌던 것이다.

우리 나라에서는 삼국 시대부터 이 책을 비롯한 다른 수학 책들을 사용하고 있었다. '구고'란 표현은 남병길이 처음 쓴 것이 아님은 물론, 삼국 시대 이래 적어도 2천 년 가까이 우리 민족이 사용했던 말임을 알 수 있다.

직각 삼각형에서 짧은 변은 '구(勾)'였고, 긴 변은 '고(股)' 그리고 빗변은 '현(弦)'이라고 불렀다. 그래서 우리 선조들은 이들 세 변의 관계를 '구고법(勾股法)' 또는 '구고현법'이라 불렀던 것이다. 우리는 급하게 서양 문물을 배워 오는 가운데 지켜야 할 것조차 깡그리 잊어버린 채 수학이나 과학의 모든 것을 서양 것 그대로 받아들이게 되었고, 그 때문에 우리는 '구고법'을 잊고 '피타고라스의 정리'를 사오게 된 것이다.

지금이라도 수학에서 우리는 '피타고라스의 정리'를 버리고 '구고법' 또는 '구고의 정리'를 되찾아야 하지 않는가? 그렇지 않아도 우리들의 현대 생활에는 지나치게 서양 사람의 이름이 넘쳐 흐른다. 우리 현대사가 서양 것을 배우는 측면이 강했기 때문에 어쩔 수 없는 부분이 많음을 인정할 수 있다. 하지만 정당하지 않은 부분에까지 서양 이름을 끼워 우리 전통 문화를 오염시킬 필요는 없지 않은가?

음력으로 보는 세월

음력이라면 으레 미신에서 나온 것이거니 하는 사람들이 있는 듯하다. 하긴 그렇게 짐작하는 것도 무리는 아니다. 토정 비결을 보거나 사주 팔자를 짚어 볼 때에 우리가 쓰는 날짜 계산은 모두 음력을 쓰고 있지 않은가 말이다. 토정 비결이나 사주 팔자가 모두 미신이라면 음력도 미신 아니고 무엇일까? 대강 그런 생각에서 많은 사람들이 음력을 미신에서 나온 것이라고 짐작하는 듯하다.

그러나 알고 보면 음력은 미신이기는커녕 가장 과학적인 역법이다. 보기에 따라서는 우리가 지금 쓰고 있는 양력보다도 훨씬 더 합리적인 역법이다. 전 세계가 지금은 모두 양력을 기준해서 날짜 가는 것을 따지게 되었기 때문에 우리도 양력을 쓰고 있지만, 그것은 양력이 음력보다 꼭 더 과학적이거나 우수해서가 아니라 서양 문명이 세계를 지배하게 되었기 때문일 뿐이다.

도대체 음력이란 무엇일까? 음력이란 태음 태양력을 줄여 부르는 말이다. 여기서 '태음'이란 '으뜸가는 음' 곧 달을 말하고, '태양'이란 해를 가리킨다. 그러니까 음력은 날짜가 바뀌고 달이 바뀌어 해가 가는 이치를 해의 운동과 달의 운동과 함께 나타내려고 만든 역법인 것이다. 이와 대조적으로 양력이란 달의 운동은 완전히 무시한 채 해의 움직임만을 기준으로 하여 만든 태양력의 준말이다.

두말할 것도 없이 달력이란 인류가 긴 시간을 재려고 고안해 낸 방법이다. 오랜 옛날부터, 천체의 운동을 기준으로 하면 시간이 흐르는 규칙성을 측정하는 일이 가능하다는 사실을 알게 되었다. 따라서 고대 문명은 어느 지역에서나 해와 달의 운동을 기준으로 해 달력 또는 역법을 만들기 마련이었다. 해의 운동만 기준으로 하여 이집트에서는 양력이 만들어졌는가 하면, 아랍 지역에서는 달의 운동만을 이용한 진짜 순태음력이 만들어져 사용되기도 했다.

해와 달의 운동을 함께 나타내 보려고 태음 태양력을 만든 민족은 우리 동양 사람들과 서양의 고대 바빌로니아 사람들이었다. 어쩌다 보니 서양에서는 양력으로 통일이 되고 동양에서는 음력으로 통일되어 19세기까지 서로 다른 역법을 쓰게 되었지만, 음력은 서양에서도 저절로 생겨난 적이 있다는 말이다.

역법이 아주 복잡한 과학으로서 예로부터 모든 민족이 가장 열심히 연구한 과학 분야가 된 것은 해와 달의 운동이 복잡하게 돼 있기 때문이다. 잘 알고 있는 것처럼 하루란 해가 떠서 지고 다시 떠오를 때까지를 말한다. 그런데 문명에 따라 하루의 시작 시간을 언제로 잡느냐 하는 문제는 언제나 일정하지가 않았다. 하기야 지금 우리들은 자정을 하루의 시작으로 잡고 있는데, 그 까닭은 그때에 날짜를 바꾸는 것이 가장 혼란을 줄일 수 있기 때문이다.

하루가 해의 운동으로 결정되는 것과는 달리 한 달이란 달

의 운동을 기준으로 생긴 시간의 단위이다. 달이 한 번 찼다
가 기울어지는 그 변화를 한 번씩 할 때마다 한 달이 지난다
고 생각한 것이다. 그런데 한 달은 도대체 몇 일이 될까? 그
한 달은 29일 반쯤인데 그 길이가 꼭 29.5로 떨어져 주지를
않는다. 좀 정밀하게 나타낸다면 한 달은 29.5305882일이라고
한다. 그런가 하면 한 해의 길이를 날짜로 나타내려 해도 마
찬가지로 간단하지가 않다. 삼백예순닷새나 삼백예순엿새라면
좋겠는데 그 정확한 값은 365.2422쯤으로 나가는 것이어서 이
또한 복잡하기 짝이 없다. 이쯤 되고 보니 한 해가 몇 달이냐
하는 문제에도 간단한 모범 답안은 나올 수가 없다. 한 해가
열두 달이 되었다가 열세 달이 되었다가 하는 수밖에 없는 것
이다. 달의 운동을 완전히 무시해 버린 양력에 견주어 달의
운동을 함께 나타내려는 음력이 훨씬 더 복잡한 구조를 가진
것은 어쩌면 당연한 일일 것이다.

먼저 음력에는 양력에서 볼 수 없는 윤달이 있다. 양력으로
한 해는 언제나 열두 달이다. 그러나 음력에서는 한 해가 열
두 달일 때도 있지만 때로는 한 달이 더 있어서 한 해가 열세
달이 되기도 한다. 이때에 덤으로 더 있는 한 달을 윤달이라
부른다. 그런데 똑같이 '달'이란 말로 나타내기는 하지만 사실
은 양력에서의 '달'이란 거짓말인 셈이다. 양력은 달의 운동을
완전히 무시했기 때문에 말로는 한 달 두 달을 따지지만 달의
운동 기간과는 아무 상관이 없다. 뻔한 일이지만 양력의 한
달은 2월을 빼고는 모두가 실제 한 달의 길이인 29.5305882
일보다 길다. 다시 말하자면 양력에서 달이란 단위를 쓰고는
있지만 그것은 자연 현상과는 아무 상관없이 편의상 쓰고 있
을 뿐이란 뜻이다.

이와는 달리 음력의 한 달은 진짜 한 달을 나타내고 있다. 언제나 달이 가장 둥글게 되는 날을 한 달의 한가운데인 십오 일로 잡아 그걸 보름날이라고 하고, 한 달이 저마다 29일과 30일짜리가 알맞게 섞여 한 해가 이루어지는 것이다. 그런데 이렇게 달의 운동에 충실한 '달'을 채우느라면 한 해는 열두 달도 되고 열세 달도 될 수밖에 없다. 당연히 한 해의 길이가 길어졌다가 짧아졌다가 하는 수밖에 없는 것이다.

그런데 윤달은 어떤 달에 붙여질까? 아무 달에나 적당히 윤달을 만들어 붙이는 것일까? 윤달을 만드는 데에는 아주 재미 있고 확실한 규칙이 있다. 그걸 설명하려면 먼저 입춘, 우수, 경칩, 춘분…하고 나가는 24절기를 알아야 한다. 곧 열두 절기와 열두 중기를 함께 알아야 한다는 말이다. 입춘, 우수, 경칩, 춘분, 청명, 곡우…로 이어지는 24절기 가운데 입춘, 경칩, 청명, 입하, 망종, 소서, 입추, 백로, 한로, 입동, 대설, 소한은 절기이고, 우수, 춘분, 곡우, 소만, 하지, 대서, 처서, 추분, 상강, 소설, 동지, 대한은 중기이다. 한 해는 삼백예순닷새 남짓한 길이니까 절기와 중기가 번갈아 오면서, 절기와 다음 절기 또는 중기와 다음 중기 사이의 길이는 언제나 삼십일이 조금 넘기 마련이다.

그러니까 한 달에 절기와 중기가 보름만에 하나씩 들어 있는 것이 보통이다. 그렇지만 음력 한 달은 29일인 때가 많기 때문에 때로는 한 달에 절기만 하나 또는 중기만 하나가 들어 있는 수가 생기게 된다. 하기야 그런 경우에는 그 절기 또는 중기가 보름날 즈음에 들어 있을 것이다. 그럴 때에 중기가 없는 달을 그 전달의 윤달로 정한다. 이런 방법을 그래서 "무중치윤법"이라 한다. 중기 없는 달에 윤달을 두는 방법이란

말이다. 음력에서는 중기가 그 달의 이름을 정해 준다고 보면
된다. 곧, 우수가 든 달이 정월이고, 춘분이 든 달이 이월, 곡
우가 든 달은 삼월이라는 식이다.

예를 들면 지난 해에 윤달이 있었는데 그 윤달은 유월이었
다. 곧, 지난 해의 윤유월에는 열나흗날에 입추라는 절기 하나
만 들었을 뿐이었고 유월을 결정하는 중기인 대서는 전 달 스
므여드렛날에, 칠월을 결정하는 중기인 처서는 다음 달 초하
룻날로 모두 빠졌던 것이다.

우리 선조들이 달의 운동을 기준으로 삼아 살아 온 것은 그
때로서는 너무도 당연한 일이었다. 지금처럼 온갖 조명이 밤
을 낮처럼 밝혀주는 세상에서는 달의 모양이 어떻거나 상관않
고 살아가는 수가 많아졌지만, 옛날에는 달모양이 어떠냐에
따라 그날 밤의 일이 크게 달라질 수도 있었다. 달이 밝은 밤
이라면 혹시 가까운 여행도 할 수 있고 들에서 일을 마무리할
수도 있겠지만, 초하루 밤이라면 아예 그럴 엄두를 낼 수도
없었을 터이다. 또 바닷가에 사는 어부들에게는 바닷물이 얼
마나 들어오는지를 알기 위해서도 음력을 쓰는 것이 편리했을
법하다.

그러나 막상 윤달에 태어난 사람에게는 또 이런 문제가 생
겼다. 윤달은 얼마나 자주 오는 것일까? 혹시 윤달이 자주 온
대도 같은 윤달이 아니면 생일 찾아 얻어 먹기도 어려운 것이
아닐까? 또 윤달에 죽은 사람의 제사는 어떻게 모셔야 할까?

윤달은 3년이면 한 번은 꼭 오게 되어 있다. 좀더 상세히
따져 보면 다섯 해에 두 번, 여덟 해에 세 번은 오게 된다.
그보다 더 정밀하게 말하자면 열아홉 해에 윤달이 일곱 번 온
달 수 있다. 열아홉 해 동안에 윤달을 일곱 번 두는 방법은

이미 이천 년도 더 오래된 옛날부터 동양과 서양에서 이용하고 있었다. 그래서 서양에서는 바빌로니아의 역법에 있는 19년 7윤법을 '메톤 주기'라 불렀고, 동양에서는 같은 것을 '장법'이라 했다. 바로 열아홉 해라는 좀더 긴 기간이 같은 윤달이 돌아오는 주기이기도 하다. 윤유월이나 윤삼월은 열아홉 해마다 다시 돌아온다는 말이 된다. 그렇지만 여기에도 꼭 규칙성이 있을 수는 없다. 이를테면 1987년에 윤유월이 있었다면 열아홉해 뒤인 2006년에 다시 윤유월이 있어야 할 것이다. 그런데 사실은 2006년에는 윤유월이 없고 그 대신에 2005년과 2036년에 윤유월이 있으니 때로는 19년이 훨씬 지나서 돌아오기도 하고 그보다 짧은 기간에 돌아오기도 하여 오랜 기간을 두고 보면 19년이 한 주기가 될 수 있음을 설명해 주고 있다.

그렇다고 윤달이 어느 달이나 똑같이 열아홉 해마다 한 번 꼴로 들게 되는 것도 아니다. 그건 얼핏 생각해 보아도 당연한 일이겠다. 왜냐하면 19년에 윤달은 일곱 번밖에 없다고 했으니 모든 달이 한 번씩 윤달을 갖게 될 리가 없는 것이다. 사실은 윤오월이 가장 자주 돌아오게 되어 있고, 그 몇 달 앞뒤에는 윤달이 있지만 겨울철에는 윤달이 걸리지 않게 된다. 여름에는 태양의 공전 속도가 느리고 겨울에는 반대로 공전 속도가 빠른 까닭에 이런 현상이 나타난다. 따라서 '윤동짓달'에 빚을 갚겠다는 말은 빚을 갚지 않겠다는 배짱을 '부드럽게' 표현한 것이라 할 수 있다.

이처럼 윤달은 덤으로 들어가는 달로 여겨졌기 때문에 옛날에는 재미있는 여러 가지 풍속을 낳기도 했다. 정상적인 열두 달에 들지 않았기 때문에 아무 액운과도 연결되지 않는다는 믿음이 생긴 것이다. 그래서 지금도 부모님의 수의를 준비하는 일은 윤달을 골라 하는 수가 많다.

윤달이란 24절기에 맞춰 생긴다고 했다. 그러면 24절기란 또 무엇일까.

흔히 농사를 짓는 데에는 24절기가 꼭 필요하다고들 말하는 것을 들을 수 있다. 옳은 말이다. 그러면서도 24절기가 사실은 음력이 아니라 '양력'인 셈이라면 알아듣지 못할 사람들이 많을 듯하다. 양력이 태양 운동만을 기준으로 해서 만든 역법인 것과는 달리 음력은 본디 태음 태양력 곧 달의 운동을 기준으로 하되 거기에 태양 운동을 보탠 것이란 말을 이미 했다. 그런데 바로 24절기가 태양 운동을 나타낸 것이다. 지구가 태양의 둘레를 15도쯤 돌 때마다 절기 하나씩을 넣어 준 것이다. 삼백예순닷새 남짓한 한 해를 24절기로 간격을 나누니까 절기 사이의 길이는 열닷새 남짓 하게 된다. 그리고 그것은 양력의 어느 날짜에도 거의 일치한다. 지난 춘분은 3월 20일이었지만 어떤 해에는 3월 21일이 되기도 한다. 그저 하루쯤 앞뒤로 바뀔 뿐이지 24절기의 양력 날짜는 언제나 같은 법이다. 곧, 24절기란 태양 운동을 나타낸 양력 부분이기 때문이다.

24절기가 농사 짓는 데에 필요하다는 것은 너무나 당연한 일이다. 옛 사람들은 24절기를 꼽아가며 농사 일을 했던 것이지 음력 날짜로 계절을 따진 것이 아니었다. 계절이 봄에서 여름으로 그리고 다시 가을로 바뀌는 변화는 바로 이 절기를 보아야 알 수 있는 일이었다. 그래서 '농가월령가' 같은, 농부들이 계절에 따라 해야 할 일들을 내용으로 한 노래에는 24절기를 기준으로 내용이 엮어져 있다. 그러므로 몇몇 사람들이 말하듯이 농사 짓는 데에는 양력보다는 음력이 맞다면서 그 예로 24절기를 드는 것은 잘못이다. 24절기가 곧 양력이기 때문이다. 또 음력 날짜가 계절과 맞지 않는다고 불평하는 것도 잘못이다. 음력의 날짜는 달의 모양을 알기 위한 것이지 계절에 맞춘 것이 아니기 때문이다.

음력을 말하면서 음력 설에 대해 생각하지 않을 수가 없다. 급속하게 나라가 근대화하고 그와 함께 서양 문명이 우리 사회를 지배하기 시작하면서 우리들은 우리 자신도 잘 깨닫지 못하는 사이에 양력만이 옳고 음력은 그릇된 것처럼 생각하게 된 듯하다. 그 바람에 우리는 양력을 기준으로 쓰면서, 설을 두 번씩 쉴 필요가 없다고 음력 설을 천대하기 시작했다. 한때는 양력 설만이 설이고 음력 설은 휴일로도 하지 않았을 만큼 천대가 이만저만이 아니었다.

설이란 새해가 시작되는 날을 가리킨다. 그렇다면 새해를 시작하는 날에는 무언가 자연 현상에도 새롭게 시작되는 일이 있는 편이 그럴듯 할 것이다. 그런데 양력 1월 1일에는 자연에서 어느 것도 새로운 일을 찾을 수가 없다. 해가 어느 특별한 위치에 있거나 특별한 모양을 하고 있는 것도 아니며 달이 그런 것도 아니다. 그렇지만 음력 정월 초하루는 음력 어느 달의 초하루나 마찬가지로 달이 다시 생겨나는 날이다. 소한, 대한의 추위가 지나 봄 기운이 머지 않을 때에 달이 다시 생겨나는 날을 음력에서는 설로 만든 것이다.

양력 1월 1일이 아무런 기준 없는 새해의 시작이라는 말에 대해서는 조금 설명을 더할 필요가 있을 듯하다. 본디 고대 로마 시대에는 새해를 지금으로 쳐서 3월쯤에 시작했다. 지금으로 쳐서 2월 말이 연말이 되었던 셈이다. 자연히 윤년에 하루를 더 넣어야 할 때에는 연말에 그 하루를 더해 주는 것이 당연한 일이었다. 그러다가 2100년쯤 전부터 새해의 시작을 두 달 앞당겼다. 원래의 첫달은 셋째 달이 되었고, 그 뒤의 모든 달이 두 달씩 밀리게 되었다. 지금도 영어로는 '제칠월', '제팔월', '제구월', '제시월'이란 뜻인 셉템버, 옥토버, 노벰버, 디셈버가 저마다 구월, 시월, 십일월, 십이월을 가리키게 된 것도 그런 연유에서였다. 또 당연히 연말에 붙였다 떼였다 해야 그럴듯한 윤년의 하루가 이월 말에 붙게 되는 사연도 거기에 있었다.

본디 양력은 춘분을 중심으로 한 역법으로 불러도 좋다. 지금의 3월이 새해의 시작이었다는 말부터가 춘분 든 달이 새해의 시작이었다는 뜻이 된다. 특히 기독교가 서양 사람들을 지배하게 되면서 서양 사람들은 부활절을 대단히 중히 여기게 되었다. 지금의 양력 1월 1일은 1582년에 교황 그레고리오 13세가 역법을 고쳐 다음 해의 춘분을 1583년 3월 20일에 오도록 조정함으로써 1월 1일이 저절로 정해진 것이었다. 부활절이란 춘분 지난 뒤에 오는 첫 만월 다음의 첫 일요일로 정해져 있었는데 그때의 부활절은 본디의 부활절과는 계절의 차이가 느껴질 만큼 많이 달라져 있었다. 교황 그레고리오 13세는 춘분을 제 계절에 맞춰 보려 했던 듯하다. 그래서 1월 1일은 춘분 날짜에 따라 저절로 정해진 한 해의 시작이 되었다.

음력에서 새해의 시작은 본디 동지였다. 만일 태양을 중심으로 시간을 잰다면 한 해 중에서 해가 낮게 떨어지는 날인 동지가 새해의 시작이 되는 것은 당연한 일이다. 또 음양 사상으로 말하더라도 음이 극에 달하여 다시 실낱같은 양의 기운이 살아나기 시작하는 날이 바로 동지였으니 그 날을 새해의 시작으로 보는 것은 백번 지당한 일이었다. 그러나 동양에서는 태양이 아니라 달의 운동을 더 중요한 기준으로 여겼던 까닭에 동지가 들어 있는 달의 초하루를 새해의 시작으로 잡았던 것이다. 곧, 동짓달 초하루가 설날이었던 것이다.

그러나 동짓달 초하루는 아직 진짜 추위가 시작도 되기 전이다. 설을 동짓달 초하루에 쇠면 새해의 시작은 마냥 계속되는 추위 속에 지낼 수밖에 없다. 동지, 소한, 대한이 모두 새해 처음에 들어 있기 때문이다. 그래서 중국인들은 2000년쯤 전에 동지 정월을 버리고 입춘 정월로 바꿨다. 거의 두 달을 뒤로 미뤄 좀 날이 풀린 다음에 새해를 맞으려 했던 것이다. 이름은 '입춘 정월'이지만 지금의 음력 설날이 입춘이 든 달의 초하루가 된다는 말은 아니다. 입춘의 앞이나 뒤로 열닷새 사이에 시작되는 새 달의 초하루가 설이라는 말이다.

동지 정월을 입춘 정월로 바꾼 흔적은 지금도 여기저기에 남아 있다. 음력에서는 12지를 써서 달 이름을 나타내기도 하는데, 자월, 축월, 인월 따위가 그것이다. 그런데 자월은 지금의 정월이 아니라 동짓달을 가리킨다. 그러므로 축월은 섣달이고 인월이 지금의 정월이었다. 동짓달이 새해의 첫달이었다는 증거가 여기에도 있는 셈이다. 우리도 신라 시대에 다섯 해 동안 동짓달 초하루를 설로 한 일이 있었다. 695년에서 699년까지의 일이었다. 만일 동짓달 초하루가 동지라면 그날이야말로 가장 과학적인 설날이 될 것이다. 그날 해는 가장 낮게 떴다가 다시 솟아오르기 시작할 것이고, 달은 사라졌다가 새로 생겨나기 시작할 것이기 때문에 해로 보나 달로 보나 새해의 시작으로 가장 알맞은 날이기 때문이다. 그렇지만 그런 날이 자주 올 수는 없었다. 그래서 어쩔 수 없이 음력에서는 설을 입춘 정월로 옮겼던 것이다.

역법은 고대의 과학 가운데 가장 발달했던 분야이면서 또 가장 복잡한 것이었다. 주로 양력을 발전시켜 온 서양 사람들은 달의 운동을 완전히 무시한 채 계절에만 맞는 역법을 만들었고, 동양 사람들은 달의 운동에 날짜를 맞추고 계절의 변화는 24절기에 맞춘 이중 구조의 음력을 발달시켜 왔다. 세종 때에는 '칠정산'이라는, 세계에 내놓아 자랑할 만한 뛰어난 역법을 만들기도 했던 우리 조상들은 서양의 영향으로 고종 32년 곧 1895년 11월 16일까지 음력을 쓰고, 그 다음 날을 고종 33년 1월 1일이라고 하여 양력을 쓰기 시작했다. 지금은 전 세계가 양력을 쓰고 있고, 옛날처럼 달의 모양을 알 필요도 거의 없어진 만큼 우리가 다시 음력을 쓸 일은 거의 없게 될지도 모른다. 그러나 음력이 미신스럽거나 비과학적인 역학이라고 지레 짐작하는 일은 대단한 잘못이다. 그러므로 지금이라도 양력보다 오히려 더 과학적인 음력을 연구하고 검토하여 현대의 실생활에 적용해 보려는 노력이 필요하지 않을까 생각해 본다.

훌륭한 과학적 전통, 간지

해가 갈수록 달력에는 간지를 표시하지 않는 수가 많아 지고 있다. 아마 많은 한국인들이 갑자, 을축, 병인…… …… 하는 것은 옛날의 잘못된 미신이나 되는 것이려니 지레 짐작하고 넘어가기 때문인 것같다.

하기는 지난 해에 난 사람은 모두가 원숭이 띠가 되고, 올해 태어나는 아기들은 앞으로 모두 닭 띠가 된다니 좀 허황스럽다고 느끼는 것도 무리는 아니다. 게다가 이런 띠를 근거로 운명을 판단한다는 여러 가지 운명 판단법에 이르면 그 허황스런 것은 더 말할 것도 없는 일이다. 그 대표적인 전통 운명 계산법이 〈토정비결〉이고, 그것이 서양식 점성술과 연결되어 현대판 운명 판단법으로 개발되어 신문에 매일 나오는 것이 '오늘의 운세' 등이다. 이런 것들에 비판적인 사람들이 띠와 그 근거가 되는 간지를 미신으로 생각하는 것도 무리는 아니다.

그러나 간지를 미신이라 생각하는 것은 우리의 아름답고 편리한 과학적 전통을 미신으로 오해하는 잘못임을 알아 주었으면 좋겠다. 원래 간지를 가지고 날짜와 달, 그리고 햇수의 흘러가는 순서를 표시하게 된 것은 중국과 우리 나라 등 동양에서 아주 편리한 10진법과 12진법을 함께 사용하다가 생겨난 것이다.

갑자(甲子), 을축(乙丑), 병인(丙寅), 정묘(丁卯), 무진(戊辰), 기사(己巳)… 등으로 이어지는 옛 선조들의 햇수 계산 방법에서 두 글자 가운데 마지막 글자가 그 해의 동물을 결정해 준다. 즉 자, 축, 인, 묘, 진, 사…가 그것이다. 차례로 쥐(子), 소(丑), 호랑이(寅), 토끼(卯), 용(辰), 뱀(巳), 말(午), 양(未), 원숭이(申), 닭(酉), 개(戌), 돼지(亥)가 각각 12년마다 차례로 찾아오는 셈이다. 그런데 이 12지(十二支)는 앞 글자인 10간(十干)과 결합하여야만 그 해의 간지(干支) 표현이 된다. 즉 앞 글자는 10년에 한 번씩, 뒷 글자는 12년에 한 번씩 찾아오기 때문에 똑같은 간지가 찾아오려면 60년이 걸리는 것이다.

2천 년 남짓 전부터 동양 사람들은 긴 시간을 셈하기 위해서는 이런 60년 주기를 쓰는 것이 편리하다는 사실을 터득하여 이용하기 시작했다. 또 사람의 수명도 대강 이 정도이고 보면 이래저래 편리한 길이의 시간인 것이 분명했다. 예를 들어 무진년에 태어난 사람은 꼭 60년을 살아야 다시 같은 무진년을 맞게 될 것이다. 지금보다 사람의 평균 수명이 훨씬 짧았던 옛 사람들에게는 60년 주기를 다시 맞는다는 사실이 예사로운 일이 아니었다. '같은 간지의 해를 다시 맞이한다.'는 환갑(還甲) 또는 회갑(回甲)이란 말이 생기고 그를 기념하여 잔치를 벌이는 것은 너무나 당연한 일이었다.

띠같은 것에 집착하지 않고, 간지의 본 뜻을 살려 널리 사용하면 그렇게 편리한 방법이 있을 수 없다. 예를 들어 보자. 고등학교 학생들은 입시 준비로 갑신(甲申)정변, 갑오(甲午)경장, 갑자(甲子)사화 등을 배우고 그 사건들의 일어난 해(年)를 외우게 된다. 그런데 거의 모든 학생들은 이것을 따로따로 억지로 외우고 있기 때문에 갑신정변이 1883년에 일어났는지 1886년에 일어났는지 혼동을 일으킬 때가 많다. 물론 갑오경장이나 갑자사화도 마찬가지다. 간지를 잘 활용하면 이런 일은 있을 수 없다.

다 아는 것처럼 간지의 첫 글자는 즉 10간이며, 그것은 모두 10자가 순서대로 돌아가는 것이다. 당연히 10년 마다 같은 글자가 시작될 것은 당연한 일이 아닌가? 그렇다면 '갑자' '갑신' '갑오'년들은 모두 10년의 배수로 차이가 날 뿐이 아닌가 말이다. 따라서 '갑'이 어느 해에 해당하는지만 알아 두면, '을'은 다음 해일 것이고…… 그래서 간지의 첫 글자만 보면 기원 몇 년일까 마지막 숫자는 환하게 알 수가 있다. '갑'은 0004년이다. 당연히 갑신정변은 1884년, 갑오경장은 1894년, 갑자사화라면 1504년인 것이 이상할 것이 없는 것이다. 당연히 을사보호조약은 1905년, 을미사변은 1895년으로 '을'자로 시작하는 해는 0005년이 된다.

당연히 병인양요, 병자호란은 0006년일 터이고, '정'으로 시작하는 해는 0007년, '무'라면 0008년, '기'는 0009년, '경'은 0000년, '신'은 0001년, '임'은 0002년, '계'로 시작하는 해는 0003년이 된다. 이것만 알아 두면 젊은이들이 거의 모르고 있는 자기 출생년의 간지도 금방 계산해 낼 수가 있다. 자기 출생년과 띠를 모르는 젊은이는 없으니 그것 둘 만으로 자기 출생년 간지를 계산할 수 있다는 말이다. 예를 들어 1970년 생으로 개 띠라는 것을 아는 젊은이라면, 개 띠를 결정해 주는 글자는 간지의 둘째 글자로 '술'(戌)임을 알 것이다. 첫째 글자야 위에 설명한 것처럼 1970년 같은 0000년의 경우에는

'경'이라 했으니, 출생년은 금방 '경술'임을 계산할 수 있다. 또 경술년에 난 것을 안다면 자기 출생년에 중요한 역사 사건이 바로 "경술국치"이고, 같은 경술년이라면 그것은 60년의 배수로 차이가 날 것을 알 수도 있다. 이 경우 1970년 생의 젊은이가 태어나기 꼭 60년 전에 우리 나라는 일본에 나라를 잃는 쓰라린 경험을 하게 되었다는 사실을 기억하기 쉬울 것이다.

한국 사람이라면 누구나 자기 출생년쯤은 간지로 계산해 알아 두고, 또 역사 공부에 간지를 활용하는 지혜를 길러 두는 것이 좋지 않을까? 이렇게 편리하고, 과학적인 방법을 미신이라니 당치도 않은 일이다. 역사 공부를 덮어놓고 하기보다는 간지 이용법을 익히고 역사 사건을 외워 둔다면 얼마나 간단하게 많은 역사 사건이 일어난 햇수를 틀림없이 기억해 낼 수 있겠는가? 서양 사람들에게는 이렇게 편리하게 그들의 역사 사건을 기억하는 수단이 전혀 없다는 사실도 함께 알아 두었으면 좋겠다.

중복 이후 20일만의 말복은 '월복'

올여름에는 삼복 더위가 어느 정도나 될까? 복날이면 누구든지 개장국을 먹거나 닭곰탕을 먹는다는 것쯤은 잘 알고 있다. 그렇지만 왜 하필 개고기를 복날에 골라 먹게 된 것인지 아는 사람은 드물다. 또한 삼복은 음력으로 정해진 것이 아니라 양력 기준으로 정해진다는 것도 거의 알려져 있지 않다.

먼저 삼복의 날짜 정하는 법을 살펴 보자. 우선 알아둘 일은 복날은 날짜로 지정되어 있는 것이 아니라는 점이다. 올해 1993년에는 복날이 7월 18일, 28일, 8월 7일로 되어 있지만 작년의 경우는 달랐다. 작년의 복날은 7월 13일, 23일, 그리고 말복은 8월 12일이었다. 조금 관찰력이 있는 사람이라면 금방 초복과 중복 사이가 열흘임을 알 수 있을 것이다. 그렇지만 중복과 말복 사이는 열흘이거나 스무날이라는 것도 깨닫게 될지는 모르겠다. 그렇다. 초복과 중복은 언제나 10일 간격을 두고 오기 마련이고, 중복과 말복 사이는 언제나 10일이거나 20일이 된다. 작년과 올해의 경우만 비교해 보아도 금방 삼복은 지정된 날짜가 아니라는 것이 확실해진다.

그렇다면 삼복의 날짜는 어떻게 정해지는 걸까? 초복은 하지(夏至) 후의 셋째 경일(庚日)로 정해져 있다. 경일이란 말은 '경(庚)'자가 붙은 날이란 뜻으로 갑자, 을축, 병인…… 등의 간지로 날짜를 표시하는데 '경'자가 붙은 경우를 가리킨다. 그러니까 그 날의 간지가 경자·경인·경진·경오·경신·경술(庚子·庚寅·庚辰·庚午·庚申·庚戌)의 여섯 가지 가운데 하나가 되는 날이 복날이 된다는 말이다. 중복은 그 다음의 경일이 되니까 당연히 열흘 뒤가 된다. 그러나 말복은 다시 10일 뒤 경일이 아니라, 반드시 입추(立秋) 다음의 첫 경일이라고 정해져 있다. 그래서 그 해의 간지 돌아가는 순서에 따라 때로는 10일 만에 말복이 오고, 그렇지 않으면 20일 만에 말복이 온다. 이렇게 10일을 뛰어 20일 만에 말복이 올 때를 '월복(越伏)'이라고도 부른다.

이렇게 삼복 날짜가 정해지기 때문에 그것은 양력 기준인 셈이 된다. 왜냐하면 복날을 정하는 기준이 되는 하지와 입추가 모두 양력, 즉 태양 운동을 나타낸 우리 옛 역법의 24절기 가운데 들어 있기 때문이다. 당연히 하지와 입추는 양력으로 해마다 거의 같은 날이 된다. 그리고 초복과 중복은 반드시 입추 전에 들고, 말복은 입추 후에 들도록 짜여 있으며, 삼복의 기간은 21일 또는 월복일 경우 31일 사이가 됨을 알 수 있다. 92년에도 93년에도 입추는 8월 7일인데 92년에는 월복해서 8월 12일이 말복이었지만, 93년에는 월복이 아니어서 8월 7일 입추가 바로 말복 날이기도 하다.

삼복이 일년 가운데 가장 더울 때가 되는 것은 너무나 당연하다. 양력으로 쳐서 7월 하순과 8월의 첫주일은 반드시 복중(伏中)이 되기 때문이다. 그러면 왜 이때 개를 잡는 걸까? 거기에는 다시 동양 전통의 오행(五行) 사상이 깃들어 있다. 다 아는 것처럼 오행은 세상의 거의 모든 것을 다섯 가지로 나누는 희한한 방법을 동양 사람들에게 가르쳐 주었다. 10간(十干)과 12지(十二支)도 5행으로 나눠 배치되었는데, '경(庚)'은 금(金)으로 되어 있다. 또 오축(五畜)이라 하여 다섯 가지 가축도 5행으로 구별되는데, 개는 금(金)이다. 또 계절도 5행으로 구별되는데 여름은 화(火)이고, 가을은 금(金)이다.

그런데 한여름 더울 때 들어 있는 경일이란 금의 기운, 즉 금기(金氣)를 가리키고, 그것은 바로 가을 기운이 드는 날이란 뜻이 된다. 한여름에 가을 기운이 드는 날이라 해서 사람들이 함부로 처신하다가는 여름 더위(火)에 큰 코 다치기 십상이다. 아예 조심조심해서 이때를 잘 견뎌내고 정말 가을을 즐겁고 건강하게 맞이하지 않으면 안된다. 옛 사람들은 그런 뜻에서 가을 기운이 드는 '경자' 드는 날에 더욱 조심하여 엎드려 지내라는 뜻을 복날을 정해 가르쳐 내려온 것이다. 가을을 대표하는 가축인 개가 이런 때에 더욱 몸 보신에 좋을 것으로 여겨졌다. 충천하는 한여름의 화기(火氣) 앞에 가을을 대표하는 금기가 굴복할 수밖에 없을 때, 역시 금기를 대표하는 개 또한 굴복할 수밖에 없었다고나 할까?

삼복은 일년 중 가장 더운 때를 골라 해마다 아주 합리적으로 찾아온다. 그리고 복날 개고기로 영양을 보충하던 관습도 그런대로 아주 논리적인 근거를 가지고 있다. 물론 그렇다고 복날 견공(犬公)을 잡는 논리가 지금도 꼭 옳다는 말은 아니다.

자연과의 조화를 추구하는 과학, 풍수지리

요즘 풍수지리가 인기 품목이다. 이를 주제로 한 책들이 여러 가지 나오고 또 잘 팔리는 모양이다. 21세기를 눈 앞에 둔 과학 기술 시대에 조상의 묘 자리를 잘 잡아야 성공할 수 있다는 생각이 정말 올바른 사고 방식인지 의심하는 사람이 많고 보니, 풍수 지리학을 과연 과학이냐고 의심하는 사람도 적지 않다. 실제로 최근 이런 문제를 놓고 현직 지리학 교수와 전직 지리학 교수 사이에 지상 논쟁까지 벌어진 일도 있을 정도이다.

그러나 풍수지리학이 지금 우리들 입장에서 '과학이냐, 아니냐'라고 따지는 일은 우리의 유구한 풍수 지리학 전통을 따지는 일에는 그리 중요한 부분이 아닐지 모른다. 과학사를 공부하는 나같은 사람의 입장에서는 그것은 분명히 과학사의 중요한 한 부분이 되기 때문이다. 다 알다시피 우리 조상들은 우리가 일상 살아야 할 집이나 조상들의 무덤을 준비하는 데 각별한 주의를 하면서 좋은 자리를 찾으려고 노력했다. 그것은 땅과 그 배경이 되는 산수를 이해하고 설명하려는 자연관이었고, 자연에 대한 지식을 의미한다. 비록 지금은 과학이라 하기 어려운 부분이지만, 옛 사람들이 시행했던 훌륭한 과학이라 할 수 있다.

바로 이런 우리의 전통 과학의 중요한 한 부분을 차지하고
있는 풍수 지리학의 위대한 이름으로는 우선 신라 말의 도선
(道詵, 827~898)을 들지 않으면 안된다. 우리 서울의 지리적
중요성에 처음 눈 뜬 사람도 다름 아닌 도선이었다고 역사에
는 적혀 있다. 어디 그뿐인가? 우리 역사를 크게 좌우한 풍수
지리의 모든 주장이 그 근본은 바로 도선에 있다고 후세 사람
들은 주장했다. 조선 시대까지에 걸쳐 수많은 책이 바로 그가
지은 것이라 하여 퍼졌는데, 〈도선비기〉, 〈도선답산가〉, 〈삼
각산명당기〉〈신지비사〉 등 도선이 지었다는 책은 많다. 이런
책들은 도선이 직접 지었다기보다는 그의 이름이 유명해지자
그 이름을 빌려 후세 사람들이 지은 것으로 볼 수 있을 것이
다.

도선에 대한 비교적 확실한 정보는 그리 많지 않다. 신라
말의 인물이라는 점을 고려한다면 당연한 일이기도 하다. 그
는 홍덕왕 2년(827) 전라도 영암(靈岩)에서 태어났고, 원래 김
씨였다고 전해진다. 열다섯 살에 출가해서 월유산의 화엄사에
서 공부하고, 846년쯤에는 곡성의 동리산에 있던 당대의 명승
혜철(惠徹)을 찾아가 공부했다. 그의 수도 생활은 운봉산의 굴
속에서, 태백산의 움막 속에서 계속되어 생전에 이미 유명한
승려가 되었고, 그런 다음에는 광양의 백계산에 있는 옥룡사
에서 지냈다. 그를 옥룡자(玉龍子)라고도 부르게 된 연유이다.

이름난 승려가 되자 헌강왕은 그를 궁중에 초대하여 설법을
듣기도 했다. 그러나 그는 죽은 다음에 점점 더 이름을 날리
게 되었다. 효공왕 2년(898)에 그가 죽자 임금은 그에게 요공
선사(了空禪師)라는 시호를 내렸고, 제자들에 의해 옥룡사에는

기념탑이 세워졌다. 고려로 들어와 숙종 때에는 대선사(大禪師)란 이름이 주어져 왕사(王師)로 높임을 받게 되었고, 인종 때에는 선각국사(先覺國師)로 높여졌으며, 의종 때에는 기념비가 세워졌다.

대강 이 정도가 확실한 역사 기록이라고 생각된다. 그러나 이런 확실한 사실 못지 않게 확실한 도선의 역사적 영향으로는 여러 가지를 들 수 있다. 우선 그는 고려 왕조의 개창에 정신적 기둥이었던 것이 분명하다. 왕건(王建)이 고려라는 새 왕조를 시작할 것을 예언했다는 전설이 있다. 뿐만 아니라 이와 관련하여 그는 고려의 첫 임금, 즉 왕건이 후세의 고려 왕들에게 남겼다는 열 가지 명령 속에 그의 이름을 남기고 있기도 하다. 즉 고려 태조의 〈훈요십조(訓要十條)〉 속에 그의 풍수 지리학이 살아 있다.

고려 역대 임금이 도선을 높이는 일을 거듭할 수밖에 없었던 까닭을 알 수 있다. 또 고려 중기에 일어난 소위 〈묘청의 난〉 때 묘청(妙淸)이 그의 등을 기댄 사람도 바로 도선이었다. 수도를 개성에서 평양으로 옮기자는 그의 주장은 그의 주장이 아니라 바로 도선이 이미 예언한 바라는 것이었다. 서울 북한산에 있는 도선사(道詵寺)가 바로 그가 862년 몸소 창건한 사찰이라고 알려진 것도 같은 맥락에서 이해할 수 있다. 도선은 이곳의 산세가 1천 년 뒤의 말법(末法) 시대에 불법을 다시 일으킬 곳이라 예견하여 이 절을 세웠다고 전한다. 그는 이 사찰을 세우면서 큰 바위를 손으로 잘라내어 마애관음보살상을 조각한 것으로도 전해진다.

그에 관한 전설은 그의 고향인 영암은 물론이고, 전국에 퍼져 있는 그에 관한 설화에서도 찾아 볼 수 있다. 설화에 의하면 그의 어머니는 빨래하다가 떠내려 온, 또는 마당에 열린 오이를 먹고 잉태하여 도선을 낳은 것으로 되어 있다. 그 아이를 낳은 어머니가 아이를 내다 버렸더니 새들이 와서 감싸 보호해 주는 바람에 어머니가 도로 기르게 되었다고 한다. 또 그가 풍수설에 눈뜨게 된 것은 중국에 가서 당 나라의 승려 일행(一行)에게 배운 때문이라고 전해진다. 당 나라의 대표적 천문학자이며 수학자였던 승려 일행(一行, 본명 張遂, 683∼ 727)은 도선이 태어나기 꼭 100년 전에 이미 죽은 사람이다. 도선이 중국을 다녀온 것조차 의문이지만, 그가 일행에게 배 웠다는 전설은 조선 시대까지 아주 널리 인정되었던 것으로 보인다. 설화에 의하면 도선은 처음에는 일행이 시키는 대로 산세를 보러 다녔으나, 차츰 일행이 우리 나라를 해치려 하고 있다는 것을 알아차리고 전국 요처에 방아를 놓고 찧게 하여 중국을 해쳤으며, 그 결과 도선은 중국에 붙잡혀 가 죽었다는 등의 이야기가 전해진다. 또 전국을 누비며 명당을 잡아주다 가 아무에게나 함부로 명당을 알려준다고 산신령에게 혼났다 는 설화도 남아 있는 등 도선은 우리 역사상 대단한 기인이며 위인으로 남아 있었던 것을 알 수 있다.

이런 터무니 없는 전설이 모두 후세에 만들어진 것이라면, 고려 초기에 이미 정착된 것으로 보이는 전설은 실제적인 역사적 영향을 남기고 있다. 그 첫째 전설은 도선이 고려 태조의 탄생을 예언하고 새 왕조의 개창을 도왔다는 것이다. 마침 백두산에 올랐다가 돌아가던 도선은 왕건의 아버지를 만나 그와 함께 송악(개성)의 산세를 보고 다음 해에 아들을 낳을 것을 예언하고 이름을 지어주었으며 집은 어떻게 지을 것까지 가르쳐 주었다는 것이다.

고려 태조 왕건이 그의 후손들에게 열 가지 지시를 내린 것
은 뒷날 〈훈요십조〉로 분명하게 기록되어 남아 있다. 〈훈요십
조〉가 정말로 왕건의 뜻을 적어 남긴 것인지 아니면, 뒤에 조
작된 역사인지 단언하기는 어렵지만, 분명한 사실은 〈훈요십
조〉에 담겨진 정신이 적어도 왕건 당시 또는 그 직후 고려 지
배층의 생각이었다는 점이다. 〈훈요십조〉의 열 가지 조목 가
운데 세 기지는 비로 풍수 지리학에 관련된 내용을 담고 있
다. 제 2조를 보면 나라 안의 모든 절은 도선의 예언을 근거로
산수의 순역(順逆)을 고려하여 지은 것이라 되어 있다. 또 도
선은 자기가 예언한 장소 이외에 함부로 절을 지으면 오히려
지덕(地德)을 해쳐 나라의 운명을 재촉할 것이라고 말한 것으
로 되어 있다.

이를 근거로 고려 태조는 신라가 망한 것도 사실은 함부로
절을 마구 지었기 때문이라면서 높은 자리에 있는 고려 사람
들이 함부로 절을 짓지 말라고 경고하고 있다. 제 2조에서 함
부로 절을 짓지 말라고 경계하면서, 제 5조에서는 고려가 나라
를 세울 수 있었던 것은 왕건이 산천의 덕을 얻은 때문이었다
고 주장하고 있다. 또 평양은 지덕이 뛰어나 우리 나라 지맥
의 근본되는 곳이라고도 기록하고 있다. 제 8조에서는 도선의
주장이라고는 써 있지 않지만, 바로 같은 풍수 지리설을 근거
로 차현(車峴) 남쪽, 즉 금강 밖의 지세는 반역적으로 생겼으
므로 그곳 출신은 일체 중요한 자리에 쓰지 말라고 지시하고
있다.

도선 자신의 생각을 지금 우리가 밝혀 낼 길은 없지만, 고
려 초에 도선을 빙자해서 만들었던 풍수 지리학의 이론들은
우리 역사에 심각한 영향을 끼쳐 내려왔다는 것을 알 수 있

다. 〈훈요십조〉의 제 5조가 강조한 평양의 풍수 지리적인 중요성은 고려 일대를 통해 반복해서 중요한 정치적 문제가 되었다. 이자겸(李資謙)의 난으로 궁궐이 모두 불타버린 소용돌이 속에서 묘청 등은 평양으로 서울을 옮길 것을 주장하고 나섰다. 그곳의 새로운 지덕을 얻으면 금(金) 나라가 항복해 오고, 36개국이 우리에게 조공을 바치게 될 것이라는 주장이었다. 세계의 맹주가 될 수 있다는 주장을 내세워 평양 천도를 꾀했던 묘청 등은 평양에 궁궐까지 짓고 거의 천도에 성공하는 듯했지만 결국 김부식(金富軾) 등의 반대로 반란을 일으키고 실패로 끝을 맺고 말았다. 이 과정을 통해 묘청은 그의 풍수 지리학이 원래 도선에서 시작되어 강정화(康靖和)를 거쳐 자기에게 계승된 것이라고 강조했을 정도로 도선의 위력은 대단했음을 알 수 있다.

〈훈요십조〉의 제 8조가 호남 지방을 차별하라고 한 것은 역시 우리 역사에 지울 수 없는 나쁜 흔적을 남겼음을 부인하기 어렵다. 이런 내용이 〈훈요십조〉에 들게 된 것은 왕건에게 최후까지 반발했던 세력이 바로 견훤의 아들들을 중심으로 한 호남 세력이었기 때문에 나온 것으로 보인다. 또 도선이 직접 그런 주장을 한 것으로 되어 있지도 않다. 그렇지만 고려 이후 우리 역사에 중요한 몫을 한 지방 차별 의식이 바로 도선을 신주단지 모시듯 하던 고려 초에 이미 확립되고 있었음을 알 수 있다.

도선은 우리 역사에 풍수 지리학을 창시한 제 1의 인물로 꼽을 수 있다. 지금은 미신에 더 가까운 편이라고 하겠지만, 풍수지리학은 서양이 갖지 못했던 산천의 아름다움과 합리적인 이용 방법을 추구하던 우리 전통 과학의 중요한 한 부분이

라 할 수 있다. 앞으로 우리는 풍수 지리학을 더 연구해서 묘
자리 잡던 미신 부분은 집어 던지고, 계승할만한 부분은 그대
로 지켜 나가야 할 것이다. 그리고 그런 시대가 될수록 도선
은 창시자로 이름을 더욱 우리 후손에게 떨치게 될 것이라고
생각된다.

우리 민족의 정서에 맞는 난방법, 온돌

날씨가 추워지면 온돌방이 그립다. 세계에는 여기저기 추운 지방도 많고, 또 겨울의 추위를 이기기 위한 난방의 지혜에도 여러 가지가 있다. 그러나 전 세계에서 우리 온돌 방식을 쓰는 민족은 거의 없다. 만주와 중국 북방에서 일부 비슷한 방식이 쓰여진다지만, 대체로 그것은 '캉(炕)'이라 부르는 일부만의 온돌모양을 하고 있는 수가 많다. 겨울철 우리 민족을 따뜻하게 해주었던 온돌은 2천 년 전이나 그 이전부터 우리 선조들의 등을 따뜻하게 해주었던 우리 민족의 발명이었다.

온돌에 대해 분명하게 설명한 글로는 〈당서(唐書)〉에 기록된 고구려에 대한 내용을 들 수 있다. 고구려 사람들은 겨울이면 모두가 긴 갱(長坑)을 만들고 그 아래에서 불을 때어 온기를 얻는다고 기록해 놓은 것이다. 갱(坑)이란 물론 지금도 우리가 탄광이나 광산의 갱도(坑道)를 말할 때 쓰는 것처럼 땅 밑에 파여 있는 굴을 가리킨다. 온돌의 경우는 구들장 밑의 '고래'를 가리킨 것이 확실하다. 이런 방법의 난방법은 당시 중국에는 없던 특이한 방식이었기 때문에 〈당서〉를 쓴 중국 역사가들의 관심을 끌어 기록으로 남게 되었다고 생각된다.

당 나라는 907년에 망했고, 이 책은 바로 당 시대의 역사 기록이지만, 고구려에 대한 이 기록은 고구려가 아직 존속하고 있던 7세기까지의 모습을 그리고 있음이 분명하다. 즉 7세기 이전의 고구려에 온돌은 이미 사용되고 있었다는 사실을 밝혀준다. 그러나 고구려에 온돌이 있었다해서 같은 시대의 백제에도 똑같은 난방 방법이 있었는지는 확실하지 않다. 같은 책 〈당서〉에는 신라의 경우 "겨울이면 부엌을 방 안에 설치하고 여름에는 얼음 위에 음식물을 저장했다"는 기록이 있을 뿐이다. 백제에 대해서 난방에 관한 기록은 없다. 그렇다면 온돌은 삼국 시대까지만 해도 우리 나라의 북방에서 발달하고 있었을 뿐 남쪽에는 아직 전파되어 있지 않았다고 생각된다.

우리 나라의 기록으로 처음 온돌에 대해 쓴 경우는 13세기 초의 문인 최자(崔滋)의 〈보한집(補閑集)〉을 들 수 있다. 몇 가지 온돌에 대한 표현 가운데에는 '빙돌(冰堗)'이란 것도 있는데, '얼음장처럼 차디찬 온돌'이란 뜻으로 그 후 우리들이 흔히 쓰는 말이다. '냉돌(冷堗)'이란 말과도 마찬가지인 것이다. 이보다 조금 뒤의 사료(史料)인 일연(一然)이 지은 〈삼국유사(三國遺事)〉에는 금강 가에 있었다는 '온돌 바위(堗石)'에 대한 전설이 적혀 있다. "사자수 절벽 위에는 돌이 하나 있는데 10여 명이 앉을 만하다. 백제 임금이 왕흥사(王興寺)에 가 불공을 드리려 할 때는 먼저 이 돌에 앉아 부처님께 절을 했다. 그러면 이 돌이 저절로 따뜻해졌기 때문에 이 돌을 온돌 바위라 불렀다"는 기록이다. 60여 년 전 온돌에 대해 연구 논문을 쓴 국사학자 손진태(孫晉泰)는 이 전설이 〈삼국유사〉에

써 있다고 해서 꼭 백제 때의 이야기가 아니라 13세기 때의
전설일 것이라고 주장하고 있다. 즉 백제 때에는 아직 온돌은
부여 지역까지 전해지지 않았던 것이 고려 중기에나 들어서야
옛 백제 땅에까지 퍼졌을 것이라는 생각이다. 손진태의 주장
은 그럴듯 하기는 하지만, 정말 삼국 시대 백제 지역에는 온
돌이 아직 없었던 것일까? 아무도 단정할 수 없는 일이다.

여하튼 온돌은 조선 시대 초기까지는 전국에 퍼져 있었던
것이 분명하다. 세종 때의 책부터는 온돌이란 말이 자주 발견
되며, 이에 대한 우리말 표현으로 '구들'이란 말이 사용되고
있었음을 알 수 있다. 온돌이 우리 역사의 발명이라는 사실은
그 한자 표현을 살펴 보아도 충분히 짐작할 수 있다. 우리말
로는 '구들'이라 하면서도 우리 선조들은 이것을 한자를 빌려
'온돌' 즉 '따뜻한 돌'이란 용어를 만들어 썼던 것으로 보인
다. 물론 이때 '돌'이란 글자는 순수한 우리말로 구들장에 쓰
는 넓직한 돌을 가리킨 것으로 보인다. 하지만 한자로 쓸 때
에는 엉뚱하게 '온돌(溫突)' 또는 '온돌(溫埃)로 표기했다. 앞
의 단어는 아예 중국이나 일본에는 없는 단어이다. 세계에서
가장 좋은 한자 사전으로 꼽히는 사전을 들춰 보면, 온돌은
바로 한국과 만주 지방의 난방 형식을 가리키는 말이라고 되
어 있다. 그런데 '온돌'을 한자로 '溫埃'이라고 쓸 경우의
'埃'은 원래 굴뚝이란 뜻의 글자이다. 온돌을 '溫埃'이란 한자
로 쓰면 '따뜻한 굴뚝'이란 정도의 뜻을 갖게 될 뿐이지 진짜
우리 온돌을 가리킨다고 하기 어렵다. 아마 한자식 표기를 하
다보니 溫突이 溫埃로도 표기된 것이라 생각된다. 溫突이 중
국에서 사용된 한자가 아니라 바로 우리 나라에서 만들어진
한자란 사실만으로도 온돌은 한국의 발명임을 확인하게 된

다.

　전통적인 우리 민족의 집은 온돌로 된 방과, 그에 연장된 마루로 되어 있다. 마루란 남방적인 것이 북쪽으로 번져간 것인데 반해, 온돌이란 북방적인 난방법이 남쪽에도 퍼져 한국인의 주(住)생활의 주된 양식으로 자리잡은 것이다. 추위와 더위가 가장 알맞게 배합된 기후 속에서 단일 문화를 만들어 온 우리 조상들의 슬기가 '남북 동일'의 주거(住居) 양식을 발명해 낸 것이다.

　온돌은 시설이나 땔감이 모두 경제적이고, 간편하고 고장도 적은 장점이 있다. 또 다른 어떤 난방 시설보다 의료 효과까지 인정할 수 있는 특이한 장점도 가지고 있다. 하지만 방 안을 건조하게 하기 쉽고, 바닥과 위와의 온도차가 심하며 처음 가열 시간이 길다는 단점도 있다. 특히 연탄 사용의 경우에는 시설이 조금만 부실하면 위험율이 아주 높다는 결점도 갖고 있다. 그러나 이런 단점은 방한이 잘 되는 요즘의 건설 기술로 거의 다 극복되어 가고 있다. 오늘 우리가 온돌을 잊지 못해서 최신식 주거 양식으로 아파트를 지으면서도, 방에는 반드시 온돌을 설치하게 된 것은 바로 이런 역사적 배경에서 비롯한 것이라 하겠다. 물론 불을 때는 일도, 고래 속을 지나가는 연기도, 또 그 연기가 보기 좋게 하늘로 흩어지는 굴뚝도 없는 것이 요즘 아파트의 온돌이다. 구들장으로는 얇은 돌 대신 콘크리트를 가볍게 덮고, 그 위에 얇은 모노륨 정도를 깐 장판 아래로 더운 물 파이프가 놓여 있을 뿐이다.

　처음 아파트를 지을 때만해도 우리 나라의 아파트는 서양식 그대로 온돌은 없는 구조로 만든 수가 많았다. 그러나 지금은 아예 방열기(放熱器, 라디에이터)를 없애고 모든 방을 온돌식

으로 만드는 수가 많은 것 같다. '전통 기술의 현대적 응용'
의 가장 뚜렷한 경우가 바로 우리 민족의 발명인 온돌에서 두
드러진 것을 알게 된다.

카메라 원리를 이용한 세종의 銅表

세종 임금이 카메라를 사용했다면 아무도 믿지 않을 것이다. 하지만 사실이다. 물론 카메라라고는 하지만 지금 우리가 쓰는 그런 고급 카메라가 아니고, 또 실제로 사진을 찍어낸 것도 아니었으니 사진기란 뜻의 카메라는 아닐지 모른다. 하지만 세종의 카메라는 분명히 오늘날 사진기의 원리를 이용한 기구로서 사진을 찍는 대신 태양의 높이를 정확하게 측정하기 위해 사용되었다.

그것은 높이가 10미터나 되는 기둥으로 된 장치였는데 이름을 圭表, 또는 구리로 만든 규표라 하여 銅表라고 불렀다. 원래 규표란 동양에서의 2천 년도 더 전부터 만들어서 태양 고도 관측에 사용했던 것이다. 그러니까 세종 때 규표를 만들었대서 그리 대단한 업적이라 말할 것도 없다. 그러나 그 전까지의 규표는 높이가 2미터 짜리였지, 10미터 짜리는 아니었다. 고려 때에도 분명히 규표가 있었으련만 우리 역사 기록에 규표의 기록은 세종 때의 것이 처음이다. 그런데 바로 이 첫기록의 규표가 10미터 짜리인 것이다. 세종은 1437년(세종 19년) 4월 간의대라는 천문 관측 기구 서쪽에 동표를 세웠다고 〈실록〉에는 적혀 있다. 지금 경복궁 경회루 연못의 북쪽을 가리킨다.

규모는 8자 높이의 기둥으로 된 표(表)와 그것이 만드는 해 그림자 길이를 재는 눈금 부분 규(圭)의 두 부분으로 되어 있다. 8자라면 대강 지금의 2미터쯤 되니까 그 막대 끝에 가로 막대를 질러 두면 그 그림자 길이를 상당히 정확하게 측정할 수 있을 것이다. 이 값은 동지날 정오 때 재는데, 같은 장소에서도 해마다 달라지게 마련이다. 이 값을 여러 해 잘 관측해야만 그곳에서의 천체 운동 계산이 가능해진다. 해, 달, 그리고 다섯 행성의 운동을 정확하게 계산할 수 있어야만 일식도 월식도 미리 정확하게 예보가 가능해진다.

그런데 세종은 그 길이를 5배 높여서 측정값을 더 정확하게 하려 했던 것이다. 8자 짜리 규표가 40자 짜리로 바뀌어 지금으로 10미터 높이의 동표가 경회루 북쪽에 세워졌던 것이다. 그런데 이렇게 높아진 기둥의 가로 막대 그림자는 이미 사라져 보이지 않기 마련이다. 왜 그럴까? 이상하다고 생각하는 독자라면 비행기 그림자를 생각해 보면 알 수 있을 것이다. 비행기가 낮게 우리 머리 위를 날아갈 때는 땅 위에 그 그림자가 지나가고 있는 것을 볼 수가 있다. 그렇지만 비행기가 높이 날 때 그 그림자를 본 사람이 있을까? 태양은 점 광선이 아니기 때문에 일정한 크기의 물체는 하늘로 높이 솟아 오를수록 땅에 그림자를 만들 수가 없게 된다.

그렇다면 어떻게 10미터나 되는 높이의 동표 그림자를 땅에서 잴 수 있었을까? 이미 그렇게 높아진 동표의 가로 막대는 땅 위에 그림자를 만들 수 없지 않는가 말이다. 세종은 아주 교묘한 장치를 만들어 이 문제를 해결했다. 그것이 바로 세종의 카메라였다. 동표의 그림자가 떨어질 땅 위의 눈금 부분에 이동식 상자를 장치하고, 그 상자에 간단한 카메라 장치를 달아 놓았던 것이다.

이 상자는 어둠 상자로 태양을 향한 변에 바늘 구멍이 하나 뚫려 있다. 바로 그 구멍을 통해 태양의 영상은 어둠 상자의 맞은편 벽에 동그랗고 밝은 모양을 나타내게 마련이다. 이렇게 태양의 영상이 나타난 어둠 상자를 이동해 보면, 어느 순간 그 둥근 영상의 한쪽에서부터 까만 줄이 나타나기 시작한다. 그 까만 줄이 태양의 영상 한 가운데를 지날 때까지 이동한 다음 정지하고 그 눈금을 읽으면 그 값이 바로 가로 막대의 그림자 위치를 나타낼 것이다. 왜냐하면 그 까만 줄은 다름 아닌 가로 막대의 그림자이기 때문이다.

맨 눈으로는 보이지 않는 가로 막대의 그림자가 이 상자의 바늘 구멍을 통해 맞은편 벽에 보이는 태양의 영상 한가운데에 나타나는 것이다. 아주 교묘한 장치가 아닐 수 없다. 또 당시로서는 10미터 높이의 기둥이라면 대단히 높은 건조물에 속했을 것도 짐작이 간다. 세종은 이렇게 생긴 그의 카메라 장치를 기둥은 누런 구리로 만들고, 그 그림자가 나타나는 눈금 부분은 평안도에서 캐 온 푸른 옥으로 꾸몄다고 〈실록〉에는 적혀 있다. 현재 그 동표를 옛 모습 그대로 만들겠다는 계획이 추진되고 있다. 아마 2000년 정도쯤에 옛날 세종이 그것을 세워 두었던 경복궁의 경회루 연못 북쪽에 동표가 건설될 것으로 보인다.

원래 '카메라'란 말은 "카메라 옵스쿠라(camera obscura)"라는 라틴어에서 비롯한다. '어두운 방'이란 뜻이다. 즉 옛날부터 서양 사람들도 방을 깜깜하게 하면 바늘 구멍을 통해 바깥 경치가 맞은편 벽에 거꾸로 나타난다는 것을 알고 그런 방을 '카메라 옵스쿠라'라 불렀던 것이다. 이런 원리를 이용해 작은 어둠 상자에다가 영상을 더 선명하게 만들어 주는 렌즈를 달고 그 반대편 벽에 필름을 달아 만든 것이 현대의 사진기, 즉 현대판 카메라라 할 것이다. 세종 때의 카메라는 사진을 찍을 수 있었던 것은 아니었다. 하지만 태양의 고도 측정에는 뛰어난 공을 세웠다. 그리고 그런 실험적 자료를 바탕으로 세종은 당시 세계에 자랑할 수 있을 정도의 뛰어난 천문 계산법 〈칠정산〉을 완성할 수 있었던 것이다.

일본 시계사 속의 조선

지금은 시계가 없는 사람이 없을 지경이어서 대수롭게 보이지 않지만, 과학 기술사에서 시계의 발달은 아주 중요한 부분을 차지한다. 그런데 지금 우리보다 과학 기술이 훨씬 앞섰고, 세계의 선진국이 되어 있는 일본의 시계 발달사에 우리 조상들이 한몫했다는 것을 아는 사람은 거의 없다.

서양의 기계 시계가 처음 일본에 전해진 것은 1551년이라고 알려져 인정되어 있다. 그 전에 전해졌다는 주장도 없지 않은 모양이지만, 분명하게 기록된 역사적 사실로는 1551년 4월 서양 선교사 프란시스코 사비에르 일행이 산구(山口) 지방의 영주 대내의륭(大內義隆)에서 선물한 기계 시계를 처음으로 들 수 있다.

1543년 사비에르가 일본에 전해 준 기계 시계가 어떤 모양의 것이었는지 알 길은 없다. 간단한 글로만 설명되어 있을 뿐이기 때문이다. 그러나 일본에는 지금 그 직후에 전해진 서양 시계가 유물로 남아 있다. 1612년 당시 일본의 새 권력자로 등장했던 덕천가강(德川家康)이 스페인 왕으로부터 선물로 받았다는 기계 시계가 지금 정강(靜岡)시의 동조궁(東照宮)에 보존되어 있다.

바로 이 대목에서 일본 시계사에 빼놓을 수 없는 '일본 최초의 국산 기계 시계'의 이야기가 등장하고, 더구나 이 이야기는 바로 우리 나라와 연관되어 있다. 즉 일본인이 처음 흉내내어 만들었던 원형이 바로 조선에서 보낸 것이었다는 것이다. 일본 최초의 근대 시계 제작자로 이름을 남긴 사람은 미장(尾張)이란 지방의 대장장이었던 진전조좌위문(津田助左衞門)인데 그가 기계 시계를 처음 만들 때 모델로 썼던 것이 바로 조선에서 선물로 보낸 것이었다는 기록이다.

실제로 조선 사신이 덕천가강을 만난 일이 있음은 사실이다. 임진왜란을 일으킨 풍신수길이 죽고 덕천이 정권을 잡자, 덕천은 조선과의 우호 관계를 회복하기 위해 여러 가지로 노력했다. 왜란 전까지 조선과의 관계를 담당해 왔던 대마도의 종(宗)씨에게 그 임무를 수행하라고 압력을 넣었던 것이다. 여러 차례 조선 왕조와 교섭을 벌이자 어차피 언젠가는 일본과의 관계를 회복할 수밖에 없다고 생각한 조선 정부에서는 일본의 국내 정세를 살피기 위해 1605년 사신을 일본에 파견했고, 그 사신이 당시 덕천이 머물고 있던 지금의 경도(京都)를 방문해서 덕천을 만나게 된 것이었다. 이때 조선의 사신이 덕천에게 시계를 선물했다고 일본 기록은 전한다.

바로 이 시계가 고장이 났고, 덕천은 그것을 고칠만한 인물을 찾다가 전진이라는 대장장이를 알게 되어 그가 이 시계 수리를 담당한 것이고, 이를 계기로 진전은 그 시계를 고치면서 그 시계와 똑같은 것을 또하나 만들어 보았던 것이다. 이로써 그는 일본 시계 제작의 시조가 되었다.

이 역사의 대목은 아주 흥미있는 몇 가지 문제를 제기해 준다. 우선 일본 시계사에 써 있는 1605년 3월 덕천을 방문했던 조선 사신이란 누구였던가? 일본 시계사 책에는 물론 그의 이름은 나오지 않는다. 그들에게는 관심 없는 인물이기 때문이다. 하지만 우리에게는 너무나 유명한 송운대사(松雲大師) 유정(惟政)이 바로 그 사신이었다. 도둑떼들의 내정을 염탐하고 돌아오라는 정부의 명을 받은 그는 탐적사(探賊使)라는 알맞은 자격으로 일본에 건너가 지금도 경도의 남쪽에 서 있는 복견성(伏見城)에서 덕천을 만났던 것이다. 그와 만난 덕천은 자기는 왜란 때 동쪽에 멀리 가 있었고, 조선 침략과는 아무 상관이 없다면서 우호 관계의 회복을 희망했다. 바로 이 만남이 계기가 되어 두 나라의 관계는 바로 회복되었다. 왜란 전에 있던 조선 통신사(朝鮮通信社)의 일본 방문이 다시 시작된 것이었다. 1607년부터 1811년까지 조선 통신사는 모두 12차례나 일본을 방문해서 일본인에게 많은 문화적 깨우침을 주었다.

그런데 일본의 기록에는 물론 우리 나라 기록에도 송운대사가 덕천에게 어떤 선물을 주었는지는 전해지지 않는다. 정말 그는 서양식의 기계 시계를 가져가 덕천에게 선물했던 것일가? 그럴 수도 있기는 하다. 그전부터 중국에는 많은 서양식 시계가 들어왔고, 중국에 사신으로 다녀 온 사람들을 통해 그 몇 개가 들어 왔대서 이상할 것은 없는 일이다. 그러나 우리 기록에는 처음 서양식 시계가 전해진 것은 1631년 정두원(鄭斗源)이 명 나라에 사신으로 갔다가 돌아오면서 가져온 여러 서양식 문물 가운데 들어 있는 자명종(自鳴鍾)이 처음이었던 것이라 알려져 있다. 일본 시계사를 근거로 우리 역사는 수정해야 될 부분이 드러나는 셈이라 할 것이다.

하지만 일본 기록을 의심할 수도 없지는 않다. 선물의 교환

이야 당연한 일이었겠지만 과연 조선에서 하필 서양 시계를 선물로 했겠느냐는 것도 문제이고, 또 그럴만큼 서양 시계가 들어와 있었는지도 의문인 것이다.

여하튼 이렇게 전해진 시계를 고치면서 일본의 대장장이는 시계 제작자가 되었고, 곧 다른 시계 제작자들도 나타나기 시작했다. 서양의 시계는 당시 시각 표시법이 전혀 틀린 일본에서는 그대로 사용될 수도 없었다. 점점 그들의 필요에 맞는 일본의 기계 시계가 발달했고, 그것은 "화(和) 시계"란 이름으로 지금 아주 많은 유물로 남아 있다. 일본의 시계 발달사는 사무라이의 칼을 만들던 솜씨가, 서양식 철포 제작으로 이어지고, 그것이 다시 시계 만들기로 연결되는 역사적 과정을 통해 일본 시계사의 맥을 이룬 것을 알 수 있다. 그리고 바로 이 대장장이의 변신 과정에 조선의 역할이 있었다는 것이 흥미로운 일이다. 유감스럽게도 우리 역사에서는 대장장이의 그런 변신은 발견되지 않는다.

세계 최초의 접는 부채

앞으로 역사가 어떻게 기록될지 알 수는 없지만, 필자 개인에게 엑스포는 바로 부채의 발명을 연상케 한다. 에어컨이 보급되어 여름에도 부채를 거의 구경하기 어렵게 된 시대에 무슨 '부채 타령'인가 의아해 할 독자도 있겠지만 말이다.

우선 결론부터 말하자면 부채 가운데 접는 부채, 즉 접선(摺扇)은 고려 초 우리 선조들이 발명한 것이다. 그러나 이 사실을 아는 한국 사람은 거의 없다. 또 접는 부채가 한국인의 발명품임을 처음 주장하고 나선 사람도 한국인은 아니다. 이 사실을 처음 책에 써 놓은 사람은 영국의 과학사학자 조셉 니덤(1900~)이고 이 사실은 그의 대작 〈중국의 과학과 문명〉 제 4권에 나타나 있다.

필자가 니덤의 책에서 고려 때 우리 나라에서 처음 접는 부채가 발명되었을 것이라는 기록을 읽은 것은 아마 15년 이상의 옛 일인것 같다. 그리고 만일 엑스포가 아니었다면 필자는 필경 이 사실을 그저 기억의 바닥에 깔아 둔 채 다른 일에 바쁘다 말았을지 모른다. 그런데 바로 한국이 엑스포의 주최를 중진국으로서는 처음 추진하게 되고 필자가 이 일에 작은 임무를 맡고 있었기 때문에 이 문제가 중요한 과제로 등장했던 것이다.

벌써 2년 전의 일이다. 그때 한창 관련자들은 대전에서 엑스포를 열기 위해 국제 박람회기구(BIE)에 신청서를 내려 준비하고 있었다. 신청서에 어떤 내용을 어떻게 담을 것인가를 놓고 네 사람이 모여 여러 차례 토론하고 검토한 일이 있는데, 필자는 바로 그 일에 참가하게 되었던 것이다.

그 신청서 문안이 완성된 다음의 어느 날 일이다. 당시 엑스포 신청 준비를 담당하고 있던 실무 총책임자가 국제 기구의 검토 위원들에게 간단한 선물을 준비했다고 말했다. 접는 부채를 만들어 주기로 했다는 것이다.

그때 갑자기 나는 니덤의 책이 생각났다. 인간문화재 한 분에게 부탁해서 한국화까지 그윽하니 그려서 멋진 접는 부채를 만들 바에는, 그것이 바로 한국인이 거의 1천년 전에 세계 처음으로 발명한 것이라고 설명을 붙여서 기증하는 것이 어떠냐는 제안이었다.

이 제의를 받아들여 국제 기구의 위원들에게는 멋진 접는 부채가 하나씩 선사되었다. 그 부채는 벽에 붙이거나 벽장에 올려놓을 수 있는 장치까지 붙여 제작된 것이었다. 그리고 부채와 함께 니덤의 글이 영문 그대로 적힌 간단한 설명서가 선물 상자 속에 들어 있었다. 그 부채 선물은 과연 몇 사람이나 한국의 신청서에 찬성하는 쪽으로 마음을 정리하는 데 이바지했던 걸까?

이제 이런 일쯤은 문제가 될 것이 없다. 그 부채가 정말 한 몫 했는지는 알 수 없지만, 좌우간 우리는 1993년 그동안 선진국에서만 열려 왔던 엑스포를 이 땅에서 개최하게 되었기 때문이다. 뭐니뭐니해도 엑스포는 과학 기술의 잔치이다. 그렇다면 우리도 우리 역사에서 과학 기술의 발명, 발견들을 찾아내고 또 자랑도 좀 해보는 것이 이번 엑스포에서 뺄 수 없는 한 부분이 될 것이다.

그런데 우리는 영국학자가 찾아낸 우리 민족의 자랑거리조차 잘 알지 못했다. 조셉 니덤이라면 학계에서 너무나도 잘 알려져 있는 동양 과학사의 최고 권위자이다. 그가 1954년부터 쓰고 있는 〈중국의 과학과 문명〉은 이미 여러 분야로 나뉘어져 여러 책이 출판됐고, 그 중 처음 세 권은 우리 나라에서도 번역판으로도 나와 있다. 그의 연작(連作)은 아직도 끝나지 않고 나오고 있는데, 지금은 제자들이 중심되어 집필되고 있는 형편이다.

바로 이 책 속에 접는 부채는 고려 때 한국인의 발명품임이 밝혀져 있는 것이다. 아마 많은 사람들은 "그까짓 접는 부채 쯤……"하는 가벼운 생각을 할지도 모른다. 하지만 원래 발명의 역사를 보면 모든 발명이란 지극히 사소한 것인 수가 많다. 또 비슷한 발명품이 거의 비슷한 시대에 너무나 여러 곳에서 여러 사람에 의해 나오는 수가 많다.

예를 들어 전등을 에디슨이 발명하고, 전화를 벨이 발명했다고 흔히 말하지만 당시의 역사를 잘 살펴보면 정말 에디슨과 벨이 한 일이 얼마나 큰 공헌인지 의문이 일어난다. 거의 비슷한 것들이 거의 동시에 많은 사람들에 의해 만들어졌지만, 그 가운데 이 사람들만이 지금까지 유명해져 있을 뿐이기 때문이다.

접는 부채의 발명이 결코 '에디슨의 전등' 또는 '벨의 전화기'보다 못한 발명은 아니다. 같은 때 수많은 전등과 전화기 발명자가 있었다는 점까지 생각한다면, 오히려 접는 부채 발명이 훨씬 무게 있는 발명이라고도 할 수 있다.

역사를 살펴보면 부채는 이미 중국의 경우 춘추 전국 시대 이전부터 있었던 것이 분명하다. 그런데 이 글을 쓰기 위해 일본의 〈부채〉라는 책을 찾아 보니 마치 부채 그 자체가 일본에서 세계 최초로 발명된 듯이 적혀 있다. 게다가 이 책에는 '접는 부채는 일본인의 손으로 만들어진 세계적인 발명품'으로 중국에는 송(宋)의 신종(神宗, 1068~1085 재위) 때 전해졌다고 적혀 있는 것이 아닌가?

이러다가는 접는 부채의 발명은 니덤의 연구에도 불구하고 엉뚱한 사람들의 발명품으로 치부되고 말지도 모른다. 이번 엑스포를 계기로 우리 발명품은 우리가 찾아 마음 속에 간직하는 마음가짐을 길렀으면 좋겠다.

제 4 장

과학에 얽힌 이야기

'신토불이'에 담긴 민족과학의 정신
네 자리 콤마의 숫자세기가 바람직하다
독립운동과 과학운동
과학 전통으로 지키는 조선의 얼
중국과 과학기술사
"초신성"의 우리 옛말은 "객성"이다

'신토불이'에 담긴 민족 과학의 정신

얼마전 월간 잡지를 읽다가 사진 속에 큼직하게 '신토불이 (身土不二)'란 한자가 씌여 있는 것이 눈에 들어 왔다. 하필 내가 쓰고 있는 '민족 과학의 뿌리를 찾아'가 실린 바로 뒷장이어서 더 쉽게 눈에 띄였던 것이다. 야콘을 재배하고 있는 충북 괴산의 농민들이 야콘 쥬스를 개발해 농협 판매점에 판매해 줄 것을 의뢰했지만 뜻대로 되지 않고 있다는 보도 기사였다.

하지만 내 관심을 끈 것은 다름 아닌 '신토불이'라는 어느 농협 연쇄점 정면에 큼직하게 써 놓은 글이었다. 경부 고속도로를 타고 서울로 들어 가노라면 양재동쯤의 길 오른쪽에 바로 그와 같은 글자를 본 적이 있다. 이 사진에는 큼직한 한자 바로 아래 "우리 체질에는 우리 농산물이 제일"이란 설명까지 붙어 있어서 얼핏 한자만으로는 무슨 뜻인지 이해할 수 없는 사람들에게 좋은 안내가 될 것 같았다. 값싼 외국 농산물의 수입으로 국내 농가들이 큰 타격을 입고 있으니 농협이 이런 구호를 외치게 된 것은 당연한 일이다.

"신토불이(身土不二)" 정말 옳은 말이 아닐 수 없다. 어느 의미에서는 내가 늘 강조하는 '민족 과학'이란 바로

'신토불이'와 통하는 것이기도 하다. 우리가 가지고 있는 육체(身) 와 우리가 나서 자라고 또 지금 살고 있는 이 땅(土)은 서로 다 른 두 가지 일수가 없는 것이다. 당연히 우리 몸에는 우리의 전통 적인 농산물이 더 체질적으로 맞을 것이다. 마찬가지로 우리가 지 금 열심히 발전시키기 위해 노력하고 있는 과학과 기술도 따지고 보면 우리의 전통적 문화에 걸맞는 것이 더 좋고 더욱 잘 발전시 킬 수 있을 깃이 아닌가? 서양에서 들여올 수밖에 없는 과학 기 술을 우리 체질에 맞도록 여러 갈래로 노력하자는 운동이 바로 내가 혼자 벌이고 있는 '민족 과학' 운동이기 때문이다.

돌이켜 보면 '신토불이'의 정신은 고려 후반에 시작되었던 우리 의학의 발달 과정에서도 뚜렷하게 그 자취를 볼 수 있다. 소위 '향약(鄕藥)'이란 이름을 붙인 의학 책들이 꼬리를 물고 나왔는데 그것이 바로 '신토불이'의 정신을 나타낸 민족 의학 운동이었다고 할 수 있다. 향약이란 말은 물론 한약(漢藥) 또는 당약(唐藥)이라 불리던 당시의 지배적인 의약 체계에 대해 우리 민족의 의약 체 계를 가리킨 표현으로 만들어진 말이다. 이미 삼국 시대에 중국 음악과 시가와는 다른 우리 것을 나타낸 말로 향약(鄕藥)이란 표 현을 만든 것이나 마찬가지라 하겠다.

고려 후기의 향약 운동은 1236년쯤 나온 것으로 보이는 〈향약 구급방(鄕藥救急方)〉을 시작으로 잡을 수 있다. 지은이가 누구인 지 확실하게 밝혀져 있지 않은 이 책은 1417년판이 일본에 남아 있어서 그 내용을 짐작할 수 있을 뿐이다. 우리 나라에 나는 약초 이름이 이두로 표기되어 있어서 우리 나라에 있는 약초를 개발하 려던 당시 사람들의 노력을 가늠할 수 있게 해 준다. 이 책 이후 150년 이상, 즉 고려가 망할 때까지 이런 노력의 흔적은 여러 가 지 '향약'이란 이름 아래 나온 책들을 보아 잘 알 수 있다. 〈삼화자향약방〉, 〈향약고방〉, 〈동인경험방〉, 〈향약혜민경험방〉, 〈향약간이방〉 등이 이름을 후세에 남기고 있다. 이들 책은 모두 '향약'이란 이름을 달고 있는데, 이 가운데 〈동인경험방(東人經驗方)〉에는 향약 대신 '동인' 즉 한국인의 경험에 의한 처방을 중심으로 엮었다는 뜻으로 같은 의미를 나타내고 있음을 알 수 있다.

바로 이런 의약(醫藥) 운동이 조선 초 세종 때에는 더욱 뚜렷한 업적으로 열매맺게 되었으니, 그 대표적 업적이 바로 유명한 1433년(세종 15년)의 〈향약집성방(鄕藥集成方)〉이다. 그에 앞서 조선 초에는 이미 〈향약제생집성방(1397)〉과 〈향약채취월령〉이 나오기도 했다. 중국이나 동남아로부터의 수입 약품에만 의존할 것이 아니라 우리 나라에서 자라고 있는 약품의 개발에 국가 의료체계의 운명을 걸었다고나 할까? 말하자면 의료 체계의 국산화, 민족화를 과제로 내 건 노력이 〈향약집성방〉으로 나타난 것이다. 이런 '민족 의학'의 추구 노력은 그 후로 조금 형태를 바꾼 채 계속되어 허준의 〈동의보감(東醫寶鑑)〉, 이제마의 〈동의수세보원(東醫壽世保元)〉 등으로 이어졌다. '향약'이나 마찬가지로 '동의'란 표현 역시 '민족 의학'의 대명사였다고 할만하다.

향약 운동은 '의토성(宜土性)'에 대한 믿음을 바탕으로 벌어진 것이었다. 사람이 병에 걸렸을 때 그 병에 가장 잘 듣는 약은 바로 그가 살고 있는 고장에서 찾을 수 있다는 생각이다. 체질에 따라 그에게 가장 잘 맞는 약이 서로 다르기 마련이고, 자기 체질에 맞는 약이라면 당연히 자기 사는 곳에서 찾을 수 있다는 것이다. 그래서 세종 때에는 향약을 찾기 위해 전국적인 약품 조사를 실시하고, 중국의 약재와 비교 연구하고 수입 약품에 대체할 수 있는 국산 약품 개발에 열을 올렸던 것이다.

의토성은 바로 신토불이의 정신이며, 그것은 바로 민족 의학 그리.고 민족 과학의 정신 그것이라 하겠다.

네 자리 콤마의 숫자세기가 바람직하다

지난번 대통령 선거는 방송이 얼마나 위력을 발휘할 수 있는가를 여실히 보여 주었다. 12월 18일의 투표 결과를 19일 새벽까지는 TV에 보도된 개표 결과를 인용해서 기사로 쓸 정도였다. 그런데 밤을 세워 득표수를 읽어 가는 아나운서들은 걸핏하면 숫자를 읽는데 실수를 거듭하곤 했다. 아마 지금도 그때의 방송국 아나운서들의 잦은 실수를 기억하고 있는 사람이 많을 것이다.

107만 1천2백16표를 읽을 경우, "백 7십1……"하다가는 우물우물하고는 다시 제대로 읽어 내려가는 식이다. 802만 7천6백4 같은 경우도 읽기 어렵기는 마찬가지다. 이 숫자를 글자로 나타내면 1,071,216이 되고, 또 하나는 8,027,604가 된다. 어차피 백만 이상만 되는 숫자라면 이미 읽기가 어려워 지는 것이 우리 실정이다. 이것은 우리들이 서양으로부터 근대 과학과 수학을 배워 오는 과정에서 덮어 놓고 서양 관행을 따르다가 그만 큰 실수를 범한 채 그것을 고치지 않고 지나고 있기 때문이다. 즉 세 자리씩을 끊어 콤마를 찍어 주는 습관 말이다.

다 알다시피 우리의 숫자 체계로는 넷째 자리마다

콤마를 찍어 주어야 도움이 되지, 셋째 자리에 찍은 콤마는 혼란만 더해 줄 뿐인 것이다. 그럼에도 불구하고 우리는 전국민이 서로 혼란을 주기 위해 열심히 셋째 자리마다 콤마를 찍어 주고 있다. 제대로 읽어질 까닭이 없다.

서양의 숫자는 영어식 표기에서 보아 알 수 있듯이 세 자리마다 기본 단위 이름이 바뀐다. 따라서 오른쪽부터 첫째 콤마에는 '천'이란 뜻의 단어로 thousand란 말을 넣어 읽고, 두 번째 콤마에는 그 다음 단위인 '백만'이란 뜻으로 millon을 넣어 읽는다. 그러나 우리는 예로부터 단－십－백－천－만을 기준으로 하고 있어서, 만 이상이 되면 다시 단(만)－십(만)－백(만)－천(만)－억으로 나가고, 다시 그것은 단(억)－십(억)－백(억)－천(억)－조…… 이렇게 진행되는 것이다. 즉 서양이 셋째 자리마다 단위가 바뀌는 것과 달리 우리는 넷째 자리마다 단위가 바뀌는 것이다. 당연히 우리 나라에서는 숫자를 쓸 때 넷째 자리마다 콤마를 찍어 주어야 도움이 되는 것이지, 서양 사람들처럼 셋째 자리마다 콤마를 찍어 가지고는 혼란만 가중시켜 줄 뿐이다.

개표 방송을 담당한 방송국의 훌륭한 아나운서들이 숫자를 제대로 읽지 못하고 헤맨 까닭은 다름 아닌 여기에 원인이 있었던 것이다. 서양과 다른 숫자 콤마 방식이 국제 무역 등에 불편을 일으킨다면, 적어도 국내에서만이라도 넷째 자리마다 콤마를 찍는 방법을 채택하는 것이 옳지 않을까 생각한다. 서양 사람을 위해서 우리 생활까지 희생하고 살아야 한다는 것이 창피하게 느껴질 때가 되지 않았는가?

그래도 숫자가 그리 크지 않을 때는 혼란이 적은 셈이다. 지난번 선거에서 김영삼 씨는 1천만 표가 조금 모자라는 표수를 얻어 당선됐다. 그러니까 997만 여 표로 당선된 것이다. 그러나 우리 나라 예산을 숫자로 쓰면 20조가 넘는 숫자가 된다. 28조원을 1년 예산이라 치고, 그 가운데 3억 2만원을 국회에서 예산 심의 결과 삭감했다면 결과적으로 1년 예산은 얼마가 될까?

이것을 지금 쓰는 숫자로 표기하자면, 28,000,000,000,000-300,020,000이 되는데 이것을 단번에 읽을 장사는 한국인 가운데는 아무도 없을 것이다. 아마 이 상태에서 제일 잘 읽는 방법이 있다면 "28에 0이 12개, 거기서 300하고 영2영에 영영영을 빼면……" 이런 식으로 읽는 수밖에 없을 것이다. 이런 숫자를 제대로 읽자면 끝자리부터 "단-십-백-천-만-십만-백만-천만-억-십억-백억-조-십조-" 하고 읽어가면서 그 자리에 해당하는 숫자를 엮어 함께 읽는 수밖에 없는데, 그러자면 복잡하기 짝이 없다. 게다가 빼는 수 '3억 2만원'이란 숫자로 300,020,000이라 표기해 놓으면 여간 읽기 어려운 것이 아니다.

하지만 이 숫자를 우리 식 명수법(名數法)에 맞게 28,0000,0000,0000-3,002,0000이라 써 놓으면 누구나 금방 읽어 낼 수가 있지 않은가? 첫째 콤마는 만, 둘째 콤마는 억, 셋째 콤마는 조이기 때문에 콤마가 처음부터 몇 번째인지 보면 누구나 바로 읽어 낼 수 있는 것이다. 우리 명수법은 이미 몇 백년 동안 단-10-100-1000-만-10만-100만-1000만-억-10억-100억-1000억-조-10조-100조-1000조-경-10경-100경-1000경-해-10해-…… 등으로 나가는 방식을 써 왔다. 만(萬), 억(億), 조(兆), 경(京), 해(垓)…… 등으로 이어지는 숫자 이름은 10의 4자승을 기준으로 하고 있는 것이

다. 물론 아직 실생활에서는 조 이상의 큰 수는 거의 쓰여지
는 일이 없지만 앞으로 세상이 더욱 복잡해지고 생활이 더욱
복잡해질수록 이 명수법의 차이로 인한 한국인의 혼란은 더욱
가중될 것이 분명하다.

10의 3자승을 기준으로 하고 있는 서양 사람들의 명수법을
덮어 놓고 따라감으로써 우리들 자신의 숫자 생활에 혼돈을
주는 이런 일을 하루 속히 반성하고 바로 잡을 길을 찾아야
마땅하다. 그러기 위해서는 국내에서라도 우선 수표 등의 숫
자 표시에 셋째 자리마다 콤마를 찍지 말고 넷째 자리마다 콤
마를 찍도록 은행들이 결의해 주었으면 좋겠다.

독립운동과 과학운동

사람들이 잘 기억하고 있는 날은 아니지만, 4월 21일은 〈과학의 날〉이다. 〈과학의 날〉이 이 날짜로 정해진 것은 1967년 4월 21일에 과학기술처가 간판을 달고 일을 시작했기 때문이다. 아마 우리 나라에 여러 가지 '날'도 많지만, 정부 부처의 문 연 날을 기념해서 만든 날은 이것이 유일한 경우가 아닌가 생각된다.

법무부 생긴 날을 기념하여 〈법의 날〉, 내무부 간판 단 날은 〈경찰의 날〉, 상공부 문 연 것을 기념하여 〈상공인의 날〉…… 이런 투로 무슨 기념일을 못 만들 까닭도 없겠지만, 그런 연고로 만든 날은 하나도 없는 것같다. 그런데 유독 〈과학의 날〉만은 과학기술처의 탄생을 기념하는 날로 정해져 지켜지고 있는 것이다.

〈과학의 날〉이라해서 무슨 대단한 행사를 마련하는 것도 아니요, 비록 이런저런 강연회와 몇 갈래의 행사 정도로 지나가는 날이긴 해도 해마다 나는 〈과학의 날〉이 4월 19일이 아닌 4월 21일로 지켜지는 것이 못내 아쉽고 서운하고 그리고 잘못된 것이란 생각을 떨쳐 버릴 수가 없다. 아무리 과학기술자들의 일이긴 하지만 이처럼 우리 역사와 전통은 깡그리 무시한 채 우리 과학기술의 장래가 어찌 될까 걱정스럽기 때문이다.

반세기 전인 1930년대에 우리 선조들은 나름대로 지금보다는 훨씬 떡벌어지게 〈과학의 날〉을 만들고 행사를 벌인 일이 있다. 당시의 이름은 〈과학의 날〉이 아니라 〈과학 데이〉라 했는데 그 때 겨우 퍼지기 시작한 영어의 영향을 입었음을 짐작하게 한다. 여하튼 30년대의 〈과학 데이〉는 대단한 민족 운동이었고, 궁극적으로는 우리 민족의 독립 운동이었다. 독립 운동이라면 너도나도 들고 나서서 연구를 한다, 발표를 한다고 하지만, 과학 운동이나 문화 운동이 더 착실한 독립 운동일 수 있다는 점에는 눈을 감고 있는 수가 많다. 독립 운동이라면 '계란으로 바위를 치는' 그런 꼴이더라도 무장 투쟁만이 높은 평가를 받고 있을 뿐 민족의 힘을 기르겠다는 점진적 운동, 특히 과학 운동에 대해서는 아무도 관심을 갖지 않고 있는 것이 안타깝다.

우리 나라의 첫 〈과학 데이〉 행사는 1934년 4월 19일에 시작되었다. 이 행사를 주관하기 위해서 당시 조선의 대표적 인물들은 "제1회 과학 데이 실행회"라는 조직을 구성하여 이를 추진했는데 여기에는 당시 조선인으로 이름있는 사람은 그야말로 모두 참가하고 있다. 윤치호, 이인, 송진우, 방응모, 이종린, 여운형, 이상협, 유광렬, 주요한, 김성수, 김병로, 유억겸, 현상윤, 최규동, 조동식, 김활란 등은 그 가운데 내가 기억할 수 있는 몇 사람들이다. 당시의 언론계, 학계, 교육계, 문화계, 법조계 등이 모두 망라되어 있다는 사실을 알 수 있다.

아직 한국에는 과학기술이랄 것이 거의 없는 것이 당시의 상황이었다. 이들 당시의 민족 지도자들은 과학기술의 성장 없이 우리 민족의 장래 독립은 불가능하다는 각성을 배경으로 과학 운동에 나섰던 것이다. 이 운동에 과학자나 기술자의 이름이 거의 없는 것은 실제로 과학기술자가 거의 없던 당시로서는 당연한 일이었다. 당시 변호사로 일하고 있던 이인(李仁)의 청진동 사무실이 그들의 회의장소가 되었고, 실무를 맡은 사람은 당시 발명학회 이사로 〈과학조선〉이란 과학잡지 발행인이었던 김용관(金容瓘)이었다.

제1회 〈과학 데이〉는 1934년 4월 19일을 전후하여 거의 10일 동안 계속되었다. 라디오는 특집 과학 강연을 날마다 방송했고, 강연회와 활동 사진 상연회가 계속되었으며 공장 견학도 있었다. 조선일보, 동아일보, 조선중앙일보 등이 몇일 동안 사설과 기사를 써서 이 행사를 지원한 것은 물론이고 신문마다 포스터를 만들어 전국에 보급했다. 포스터에는 실행회가 정한 다음과 같은 표어들이 인쇄되었다.

과학 조선의 기초를 굳게 닦자.
과학 조선의 건설을 목표로!
한 개의 시험관은 전세계를 뒤집는다.
과학의 승리자는 모든 것의 승리자다.
과학의 황무지인 조선을 개척하자.
과학의 대중화 운동을 촉진하자.
과학은 힘이다. 배우고 응용하자.

이듬해 제2회 〈과학 데이〉는 더 요란하게 전국 도시에서 벌어졌다. 서울과 평양에서는 시내 행진까지 벌였는데, 서울에서는 자동차 54대를 동원하여 동아일보사 앞을 출발하여 군악대가 '과학의 노래'를 연주하는 가운데 〈과학 데이〉 깃발을 날리며 "과학의 대중화"를 외쳤다. 당시의 〈과학조선〉 잡지에는 그때 불렀던 김안서 작사, 홍난파 작곡의 '과학의 노래'가 악보와 함께 남아 있다.

일제 식민지 하에 일어났던 과학 운동은 곧 일제에 의해 민족 운동의 한 부분임이 판명되어 탄압을 받기 시작했다. 1936년의 행사를 정점으로 〈과학 데이〉는 시들어갔고, 이 운동을 주동하던 김용관은 감옥으로 끌려가기도 했다. 일제는 과학기술의 향상이야 말로 가장 확실한 민족 역량의 향상임을 잘 알고 있었기 때문에 끝까지 이 땅에 이공계 대학 교육을 펼치지 않고 버티고 있었던 편이다. 그들의 입장에서 과학 운동을 그대로 두고 볼 수 없었던 것은 너무나 당연한 일이었다.

이리하여 반세기 전의 〈과학 데이〉는 사라져 갔다. 당시의 민족 지도자들이 4월 19일을 〈과학 데이〉로 정한 것은 1932년 4월 19일이 찰스 다윈의 50주기였던 까닭이었다. 지금 우리에게는 다윈이야 그리 대단한 과학자가 아닐지도 모르지만 당시 다윈은 가장 유명한 과학자였기 때문이다. 그러나 우리 선조들의 〈과학 데이〉 정신은 지금 우리가 아니고는 아무도 계승해 줄 사람이 없다.

과학도 그 뿌리를 튼튼히 할 때 건강하게 자랄 수가 있다. 〈과학의 날〉은 4월 19일로 바꿔야 한다고 나는 권하고 싶다.

과학 전통으로 지키는 조선의 얼

과학기술을 말할 때 우리는 흔히 서양의 그것을 중심으로 하는 수가 많다. 오늘 세상을 움직이는 과학기술이라면 바로 서양에서 17세기 이래 크게 발달한 서양의 과학기술이 중심될 수밖에 없기 때문이다. 하지만 서양 중심의 과학기술을 덮어 놓고 그대로 지켜야 할 이유란 하나도 없다. 전 세계가 서양 과학기술의 영향 아래 그것을 수용해 온 지 벌써 이미 100년이 훨씬 더 지났다. 전 세계는 이제 좋거나 싫거나 따질 것 없이 '서양식' 과학기술을 배우고 가르치며 그것을 발전시켜 가려고 안간힘을 쓰고 있을 정도가 되었다.

또 그런 노력이 어느 정도 성과를 거두어 세계는 이제 똑같은 한 마당의 과학기술 체계를 가지게 된 것이나 다름없게 되었다. 그래서 오늘날 세계 어느 곳에서도 과학 교육의 내용을 구성하고 있는 것들은 거의 똑같은 구조와 내용을 가지게 되어 있는 것이다. 사정이 이러함에도 불구하고 이상하게도 오늘 세계 각국이나 각 민족 사이에는 그들 나름대로의 과학기술 전통에 대해 관심이 높아져 가고 있다. 전통 과학에 대해 새삼 지식인들 사이에 관심이 높아지고, 그와 함께 과학사와 기술사가 활발한 연구 분야로 인정되고 있는 까닭은 어디에 있는 것일까?

두 갈래에서 그 원인을 찾아 볼 수 있을 것 같다. 첫째로는 지금까지 서양 과학기술로 대표되던 '과학기술'이 '절대적인 과학기술'이 아니라 '상대적 과학기술'이라는 사실을 점차 널리 인정하기 시작했기 때문이다. 이런 태도는 또한 지금까지 1세기가 넘게 맹렬한 속도로 진행되어 온 소위 '근대화'가 결국 서양화에 불과했다는 사실에 새삼 눈뜨게 된 비(非)서구 지식인들 사이에 서양의 과학기술이 강요해 온 서구적 가치 체계에 대해 비판적 태도가 자리잡게 되었기 때문이기도 하다. 물론 이런 태도를 불러 오게 된 근원적인 상황으로는 20세기 중반 이후 지구 환경이 급격하게 악화되고 과학기술의 해악이 뚜렷하게 인류 멸망의 위협으로까지 치닫게 되었다는 사실을 들 수 있다.

19세기 아니, 20세기 전반까지만 해도 과학기술은 인류를 질병과 굶주림으로부터 해방시켜 궁극적으로는 지상낙원을 이룩하는 원동력이 될 것이라는 기대를 가졌던 인류가 그런 꿈이 얼마나 허망한 것이었던가를 깨닫기 시작했다고 할 수 있다. 이 깨달음에서 파생된 것이 바로 서구 문명에 대한 비판이며, 과학기술에 대한 의심이 되었던 셈이다.

그럼에도 불구하고 오늘의 과학기술은 여전히 나라 사이의 경쟁력의 가장 중요한 바로미터다. 과학기술 수준이 높은 나라와 민족은 살아 남고, 그렇지 못한 민족과 국가는 후진성에서 벗어날 수 없는 것이 명확해지고 있는 것이다. 그렇기 때문에 각국은 과학기술 수준의 향상에 국가적 에너지를 총동원하고 있다. 한국도 자연자원의 부족 가운데 세계 각국과 경제 전쟁을 치뤄가기 위해서는 과학기술 수준의 향상이 시급하다는 인식이 지식인들 사이에 널리 공감대를 형성하기에 이르고 있다.

오늘 과학기술이란 인류의 존재 그 자체를 위협하는 무서운 적이면서, 또한 나라 사이의 싸움에서는 우리를 다른 나라에 앞서게 해 줄 수도 있는 힘있는 친구이기도 한 것이다. 그리고 그 어느 쪽에서 생각하더라도 오늘의 지성인에게는 과학기술에 대한 이해란 없을 수 없는 중요한 교양임을 자각하게 된다. 그리고 특히 과학기술 수준을 향상하기 위해서는 바로 우리 전통 속에서 과학기술적인 부분에 대한 재평가가 절대로 선행될 일이다. '뿌리 깊은 나무'는 바람에 흔들리지 않고, 꽃을 많이 피워 열매도 실하게 얻을 수 있는 것처럼, 자랑스런 과학기술의 전통을 가진 민족이 그렇지 못한 민족보다 더 훌륭한 과학기술을 건설할 수 있는 더 높은 잠재력을 갖고 있다고 할 수 있기 때문이다.

과학기술의 전통에 대해 오늘 우리가 관심을 갖지 않으면 안될 까닭이 바로 여기에 있다. 역사가들이 흔히 말하듯이 "모든 역사는 바로 지금 우리들의 역사"일 수밖에 없다. 역사 속에 벌어진 사건들은 모두가 지금의 우리들에게 어떤 의미가 있을 때 중요한 사건으로 평가되어 역사 책에 서술되는 법이다. 오늘 우리들에게 관심 없는 역사 사건이란 당시 아무리 중요한 사건이었다 해도 오늘 우리들에게는 별로 주목받지 못하는 경우가 많은 것이다.

그렇다면 오늘을 살고 있는 우리들에게 우리의 전통 과학은 어떤 의미를 갖는 것일까? 아니 우리의 전통 가운데 과학기술은 어떤 자리를 차지하고 있었고, 그 가운데 어떤 내용들이 오늘의 우리들에게 보다 소중하고 값진 유산이라 할 수 있단 말인가?

우리 과학기술의 전통에 대해 처음으로 눈 뜬 인물로는 조선 말기의 선각자 유길준(兪吉濬, 1856~1914)을 들 수 있다. 우리나라 최초의 미국 유학생이라 할 수 있는 유길준은 1883년 최초의 사절단원으로 미국에 갔다가 그대로 눌러 앉아 공부를 하기 시작했지만, 1884년의 갑신정변 소식을 듣고는 바로 귀국해 연금 당하게 되었다. 그가 남긴 유명한 책 〈서유견문(西遊見聞)〉은 바로 이런 연금 상태 속에서 기록되었다가 1895년 처음 책으로 나온 것이다. 이 가운데 특히 널리 알려진 부분 "개화의 등급"이란 글에서 유길준은 우리가 남보다 앞서 발명했던 경우로 고려 자기, 거북선, 금속활자를 들고 있다. 유길준은 이런 좋은 과학기술상의 업적을 후손들이 계승 발전시키지 못하여 나라 꼴이 나쁜 상황으로 떨어지게 되었다고 진단하고 있는 것이다.

잘 알고 있는 것처럼 우리의 유교적 전통 속에서 과학기술은 그리 중시된 것이 아니었다. 당연히 유길준이 이런 예를 들어 과학기술 전통에 관심을 나타내기까지 이 방면에 대한 관심은 거의 없었다고 할 수 있다. 그러나 유길준 이후 나라는 점점 일본의 손아귀에 떨어져갔고, 과학기술의 위력은 더욱 더 높이 평가되기에 이르렀다. 결국 일본에 나라를 잃은 조선의 지식인들에게 '조선의 얼'을 지키는 문제는 여간 심각한 문제가 아니었다. 박은식(朴殷植)이 1915년 외쳤던 것처럼, 비록 조선의 형체는 망했지만, 조선의 얼을 지킨다면 조선은 소생할 수 있다고 믿은 것이다. 그는 이를 백(魄)은 이미 사라졌지만, 혼(魂)은 살아 있다고 외친 셈이었다.

그 후의 조선 지식층이 조선 역사 속에서 자랑할 만한 것들을 찾아 내세우려 힘쓴 까닭은 바로 이 '조선의 얼'을 지켜가려는 눈물겨운 노력이었다. 유길준이 내세운 고려 청자와 거북선과 금속활자가 모두 여기 포함된 것은 물론이다. 그리고 최남선(催南善)은 1931년에 쓴 〈조선역사〉에서 "문화의 창조력에 있어서 조선인은 진실로 드물게 보는 천재 민족"이라며, 그 예로 첨성대, 금속활자, 고려 청자, 한글, 측우기, 거북선, 비차(飛車) 등을 들고 있다. 최남선만이 아니라 일제하에서의 수많은 조선 지식인들이 잡지에 발표한 글들을 통해 조선 역사에서의 위대한 과학기술상의 업적을 예로 들어 조선 민족의 우수함을 자랑하고 있다. 일제 식민지로 전락한 조국의 비참한 현실을 뛰어 넘어 민족의 잠재력을 강조함으로써 그 얼을 지키고자 노력했던 것이다.

우리가 흔히 말하는 우리 민족의 창조성이나 과학기술상의 자랑거리란 바로 이런 연유로 시작된 것임을 우선 인정해 둘 필요가 있다. 그렇다면 식민지 시대를 벗어난 지 반 세기를 맞는 우리가 아직도 식민지 시대의 필요에서 나온 우리 과학기술 전통에 대한 평가를 그대로 답습할 필요가 있는가? 당연히 이와 같은 구시대의 평가는 오늘에 맞게 새로 수정될 필요가 있을 것이다.

물론 그렇다고 해서 지금까지 우리가 자랑해 왔던 것들이 근거 없는 자랑이었다는 뜻은 아니다. 측우기가 서양보다 2세기 앞선 우량계이기 때문에 서양을 앞섰다고 자랑하고, 금속활자 역시 인쇄술이 구텐베르크를 200년 앞섰대서 우쭐댈 일인가를 한번 생각해 보자는 뜻일 뿐이다. 이런 역사적 사건들은 우리를 즐겁게 해 준다. 이왕이면 남보다 빠른 발견과 발명이 많을수록 좋을 것 같은 느낌은 누구에게나 마찬가지일 것이다.

하지만 이들 몇 가지 자랑스런 것들에도 불구하고, 우리의 과학기술이 서양의 그것에 크게 미치지 못했고, 그 결과 우리는 반 세기의 식민지 경험을 하지 않으면 안되었다. 우리의 역사 의식은 이 엄연한 사실을 설명하지 않으면 안된다. 측우기, 거북선, 금속활자 등등은 모두 단편적 사건에 불과하고, 한국의 과학 전통은 궁극적으로 현대의 원동력인 근대 과학의 근대 기술을 스스로 낳지 못했음을 먼저 인정하지 않을 수 없다. 게다가 이웃 일본이나 중국의 역사를 자세히 본다면, 특히 근대 과학기술의 발달 과정에 있어서 한국은 이웃 나라에 크게 뒤지고 있었음을 알게 된다. 서양의 근대 과학기술을 도입하는 과정이 일본에 비해서 아주 늦었고, 중국에 비해서도 늦었을 뿐 아니라 그 과정이 순탄치 못했음을 알게 된다. 그 차이는 근대사의 음영으로 나타난 것이다.

그럼에도 불구하고 한국의 전통 과학기술은 그 나름대로의 우수성을 드러내고 있다. 특히 서양 과학기술이 들어 오기 전까지의 전통 과학 기술에서 한국은 상당 부분에서 일본을 앞서고 있었고, 부강한 중국의 경우와 직접 비교할 수는 없을 정도였지만, 그런대로 수준급이었다고 할 수 있다. 최근 수십년 동안 맹렬하게 연구되고 있는 중국의 전통 과학기술의 모습은 실로 대단한 것이어서 근대 이전의 과학기술에 관한 한 서양을 압도한다. 국토와 인구, 그리고 국력의 규모에서 결코 중국과 직접 비교할 수 없는 우리 나라의 경우 '수준급' 전통을 갖고 있었음은 여러 가지로 판단이 가능하다.

예를 들면 우리가 흔히 거론하는 세종 때의 측우기를 생각해 보자. 세종 때인 1430년대에서 1440년대에 걸친 동안 세종은 스스로 여러 신하 학자와 기술자들을 동원해서 여러 가지 과학기술상의 업적을 세우게 된다. 그 가운데 측우기는 한 가지 예에 불과하다. 당시 만들어진 천문기상 관계 기구들은 수십종이며, 그 가운데 일부는 중국에는 없던 것으로 알려져 있다. 측우기를 만들어 지방 관청에서도 비온 뒤의 강우량을 측정해 중앙에 보고하게 한 것은 물론, 청계천과 한강에는 수표(水標) 막대를 세워 유량의 높이를 측정하게 했다. 강우량 측정으로 그때그때 비가 얼마나 왔는지를 과학적으로 측정했을 뿐 아니라, 하천의 유량 측정으로 가뭄과 홍수의 정도를 역시 과학적 테이타로 만들어 낸 것이었다.

세종은 경복궁의 경회루 둘레에 간의, 규표, 혼의, 혼상, 자격루, 옥루 등등 천문 기구들과 시계 등을 건설해서 실제로 천상을 관측하기도 했다. 그리고 이 밖에도 여러 가지 해시계도 만들었고, 필요할 때에는 백두산, 한라산, 금강산, 마이산에까지 천문관을 파견해서 관측하게 했다. 이런 천문학 연구개발의 결과가 1442년에 완성되어 나온 〈칠정산(七政算)〉 내편과 외편이었던 것이다. 그리고 이런 천문학 연구 결과에 의해 조선 왕조에서는 역사상 처음으로 독자적인 역법 계산이 가능하게 되었다. 즉 서울의 하늘에서 언제 일식과 월식이 일어나는지를 계산하고 또 행성들의 운동을 모두 정확하게 계산해 낼 수 있는 수준에 도달해 있었던 것이다.

이런 수준의 천문 계산을 해 낼 수 있던 나라와 민족이 15세기 전반의 세계에는 별로 없었음을 우리는 주목해야 한다. 지금 세계의 과학기술을 주도하고 있는 서양 어느 나라도 아직은 이런 수준에 이르고 있지 못했고, 이웃 일본도 2세기가 지나서야 비로소 이런 수준에 도달하게 된다. 물론 중국은 훨씬 일찍 해내고 있었고, 아랍 지역에서도 같은 일이 가능해져 있었다. 하지만 그 뿐이었다.

이웃 일본이 같은 일을 완성한 것은 역사상 1684년에 채택된 삽천춘해(澁川春海)의 〈정향력(貞享曆)〉을 처음으로 친다. 그런데 '일본인에 의한 일본 기준의 최초의 역법'을 완성한 삽천춘해의 글에 의하면 그는 '조선의 손님 나산(螺山)'으로부터 무엇인가를 배워서 이 연구를 완성할 수가 있었다고 되어 있다. 1643년 조선 통신사의 일행으로 일본을 방문했던 박안기(朴安期)는 호를 나산이라 했는데, 그가 일본 최고의 천문학자와 만나 10일 동안에 무엇인가를 가르쳐 주었다는 것이다. 그 천문학자가 바로 삽천춘해의 선생이었음은 물론이다.

서양에서 17세기에 소위 '과학혁명'이라는 급격한 과학기술의 발달이 시작되기 전까지는 전통 과학은 중국이 단연 세계 최고 수준에 있었으며, 우리도 세계 굴지의 수준이었다고 할만 했음을 알 수가 있다.

오늘을 사는 우리는 이제 첨성대, 측우기, 거북선, 금속활자 등을 단편적으로만 파악하고 지낼 것이 아니라 좀 더 넓은 뜻에서 우리의 과학 전통에 관심을 갖고 긍시를 가질 필요가 있을 것이다. 특히 우리가 주의하지 않으면 안 될 문제는 앞으로 우리의 단편적인 자랑거리들이 점차 중국 과학사의 연구 결과에 함몰당할 위험성이 높아지고 있다는 사실이다. 이미 중국의 과학사 학자들은 한국의 금속활자 발명 사실을 완전히 무시하고 모든 활자 발명과 인쇄 기술의 발달을 중국인에 의한 세계사에의 공헌으로 단정짓고 있다.

오늘의 한국인은 우리 한국의 과학 전통의 맥을 제대로 짚어 파악하고 있지 않으면 안된다. 그것을 가꾸고 지켜 우리는 앞으로의 과학 발전을 위한 디딤돌로 활용하지 않으면 안된다. 또한 그것은 오늘 인류가 당면하고 있는 과학기술 문명에 대한 비판과 극복의 도약대로서도 충분히 활용될 수 있다. 이런 이중의 목표를 위해 우리는 다 같이 우리의 전통 과학에 대한 지식을 넓히고, 이를 바탕으로 우리의 문제를 해결하려는 지혜를 길러 가지 않으면 안될 것이다.

중국과 과학기술사

예상보다 빨리 중국과 국교(國交)를 맺게 되었다. 우선은 환영하는 분위기가 지배적인 듯 하지만, 세상 일이란 두고 보아야 알 일이지 당장 확실한 말을 하기는 어려울 듯하다. 여하튼 중국과의 국교는 앞으로 우리 과학사에도 중요한 문제를 제기할 것으로 보인다. 누구나 짐작할 수 있는 것처럼 우리의 과학기술 전통은 중국에 힘입은 것이 적지 않다. 중국과의 교섭이 활성화하면 우리의 과학기술 전통을 되찾아 가는 데에도 적지 않은 도움을 받을 수 있을 것이다.

하지만 중국 사람들과 과학기술사를 놓고 만나게 되면 속상한 일도 한두 가지가 아닐 것이 뻔하다. 중국 사람들은 걸핏하면 이것도 저것도 모두 중국에서 시작된 것이라 주장하는 수가 많기 때문이다. 이 세상에 값진 일이라면 그것은 다 원래 중국에서 먼저 시작되었다가 서양에도 알려져 발달했을 뿐이라는 태도인 것이다. 이런 중국인들의 태도야말로 그릇된 중화(中華)사상 그것이다. 중국인들은 오랜 역사를 통해 자기 나라야말로 세계의 중앙을 차지하고 있고, 실제로 모든 문화는 중국에서 시작된 것이라 믿게 되었던 것이다. 중국이란 나라 이름도 자기들이 바로 세계의 중앙을 차지하는 나라라는 의식에서 지어진 이름이다.

이런 그릇된 의식의 하나는 바로 우리 나라에서 세계 최초로 발명한 것이 분명한 측우기를 두고 그것도 중국에서 먼저 발명되었다고 우기는 경우를 들 수 있다. 1982년 북경의 과학출판사에서 나온 〈중국과학기술사고(中國科學技術史稿)〉라는 책에 보면 명(明)나라는 1424년 이후 조선을 포함한 여러 지방에 우량계를 만들어 보냈다고 적혀 있다. 세종 때 측우기를 만들어 낸 것은 1441년부터 1442년에 걸쳐서의 일이었다. 세종 때의 측우기보다 18년 정도 앞서서 중국이 먼저 우량기를 만들었다는 주장인 것이다.

이 정도라면 그래도 참을 수 있을지 모른다. 이 책에는 "지금 조선의 대구와 인천 등지에는 건륭 경인년에 중국에서 보낸 우량기가 아직 남아 있다. 이것이 지금 남아 있는 세계에서 가장 오래된 우량기이다"라고 적혀 있다. 아닌게 아니라 우리 나라에서 지금 보물 제561호로 지정해 놓은 소위 〈선화당 측우기〉에는 "건륭 경인년 5월에 만듬"(乾隆庚寅五月造)란 글자가 새겨져 있다. 건륭이란 중국 청(淸)나라 때 사용한 연호로 1736년부터 1795년까지 60년 동안을 가리킨다. 이 사이에 경인(庚寅)이란 간지를 가진 해는 1770년이다. 이 책에서 중국 학자들이 주장하고 있는 것은 측우기는 중국에서 먼저 만들어 조선에 보내 준 것인데 지금 한국에 남아 있고 한국에서 '보물'로 지정한 것도 1770년에 중국이 만들어 보냈던 중국제라는 것이다.

이거야말로 '날강도' 같은 주장이 아닐 수 없다. 측우기는 우리들이 잘 알고 있는 것처럼 세종 23년과 24년에 걸쳐 세종 임금이 직접 참여해서 발명해 낸 세계 최초의 우량계(雨量計)이다. 우리 나라의 당시 〈실록(實錄)〉을 비롯한 수많은 역사 기록에도 이 사실은 분명하게 적혀 남아 있다. 그리고 세종 때의 측우기는 지금 남아 있지 않지만 앞에 말한 보물 제561호 〈선화당 측우기〉는 바로 조선 왕조에서 만든 측우기 가운데 남아 있는 가장 오래된 것이다. 중국에서 만들어 보냈다고 억지 주장을 써 놓은 것은 거기 새겨 있는 중국 연호 때문인데 조선 시대 우리 선조들이 중국 연호를 그대로 사용한 것은 아는 사람은 다 아는 사실이다. 마치 지금 우리들이 단기(檀紀)를 고집하지 않고 서기(西紀)를 쓰고 있는 것이나 똑같은 이치다.

지금은 중국 사람들도 독자적인 중국식 연호를 쓰지 않고 서기를 따르고 있다. 그러면 앞으로 몇 백년 뒤에 세계사를 쓰는 사람들이 중국에서 일어난 일을 가지고 서기로 표기했대서 서양 사람들의 일이라고 단정한다면 어떨까?

이렇게 분명한 잘못에도 불구하고 이 책은 1990년에는 대만에서 〈중국과학문명사〉라는 이름으로 다시 출판되었다. 원래 북경에서 나온 책을 마르크스, 레닌 등의 몇 마디만 바꾸고 똑같이 출간했다는 것을 비교해보면 알 수 있다. 물론 측우기에 대한 이야기도 똑같다. 우리는 지금 대만과 외교를 끊고 북경과 손을 잡았대서 한쪽은 중국이고 다른 쪽은 전혀 다른 사람들이라 착각하기 쉽지만, 그들의 문화적 자존심은 똑같은 것이다. 즉 한국의 과학기술 전통도 기회만 있으면 자기들 것이라고 우기겠다는 뱃심을 읽을 수 있다.

잘 살펴 보면 이런 일은 비단 측우기에서만 그치지 않는다. 인쇄 기술도 모두 자기들의 발명이라고 주장할 뿐, 고려 금속활자 인쇄술에 대해서는 한 줄도 없다. 국제 정치에서의 강자 (强者), 돈벌이에 유리한 쪽과 관계를 끊고 맺는 것도 불가피한 일이겠지만, 정치적으로 두 덩어리가 되어 있는 중국인들이 문화적으로 함께 뭉쳐 한국의 존재를 위협하고 있다는 사실에도 눈을 돌려야 하지 않을까?

"초신성"의 우리 옛말은 "객성"이다

얼마전 캐나다의 천문대에서 "초신성"이 발견되었다고 보도되었다. 초신성이란 별은 별의 진화 과정에서 마지막으로 휘황한 빛을 우주에 쏟아내며 사라져 가는 상태를 가리키는데, 한자로는 "超新星", 영어로는 "슈퍼노바(supernova)"라 부른다. 내가 보는 아침 신문 두 개 가운데 하나에는 4월 초까지 두 번이나 이 초신성 발견에 관한 기사가 실렸지만 다른 신문에는 숫제 한 줄도 보이지 않았다. 말하자면 우리 나라에서는 아직 이런 자연의 신비에 대한 뉴스는 뉴스로서의 가치가 그리 안 나간다는 사실을 확인시켜 주고 있다.

그러나 신성이나 초신성의 발견은 대단히 중요한 의미를 갖고 있다. 특히 역사상 그리 자주 보이지 않는 초신성의 폭발 광경은 천문학자들, 그 가운데서도 우주의 진화 과정을 연구하고 있는 과학자들에게는 더할수 없이 좋은 연구의 기회가 된다. 이번의 초신성은 M81이라는 이름으로 불려지는 은하계에서 발견되었는데, 그 거리는 1,300만 광년이나 된다고 한다. 말하자면 300만년 전에 폭발한 별의 빛이 지금에서야 지구상의 인간 눈에 보이기 시작했다는 말이다. 폭발하고 있는 이 초신성의 모습은 밤이면 맨눈으로도 관찰할 수 있지만, 몇 달 안으로는 사라져 버릴 것이라고도 한다.

역사상 드물게 일어나는 초신성이 최근 이미 세계적인 뉴스가 된 적이 있다. 1987년 2월 23일 밤 칠레의 천문대에서 발견된 초신성은 이번 것보다 훨씬 큰 화제가 되었다. 겨우 17만 광년밖에 떨어지지 않은 초신성은 당시 큰 화제가 되어 세계의 천문학자들이 다투어 남아메리카로 관측 여행을 떠났고, 시사주간지 〈타임(TIME)〉은 표지에 폭발하는 신성의 모양을 사진으로 내고 8페이지에 이르는 특집을 실었다.

그런데 이 특집 기사는 나를 우울하게 했다. 마치 중국과 일본에서만 옛날의 신성과 초신성 기록이 남아 있는 것처럼 기사는 설명하고 있었기 때문이다. 당시 〈타임〉지가 소개한 것처럼 서양에서는 1572년 덴마크의 유명한 천문학자 티코 브라헤가 신성을 처음으로 발견하여 학계의 공인을 받기까지 신성과 초신성을 관측했다는 증거가 없다. 원래 그리스 이후의 서양 사람들은 우주란 하나님이 만든 그대로 완전한 곳이어서 아무런 변화도 일어날 수 없다고 굳게 믿고 있었기 때문에, 하늘에 새로운 별이 나타난다는 것은 절대로 용납할 수 없었던 때문이다.

동양 사람들에게는 그런 선입견은 없었다. 하늘을 열심히 관측하다가 새로운 별이 나타나면 사실대로 기록해 남기는 것이 동양의 천문학이었다. 물론 이렇게 기록된 새 별이 우주의 진화에서 어떤 역할을 하는지 그들은 아직 알 까닭이 없었지만, 그 기록만은 동양 세 나라에 모두 많이 남아 있는 것이다. 그런데 〈타임〉은 마치 중국과 일본에만 그런 기록이 남아 있는 듯이 소개했던 것이다.

우리 역사에서는 이 새로운 별을 지금처럼 신성이나 초신성이라 부르지 않고, 객성(客星)이라 불렀다. 전에는 아무 별도 보이지 않던 자리에 나타난 별이니 '손님 별'이라 부르는 편이 운치있어 더 좋지 않은가? 여하튼 세종 때의 천문학자 이순지(李純之)가 1440년대에 쓴 당시의 천문학 개설서 〈천문유초(天文類抄)〉에는 객성에 대해 상세한 설명이 나온다. 티코 브라헤가 처음 서양에서 신성을 발견한 것 보다 120년 전의 일이다. 이순지에 의하면 객성에는 다섯 가지가 있는데 그 이름과 색깔 모양 등 서로 다른 내용을 자세히 설명할 필요는 없을 것이다. 그에 따르면 다섯 가지 객성은 모두 행성들 사이에 잘못하여 나타나는데 그 움직임도 일정하지 않고, 언제 없어질지도 예측하기 어렵다고 씌여 있다. 그리고 객성이 나타나는 하늘의 분야(分野)에 따라 그 의미가 다르다는 해설도 곁들여 있다.

점성술(占星術)에 따라 별들의 움직임을 해석하던 시절이었다. 당연한 객성의 나타남도 그런 해석을 불러 오기 마련이었다. 우리 역사에서 첫 객성의 기록으로는 〈삼국사기(三國史記)〉에 나오는 많은 객성을 들 수 있다. 85년(기루왕 9년)에는 백제에서, 299년(봉상왕 8년)에는 고구려에서, 그리고 85년(파사왕 6년)에는 신라에서 각각 첫 객성이 관측되었다고 적혀 있다. 삼국 시대에도 거의 10회나 객성 기록이 남아 있지만, 더욱 흥미있는 기록은 고려 때부터 보인다.

고려 초기에 높은 자리를 누렸던 인물 가운데 최지몽(崔知夢)이란 사람이 있다. 그의 이름은 고려 태조 왕건이 지어준 것으로 해몽을 아주 잘한다고 해서 그런 이름을 주었다고 〈고려사〉에 기록되어 있다. 글을 많이 읽고 또 특히 천문과 복서

(卜筮, 점치는 일)에 능했던 최지몽은 980년(경종 5년)에 내의
령으로 승진했는데, 이 승진이 바로 객성의 의미를 잘 해석했
기 때문이라는 것이다. 그때 객성이 나타나자 최지몽은 객성
이 임금의 자리를 범했으니, 임금께서는 만약의 사태에 잘 대
비하라고 간언했던 것이다. 그후 바로 왕승(王承) 등이 반역을
꾀했으나 미리 대비하고 있었던 덕택에 이 위기를 무사히 넘
기고 왕승은 붙잡혀 죽임을 당했으며, 최지몽은 그 공로로 승
진과 함께 임금의 옷과 금으로 만든 허리띠를 하사받았다.

　그 후에도 객성에 관한 많은 관측 기록이 남아 있다. 다 소
개할 수는 없지만 객성에 얽힌 재미있는 이야기도 많다. 그런
데 1백년 전 서양 과학을 배워오기 급급했던 나머지 우리는
우리의 고유 용어까지 집어던진 채 서양 사람들의 용어(nova,
supernova)를 직역해서 '신성' '초신성'으로 정해 버린 것이
다. 지금이라도 우리 옛 용어를 되살려 이 말은 '객성'이나
'초객성'으로 바꾸는 것이 좋지 않을까?